合川文史丛书（第三十八辑）

跟我一起读合川

叶 华 编著

中国文史出版社

前　言

合川，顾名思义，乃江河汇流之地。若问如何辨识，三江交汇便是它亘古不变的自然和文化标志。

——如果说合川是部书，那么它的封面一定是嘉陵江、涪江、渠江交汇的壮阔景象。

放眼中华大地，真正称得上三江交汇的城市屈指可数。除合川外，乐山算一个，有岷江、青衣江、大渡河汇流而至，其余的城市则多为两江交汇后形成一条另有其名的新江，才有了他们口中引以为傲的"三江交汇"。如在四川宜宾，因金沙江、岷江相汇后，始称长江；在江西赣州，因章江、贡江相汇后，始称赣江；在浙江宁波，因余姚江、奉化江相汇后，始称甬江；等等。

在合川城区，除了磅礴的三条大江汇流而至并继续前流外，还有一条堪称江河的溪流蜿蜒南来，这便是小安溪。小安溪，又名临渡河，是涪江的最后一条支流，发源于重庆永川巴岳山东麓，全长170公里，接近赣州章江（176公里）的长度，超过宁波余姚江（106公里）、奉化江（93.1公里）的长度。

若以上述城市的说法来做比较和推论，合川城市的山水格局不单是"三江交汇"，更是"五水汇流"——嘉陵江上中游算一水、渠江算一水、涪江算一水、小安溪（临渡河）算一水、嘉陵江下游算一水。五水中任意一水都是江河中的风流才子、大家闺秀。

——如果说合川是部书，那么它的书脊一定是那段以水为径、舟行天下的悠长岁月。

合川，与"三江交汇""五水汇流"如影随形的岁月悠远漫长。

这岁月或者说这历史到底有多长？往远处寻，马门溪龙告诉我们，大约有1.4亿年；巫山猿人告诉我们，至少是200万年。往近处看，濮江先民所熟知的合川，应在5000年前；鳖（dié）江县令初始打理的合川，距今也有2335年。

合川，由江河而生的历史文明源远流长、底蕴深厚，其独特的江山气质和人文精神，早已把自身书写成了一部旷世奇书。这书，让人爱不释手、非读不可。

——如果说合川是部书，那么它的封底一定是一轮新的红日，喷薄于东山之上。

东山，今称为白塔坪，是昔时东出合川前往重庆，去到峡江（长江三峡地区）陆路交通的第一站。这里曾是蜀中400里"阳关大道"的重要关隘，也是顺着朝阳，俯瞰千年合州城而"目穷无限景"的绝佳之处。山上的慈恩寺白塔因势如"彩笔铜龙，欲冲霄汉"而被称为文笔塔。文笔塔矗立于东山之上长达343年，其遗迹所在，依旧有着"高吟层塔上，俯眺一州低"的高远气势。

阳关大道是用来助力前行的，文笔白塔是用来开文气壮精神的，东山日出更是"苟日新，日日新，又日新"。合川这部书处处是历史、处处向未来。

对于合川这部书，这部与众不同的书，究竟该如何来读，才能读出它的审美气质来，读出它的历史根脉来，进而读出它的文化自信和奋斗精神来？这一直是个困扰我的难题。

最后，我想到了大家一起来读的方式。人多力量大嘛。人多眼杂，视野自然就会宽广；人多嘴杂，交流自然就会丰富。我希望，熟悉它的人，能把厚书读"薄"，读出合川的"大道至简"来；对于不了解它的人，能把薄书读"厚"，读出合川的"微言大义"来。即便懵懂如我者，也当孜孜以求，尽可能去读个明白和读出点味道来。于是，便有了《跟我一起读合川》的读与写。

《跟我一起读合川》是开放的，这个"我"是一个代名词，既指作者本人，也可以指你，指他或她，每个参与"读合川"的人都是这场行为艺术的主角。

自此，让我们共同走进我们或许熟悉或许陌生的秀水三江、古韵合川，在了解、认识和发现的基础上，讲好合川故事，抒发好赤子情怀。

《跟我一起读合川》，一共十三读，七十二期。

一读合川：三江之上的璀璨明珠，主要介绍合川的山川形胜、物候气象。

二读合川：巴濮文化为特质的上古文明，主要探讨合川人文精神的历史源头、文化根脉。

三读合川：2300年建置史的迭代变迁，主要厘清垫江、东宕渠、合州、合川四大历史阶段。

四读合川：农耕文明的别样风景，主要回顾三江生民与大自然做斗争的生产方式、生活状态。

五读合川：融入现实生活的多重信仰，主要阐释龙多山、涞滩古镇的历史积淀和文化遗存。

六读合川：世界级的历史文化贡献，主要解读山城防御体系的构建和钓鱼城保卫战的巨大影响。

七读合川：被低估了的史家之绝唱，主要评述史学家张森楷的生平事迹，以及他的骨鲠之气。

八读合川：民族实业不能忘记的人，主要探寻"合川之子"卢作孚的辉煌经历、传奇人生。

龙行合川/刘勇摄

九读合川：中国教育史上的不朽乐章，主要分析陶行知教育思想的社会背景和思想光芒。

十读合川：全民族抗战中的合川力量，主要反映合川民众抗战事迹背后的爱国意识和救国精神。

十一读合川：伟大事业的时代先驱，主要介绍在合川或从合川走出的革命烈士、英雄人物。

十二读合川：等你发现的慢游之旅，主要讨论合川的山水秘境、非遗传承和乡愁记忆。

十三读合川：吾土吾民的匠心印记，主要评点几位合川行业的翘楚和他们的匠艺、匠行。

每一读的每一期后都有一个话题，欢迎大家批评、指正、研究、探讨，也欢迎大家关注"合川政协君"微信公众号。

期待有你，跟我一起读合川！

叶　华

2023年5月于合川政协

目　录

四读合川：农耕文明的别样风景

五读合川：融入现实生活的多重信仰

六读合川：世界级的历史文化贡献

yiduhechuan

三江之上的璀璨明珠

第一期

马门溪龙——地质年代里的合川

今天的合川，位于长江上游地区，地处四川盆地腹地与川东平行岭谷的交接处，居成渝双城经济圈核心地带，是重庆主城都市区重要战略支点城市。全区面积2344平方公里，常住人口125万，为重庆通往陕西、甘肃等地的交通要道和渝西北、川东北的交通枢纽。

合川地域的开篇，在地质考古学上可追溯到遥远的恐龙时代——侏罗纪。在这一时期，爬行动物非常发达，出现了巨大的恐龙、空中飞龙和始祖鸟，植物中苏铁、银杏最为繁盛。恐龙作为陆栖爬行动物，在6500万年前白垩（è）纪的时候，突然全部消失，成为地球生物进化史上的一个谜，这个谜至今无人能解。

合川是恐龙的故乡。从1957年4月在合川太和乡古楼山发现的马门溪龙化石，可以推测出：其体形高大，全长22米，高3.5米，体重达40~50吨。这不仅是亚洲最大的恐龙，还是世界上体形最大的恐龙之一。

马门溪龙雕塑/罗明均摄

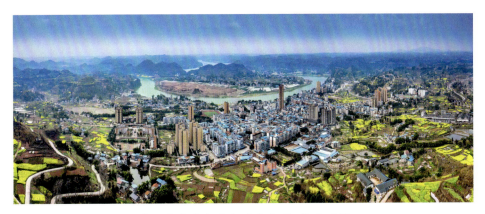

马门溪龙出土地合川太和镇/吴庆丽摄

马门溪龙最大的特点，就是它有世界上最长的脖子。如果让它和长颈鹿相比，长颈鹿会被"吊打"得无地自容。它的颈部长达10米，是长颈鹿的3倍，因此有"东方巨龙"的美誉。

马门溪龙是一种草食性恐龙，生活在距今1.4亿年前。由此，合川最早的地域气候的神秘面纱被揭开，马门溪龙因此也成为合川地域开篇的见证者。

这时的合川，地处古巴蜀湖的滨湖地带，四周多沼泽，气候炎热，水草丰茂，覆盖着广袤森林，到处生长着红木和红杉树，成群结队的马门溪龙穿行其间，用它们小的、钉状的牙齿啃吃树叶以及别的恐龙够不着的树顶的嫩枝，悠然自得。

据专家推断，合川马门溪龙每天要吃掉200公斤食物，它的一生中不断地吃、不断地长，才有如此庞大的体形。

关于古巴蜀湖的形成，主要源于2亿多年前发生的强烈地壳运动——"印支运动"。该运动使盆地边缘逐步隆起成山，四川地台整体抬升，盆沿围了起来，被海水淹没的地区逐步上升成陆地，由海盆转为湖盆。在当时，湖水几乎占据了现今四川盆地全部，被称为巴蜀湖。在二三百万年前，长江终于切断巫山，形成著名的长江三峡，盆地之水纳入长江，四川盆地由内流盆地转为外流盆地。

关于合川马门溪龙名称的由来，则要回溯到1952年。那年，工人们在金沙江马鸣溪渡口附近修筑公路时发现了许多像骨头一样的石头。后来经中国科学院著名古生物学家杨钟健教授仔细研究，认为这是一种过去世界上还没有发现过的新的恐龙化石，于是取名为"马鸣溪龙"。杨教授是陕西人，定名之后，其他研究人员因杨教授的口音，误将"马鸣溪"听为"马门溪"。从此，马门溪龙便记录在各种文献上。

合川恐龙化石出土后，杨钟健教授确定了它的种类，因其化石最为完整、最具代表性，故正式将其命名为"合川马门溪龙"。作为科学界的重大发现，合川恐龙化石的出土引起了时任中国科学院院长郭沫若的关注，他还饶有兴致地挥写了"合川马门溪龙"书法题名。

合川马门溪龙的发现和研究，是世界恐龙研究的一个里程碑。

1972年，《合川马门溪龙》著作出版，引起世界关注，标志着中国的恐龙研究走在世界前列。

20世纪80年代，阿联酋筹建国家博物馆时，曾愿以3000万美元的重金征集合川马门溪龙化石，以做镇馆之宝，足见其在世界范围内的影响。

2009年，《环球科学》杂志第10期公布1949年以来中国科学家取得的60项杰出成就，发现合川马门溪龙事件入选，排在第5位。

迄今，合川马门溪龙仍是我国最具国际知名度的恐龙化石。作为原型，合川马门溪龙在好莱坞经典系列大片《侏罗纪公园》和《侏罗纪世界》里，曾友情"出演"过，电影中的雷龙便是它的银幕形象。

以马门溪龙为设计灵感的涪江四桥/陈蕾摄

作为纪念，2017年，合川马门溪龙因其稀缺性和特殊性，毫无悬念地入选《中国恐龙》特种邮票，亮相"国家名片"。

作为"恐龙使者"，合川马门溪龙——恐龙中的顶流，其化石还多次出国展出，向全球推开了一扇了解和认识古生物世界的窗。

自1957年在涪江畔的太和镇首次发现恐龙化石以来，合川又分别于2015年在嘉陵江畔的大石镇、2021年在渠江畔的官渡镇发现了恐龙化石。三者相距不过

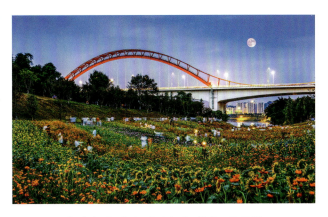

南城赵家渡公园网红打卡点/周旋摄

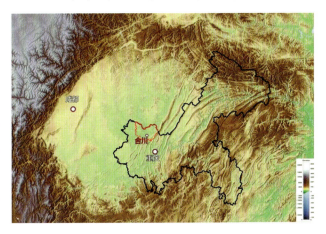

四川盆地遥感影像图/莫宣艳绘制

18~38公里，处于同一个时代，都属于马门溪龙动物群阶段。这些化石的发现，进一步提升了合川作为恐龙故乡的知名度和美誉度。合川是座建在恐龙脊背上的城市，我们现在生活的地方曾经就是"侏罗纪公园"。

巴蜀宝藏合川马门溪龙，如此珍贵难得的恐龙化石，该由谁来收藏？北京自然博物馆、中科院古脊椎动物研究所，乃至上海、天津等地的博物馆，都曾跃跃欲试。最终，经历了由重庆到成都，到北京，再到成都的旅程，正式"安家"在成都地质学院（今成都理工大学）。你可曾去参观过？合川太和镇的古楼山——马门溪龙的出土地，你可曾去凭吊过？

我们只在盘古开天辟地的神话中想象过混沌初开的样子，却很难说清它的东南西北、日月乾坤，马门溪龙的发现真实地见证了合川地域的古老。我

们有充足的理由为这片热土高唱赞歌，因为它亘古以来便滋育呵护着与它有缘的大大小小的过往生命。

合川地理坐标为北纬29°51′02″至30°22′24″，东经105°58′37″至106°40′37″，出露地层从老至新有古生界二叠系、中生界三叠系和侏罗系、新生界第四系。其中，以侏罗系分布面积最宽，占全区总面积四分之三以上。侏罗系中又以沙溪庙组面积最大，达1664.03平方公里，占合川辖区面积的70.62%。这便是地质年代留给合川的物质遗产和生息繁衍空间。

话题：2022年7月，欣闻成都自然博物馆（成都理工大学博物馆）正式落成，合川马门溪龙在出土65年之后又搬了"新家"，一个全新的现代化"新家"。作为镇馆之宝的它，牢牢占据着这座文化地标建筑中的C位，让我们倍感骄傲和自豪！骄傲自豪之余，我们不禁要思考：如何才能更好地擦亮和利用马门溪龙这张城市名片？

第二期

千里嘉陵母亲河

合川，三江交汇，唯嘉陵江纵贯全境。

如果往上说，长江、黄河是中华民族的母亲河；往下说，永定河是北京的母亲河，海河是天津的母亲河，黄浦江是上海的母亲河，那么嘉陵江则妥妥的是重庆的母亲河、合川的母亲河。

嘉陵江，源自中华民族的祖脉——秦岭。秦岭是我国的地理标识，为中国南北地理分界线、亚热带与暖温带分界线、湿润区和半湿润区分界线、水田和旱地分界线，是长江、黄河流域的分水岭。它与欧洲的阿尔卑斯山脉、美国的落基山脉齐名。中国不缺名山，但秦岭对中国却有着极为重要和独特的意义。

航拍云门/刘勇摄

渠江、嘉陵江交汇处/刘安宁摄

秦岭和合南北、泽被天下，是我国的中央水塔。嘉陵江由此发端，一路跌宕，一路激昂，穿越崇山峻岭，先后流经陕西省、甘肃省，随后穿过大巴山，进入四川，再经过广元、阆中、南充等市进入重庆境内，最后在朝天门汇入长江。

嘉陵江的源头准确地说是在陕西省凤县代王山。代王山属于秦岭主脊，海拔2598米。正是山间的一股涓涓细流逐渐形成了一条河——东峪河。东峪河离开凤县时，经过一个名叫嘉陵谷的峡谷，于是便有了嘉陵江的称谓。

嘉陵江全长1345公里，流域面积16万平方公里，是长江流域面积最大的一条支流，是仅次于雅砻（lóng）江的长江第二长支流，是仅次于岷江的长江第二大流量支流。

嘉陵江全程大体可分为上、中、下三游。四川广元昭化区以上为上游，昭化至重庆合川区为中游，合川至重庆河口为下游。

上游主要穿行于秦岭、米仓山、摩天岭等山谷之间，水流湍急、支流众多、水量丰富，自然比降达3.8‰，突出的特点是水能开发量大，但水流急，多险滩、礁石，不利航行。

中游河道逐渐开阔，地形从盆地北部深丘逐渐过渡到浅丘区，曲流、阶地和冲沟发育充足，与涪江、渠江的中下游构成川中盆地，自然比降仅0.28‰，高程仅200~400米，有航运之利。

嘉陵江在合川境内的长度为89.5公里，先后流经钱塘、古楼、大石、云门、钓鱼城、合阳城、南津街、盐井、草街9个镇街，流域面积覆盖全境2344平方公里。嘉陵江进入合川后，与另外两条江——涪江、渠江汇合，水量倍增，其年过境水量达710亿立方米，可谓是水甲西部。在下游水利工程建成后，三江汇合处的嘉陵江水面已变得十分宽阔，水势也更加大气从容。

嘉陵江在合川城区有多美？古人自有发言权。400多年前的明代，合州文人便已将"嘉陵萦带"作为合州的景中之景。云淡风轻时，那极目远眺处，群山错落绵延，江水似玉带环绕，澹山静水，风景清丽。浓荫烈日时，那赤橙红绿的天地间，大江蜿蜒，日光与波光相激射，灿烂缤纷，光彩夺目。即便淫雨霏霏或是雾铺河谷，嘉陵江也自有一番若隐若现、若飘若浮的天作之美。

因合川境内北部属丘陵平坝，地势开阔；东南为平行岭谷，地势险峻，从而使得嘉陵江缓进急出，向下直冲华蓥（yíng）山支脉九峰山、缙云山、中梁山等数道山脉，形成风光绮丽、壮美如画的三重江峡。

嘉陵江三峡，因峡谷山高崖陡、峭拔幽深，宛若长江三峡的缩影，又称嘉陵江小三峡，是沥鼻峡、温塘峡、观音峡的统称，流经合川、北碚两区，全长27公里。

嘉陵江夜色/刘安宁摄

其上为沥鼻峡，亦称牛鼻峡、铜口峡，位置主要在合川区盐井街道和草街街道办事处，全长3公里。峡中江流湍急，水深莫测，群峰高耸，峻峭幽深，有巨梁滩、狮子坟、笑和尚、牛

美丽的沱湾公园/包向军摄

草街航电枢纽/罗明均摄

鼻洞、猴子石、磨子沱等景观。其中为温塘峡，又称温汤峡，全长2.7公里。古时峡口建有温泉池，称为温塘。此处峡壁最窄，两岸相距不过200米，江水咆哮奔腾，漩涡叠生，为嘉陵江三峡最窄处。其下有观音峡，又名文笔峡，全长3.7公里，峡口有巨石屹立，形如石笏（hù），旁边悬崖高处有一古刹，名观音阁，峡以阁得名。

　　嘉陵江三峡连同合川钓鱼城、北碚缙云山、北温泉共同构成了全国著名的风景名胜区——缙（云山）北（温泉）钓（鱼城）国家重点风景名胜区。缙云山，古称巴山，是7000万年前燕山运动造就的背斜山岭，因群峰高耸、丛林苍郁，有"川东小峨眉"之称。北温泉是中国乃至世界上开发利用最早的温泉之一，其古刹温泉寺始建于南朝，距今约1600年。钓鱼城，不仅风姿绰约，更因1259年南宋王朝与蒙古大军之间的一场生死大战而被称为"上帝折鞭处""东方麦加城"，是重庆十大文化符号之一。

　　嘉陵江上通甘肃、陕西，下接重庆，为沟通长江与西北的主要水道，是四川、重庆内河航运动脉之一，自古以来就是沟通南北的黄金水道。整个流域内有大小通航河道23条，营运里程达3600公里。历代用兵陕甘南部，均以嘉陵江为漕运路线。抗战时期，西南与西北之间的物资往来运输等取道四川、重庆，嘉陵江的航运起到了十分重要的作用。

作为合川人，对于嘉陵江，总有一种刻骨铭心、深入骨髓的情感，它是母亲般的关爱和温暖。隔壁南充说，嘉陵江把最美的身段留在了那里，我们却要说，嘉陵江用它那厚实的胸怀和至亲至爱的手臂托举了合川，造就了合川既大气磅礴，又温婉如玉的山川气质、人文气息。

合川的先祖先辈，很早便沿嘉陵江逐水而居，不断开发利用其丰富的渔获资源，并形成了密集的聚居群落。嘉陵江干流水产丰富，140多种鱼类是他们最初的重要食物来源。

嘉陵江，古称"渝水"，是重庆简称"渝"的由来。"渝水"由合川往上的嘉陵江中游又被叫作"内水"，这是合川先民的称法。若问"外水"在哪儿？"外水"便是长江。

现如今，在嘉陵江下游的草街修建了航电枢纽工程，因筑坝而形成的"三江一湖"美景，更为昔日的风景名胜区增添了新的风度和气场。

话题：嘉陵江一头连着中华民族的祖脉秦岭，一头连着中华民族的母亲河长江，有多少历史传奇在岁月中被记起，又有多少源远流长的文明在光阴的尘埃中被泯灭？这需要我们去深入探寻。在探索发现中，说不定你还能来段《话说嘉陵》！

第三期

涪江西来

作为嘉陵江最大支流的涪江，发源于四川松潘县与九寨沟县的岷山。然后，经四川平武、江油、绵阳、三台、射洪、遂宁，一路南流，入重庆潼南、铜梁，在合川汇入嘉陵江。

岷山北起甘肃东南岷县南部，南止四川盆地西部峨眉山，南北逶迤700多公里，有"千里岷山"之说。岷山是长江水系的岷江、涪江、白水河与黄河水系的黑河的分水岭，是古蜀文明的发祥地，也是大熊猫的集中分布地之一。其主峰雪宝顶，海拔5588米，被称为"川西第一峰"。

涪江全长670公里，流域面积3.64万平方公里，多年平均径流量572立方米/秒。因流域内的绵阳在汉高祖时称涪县，涪江由此得名。

龙游晨韵/吴思伟摄

在人们的印象中，涪江的名声远不如岷江那般显赫和有气势，可实际上它也是一条地貌奇绝、江流婉转、风景迷人的河流。

涪江源头一带，上有莽莽雪岭、满目青山，下有漫坡溪水、清泉淙淙，尤以重重叠叠、美如璞玉、明净无瑕、流红荡绿的湖沼蔚为大观，号称"人间瑶池"。

在这里，碧蓝如缎的溪水清澈见底，在浓密的树丛中流淌，流向远方，直接把岷山的问候和黄龙的圣洁带向合川。

涪江从源头到绵阳江油为上游，其所蕴含的水资源十分丰富，早在1000多年前的唐朝时期，便有了开发记录。流域内的折脚堰、云门堰灌溉工程，就是那一时期建造的。现代水利工程主要有被称为第二个都江堰的武都引水工程。

由于武都水库的建设，在平武县的扇铁沟和江油市的白石沟之间，形成了一条近40公里的峡谷河段，途经画屏峡（旧称石门关峡）、六龙峡（旧称平驿峡）、燕云峡（旧称喇叭峡）、青天峡（旧称藏王寨峡）、飞瀑峡（旧称牛鼻子峡）、芳春峡（旧称挖金峡），是为"涪江六峡"。

　　"涪江六峡"的新峡名均由李白的名诗名句提炼而成，分别出自"樵夫与耕者，出入画屏中""上有六龙回日之高标，下有冲波逆转之回川""野燕巢官舍，溪云入古厅""蜀道难，难于上青天""飞湍瀑流争喧豗（huī），砯（pīng）崖转石万壑雷""芳树笼秦栈，春流绕蜀城"。江油是李白的故乡，用他的诗词作品来命名这一国家水利风景区的地理人文是再恰当不过了。

　　涪江以江油至遂宁段为中游，整个中游河道迂回曲折、水流平缓，江中漫滩发育，多沙洲、支濠。河流两岸间隔分布着河流冲积层形成的一阶台地小平原。很久以来，这里便人稠物丰，农业生产发达。遂宁也因地处四川盆地中部的涪江腹地，气候温和，雨量充沛，商旅繁盛，被称为"东川巨邑""川中重镇"和"文贤之邦"。

　　遂宁以下至合川河口为涪江下游，其土地开垦率高、粮油作物出产品种繁多。其水能水利资源丰富，年过境水量达100多亿立方米，仅潼南、合川两区的水能蕴藏量即超过30万千瓦。

　　涪江中下游，因为地理环境适合蚕生长，所以养蚕业自古便非常盛行有名，是四川、重庆重要的养蚕基地，每年的产茧数量名列全国前列，曾造就了声名远扬、驰名于世的蜀锦蜀绣，是南方丝绸之路的产业支撑地。

　　合川作为涪江的最后一站，有小安溪等19条溪流纳入。在合川域内，涪江长度66.73公里，流域面积459平方公里。在这里，涪江终于以游子归家的

远山的呼唤/华长远摄

姿态拥抱着合川，并与嘉陵江携手，共同构成了一道嘉涪相会、江流千古的壮丽画卷。

涪江不是一条特别长的江，其干流未超过700公里，但在中国的诗歌史上它却是一条光辉灿烂的大江。李白、杜甫、陈子昂、王勃、李商隐等众多诗人与这条江都有着密切的联系。他们或是在这里出生、成长，或是在这里为官、寓居、游历。这条江滋养了他们，给了他们无数的灵感，而他们也让这条江成为一条流淌诗歌的江。

单从合川来讲，诗圣杜甫在为合州友人送行并寄书合州刺史时，曾写下一首《短歌行》，值得特别一读："君今起柁春江流，余亦沙边具小舟。幸为达书贤府尹，江花未尽会江楼。"诗中的会江楼即指当时的合州城门楼。

此外，早在杜甫之前，生于今遂宁市射洪县的唐代大文学家大诗人陈子昂，也曾在合州渡口送别其弟，写下了一首浓情唯美的诗，特别值得一读："江潭共为客，洲浦独迷津。思积芳庭树，心断白眉人。同衾成楚越，别袂类胡秦。林岸随天转，云峰逐望新。遥遥终不见，默默坐含颦（pín）。念别疑三月，经游未一旬。孤舟多逸兴，谁共尔为邻。"如此这般的兄弟情，恐怕世间少有。

涪江之于合川，是一个非常重要的地理坐标。合川母城合阳城，之所以称为合阳，便是因为坐落在瑞应山之南、涪江之北的缘故。"山之南为阳"，

涪江太和航电枢纽/刘安宁摄

这山便是瑞应山；"水之北为阳"，这水便是涪江。

春秋战国时，涪江即为巴国与蜀国的界河。公元263年，蜀汉政权灭亡后，曹魏将蜀汉的益州（广袤的蜀汉属地）一分为二，八个郡仍归益州，另外八个郡则成梁州，两州也多以此地为界，直至整个西晋并延续到东晋。

历史上涪江的战略意义十分重要，凡东道入蜀取成都，到重庆后，多经合川沿涪江分两路西进。一路是溯涪江由安昌河（流经绵阳市下的北川、安县、涪城，是涪江的一条支流）入成都。另一路是溯涪江而西，经绵阳、广汉一段陆地到达成都。公元211年，刘备入蜀，即经合川由涪江到达成都。

涪江合川段与嘉陵江合川至重庆段，最早被当作一条贯通的主河，称为"濮（pú）江"。濮江造就了合川，也见证了合川的人世沧桑、盛世繁华、古今之变。

话题： 涪江流域不仅是巴文化和蜀文化最重要的承载地之一，还是湖广填四川的主要中转站。涪江既分巴蜀，又融合巴蜀。巴蜀文化既各有差异，又融为一体，涪江在这其中扮演了一个什么样的角色呢？不妨实地走一走，做些比较。

第四期

渠江东至

　　渠江，嘉陵江左岸最大支流，古称宕河，又名宕渠水。宕者，水流波涛汹涌，起伏跌宕之谓也。在渠江上游通江境内，山高水急，水出深山峡谷，水流之势奔泻而出、波涌浪腾，水声宏壮如山鸣谷应，故有此称。

　　关于渠江的称谓向来比较复杂。在郦道元《水经注》里被称为"潜水"，两晋时又被称为巴江、巴水，宋以后才定名"渠江"。因属于嘉陵江支流，渠江也曾与嘉陵江下游一起被统称为"渝水"。

涞滩渠江/朱美忠摄

渠江源自川陕边界的山区。其北源大通江，横切大巴山，在通江进入四川。东源州河，出自川陕两省边界大巴山脉西南麓，在达州渠县三汇镇与巴河相汇。西源巴河，出自川陕交界米仓山南麓，南流与州河汇合后，始称渠江。

大巴山是陕西、四川、重庆、湖北四省市交界地区山地的总称。东西绵延500多公里，故有"千里巴山"之称。大巴山是嘉陵江和汉江的分水岭，四川盆地和汉中盆地的地理界线。米仓山是大巴山脉的组成部分，地处我国南北地理和气候以及生态的过渡带。

渠江，一般以巴河为正源，全长720公里，其流域面积4.05万平方公里，约占嘉陵江全流域面积的25%。从源头到渠河咀，地跨陕西省的汉中，四川省的巴中、广元、达州、广安等市和重庆市的合川区。

渠江干流在达州三汇镇以上为上游，三汇镇以下为下游，于合川汇入嘉陵江。

渠江流域气候温和、雨量充沛，属亚热带湿润气候，自古便是川东北粮仓，农业生产发达，单产水平高。而今的达州地区，因天时和地利，不仅拥有多种物产，还被称为中国苎麻之乡、中国黄花之乡、中国富硒茶之都。

人类早期文明是沿着河流得以延续、发展的。沿渠江有蛇巴、虎巴、賨（cóng）巴三支部族创造的巴渠文化。从考古发现来看，最有代表性的遗址

渠江汇入嘉陵江交汇处/李永光摄

当属后河罗家坝文化遗址。罗家坝遗址位于四川宣汉县，地处秦、楚、巴、蜀文化交界处，为古代巴人文化遗址，与成都金沙遗址、古蜀大型船棺独木棺葬遗址一道，被称为继三星堆遗址之后的古蜀文化的三颗明珠。

賨人，又称板楯蛮，是渠江流域最早的土著居民。商末，由于纣王无道，多次征伐賨人。賨人则纷纷加入武王的伐纣大军，是助周灭商的八大少数族裔之一。周武王灭商后，賨人便建立起了自己的国家——賨国。"賨"源于古巴蜀人对赋税的称呼，賨国国都在今天四川渠县的土溪镇城坝村。从渠县出土的大量青铜兵器可以看出：賨人勇猛彪悍，崇尚武力，被后世学者称为"东方的斯巴达人"。賨人在历史上曾多次帮助王朝作战，充当先锋，战绩辉煌。

唐宋以来，渠江流域经济文化高度发达。达州境内唐朝时期便有著名的荔枝道、米仓道。宋元时期的山城遗址众多，有渠县礼义城遗址、大竹县黄城寨遗址、通川区达川区铁山关遗址。这些遗址均系当年四川军民为抗击蒙（元）之师所构筑的山城防御体系。因此，在川东北地区，渠江流域的河流文化是其经典。

关于荔枝道，据说是唐玄宗为传驿荔枝，置专驿直通长安而形成的一条道。"一骑红尘妃子笑，无人知是荔枝来。"除岭南产荔枝外，在古气候中的"隋唐温暖期"，巴蜀之地也盛产荔枝，主要集中在涪州（今重庆涪陵）、巴州（今四川巴中）、通州（今四川达州），当然还有合州（今重庆合川）。该驿道线路由长安经子午道，再一路南下，最后至涪州，全程2000里。

关于米仓道，始创于秦，兴于汉，距今约3500年。米仓古道最东面的一线又叫汉中古道。此道从汉中经通江过平昌（古称江口），由水、陆两路抵达州（绥定），下重庆。这一线主要利用渠江之便。

渠江合川段，自大界溪开始，共83.5公里。先是流经岳池和合川边界，为四川省和重庆市的界河，长约9.5公里。后经丹溪口，在合川境内河道里程74公里，流域面积809平方公里，纳26条小溪流，是合川三江腹地的重要组成部分。

渠江进入合川后，水质清澈，沿岸风景秀丽，自然破坏较少，保留了一个相对原生态的乡野碧水廊道，是合川历史文化和旅游资源富集区之一。这里不仅有国家第一批历史文化名镇——涞滩古镇及全国重点文物保护单

合川夜景/周旋摄

位——二佛寺摩崖造像，还有雄峙于嘉陵江、渠江汇合处的云门山。

云门山绵延5公里，主峰海拔448米，因其南面与钓鱼山隔江相望，两山对峙，壁立如门，峰顶常有白云相随，被称为"云门"。云门山四周崖陡壁峭，山势直冲云霄，孤悬天外，山顶平坦异常，原广林深，曾有始建于明朝的天界寺仡立其上。山下，有新中国第一位少年英雄刘文学的墓园。

1960年，为纪念少年英雄刘文学，合川县政府在渠江与嘉陵江交汇处的双江村为他修筑了一个占地1000平方米的墓园。墓园正中为高1.88米的刘文学白玉塑像，塑像后圆顶平台为烈士墓，立有墓碑，刻有少先队标志和当时共青团中央第一书记胡耀邦所题"刘文学之墓"五个大字，碑座有"做毛主席的好少年"题刻。墓园背靠云门山，面向渠河口，四周为郁郁葱葱的香樟

树。身临其境，耳边自然会响起那首传唱英雄的歌谣——

"渠江水呀弯又长，有颗红星闪光芒，少年英雄刘文学，你是我们学习的好榜样……"

渠江之于合川，历史上曾是外来移民迁徙、避难、开垦的主要地域方向，为推动三江大地较早地实现全域发展作出了重大贡献。这将在后续的章节中述及。

话题：渠江，对于大多数重庆人来说是陌生的，但作为地域符号，她又是古老、独特和神秘的，这里所发生的一切我们真的了解吗？不妨让我们进一步走进渠江，开启一次探秘的旅程。

第五期

钓鱼城半岛——三江交汇的风景眼

嘉陵江、涪江、渠江携手奔流至合川，一路气势磅礴、雄浑壮阔、勇往直前。与渠江交汇后的嘉陵江先是由东向西，纳涪江后又由西向东，来了个360度的曲折大回环，以三江之水阻隔四面青山，从而形成了一个三面临水，如龙吟虎啸般的钓鱼城半岛。

钓鱼城半岛由嘉陵江、涪江、渠江围合而成。岛上有学士山、钓鱼山盘踞，向北与云门山相对，与马鞍山相连；向南，与铜梁山相望，与白塔坪（东

三江合川/刘勇摄

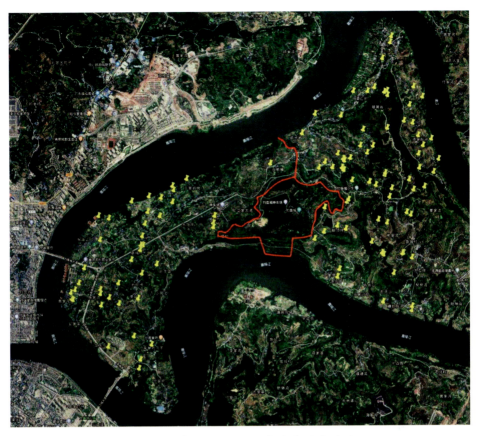

钓鱼城半岛/合川区规划自然资源局供图

山）相峙，面积约20平方公里，自然景观秀美壮丽，人文历史厚重深邃，为国务院首批公布的缙（云山）北（温泉）钓（鱼城）国家重点风景名胜区核心景区，可谓是三江交汇的风景眼，迎来送往的会客厅。

半岛上的学士山，位于钓鱼城半岛首部，正对涪江进入嘉陵江的汇合口，占地1.5平方公里，山似鱼脊，前高后低，与嘉陵江右岸的文峰塔、会江楼和涪江左岸的瑞应山、纯阳山遥相呼应，是钓鱼城风景区特别是合川城市的几何中心。登高远眺，合川大山大水、古风古韵与现代繁华的城市气息扑面而来。

自唐宋以来，这里便是当地民众郊游、休憩的胜景所在。山顶有宋人张宗范建造的养心亭（俗称八角亭）耸立其上，是中国理学奠基人周敦颐交友和著书立说之处，其著名的《养心亭说》（后世亦称《养心亭记》）即写于此。

《养心亭说》是宋明理学的开山之作，其文不长，但对后世影响极大。其全文如是——

孟子曰："养心莫善于寡欲，其为人寡欲，虽有不存焉者寡矣。其为人多欲，虽有存焉者亦寡矣。"予谓养心不止于寡焉而存耳，盖寡焉以至于无，无则诚立明通。诚立，贤也；明通，圣也。是圣贤非性生，必养心而至之。养心之善有大焉，如此存乎其人而已。张子宗范，有行有文，其居，背山面水，山之麓构亭，甚清净。予偶坐而爱之，因题曰"养心"，既谢，且求说，故书以勉。

周敦颐以"养心"命名这座亭，并将思想发散开来，在孟子"清心""寡欲"的思想主张下，提出了"涵养心性必须节制和去除过度欲望"的命题。人之欲望，或称私欲、物欲，有正当和不正当之分，有适度和过度之分。只有将不正当的、过度的欲望节制到趋近于无的时候，才能立真诚、明事理。立真诚，贤者可至；明事理，圣人可至。所以，圣贤不是天生的，必须通过心性的涵养才能达到。由此，赋予了这座亭、这座山特别的文化意义。

学士山因相传是唐代学士曲瑞的读书处而得名，现仍有"读书台"遗迹可寻。学士山风景幽绝，人文卓著，是合川千年文脉和城市文化的标识之一。

学士山尚文，钓鱼山重武，一前一后，一柔一刚，为钓鱼城半岛这一独特而又美丽之地，平添了几多千古风流之气。游钓鱼城必游学士山，才能真正懂得合川。

如果说学士山是合川城市区域的几何中心，是"小眼"，那么鼎鼎有名的钓鱼山则是整个三江交汇的物理重心，是"大眼"。"小眼"看合川，"大眼"看世界，这是我读合川山水的一种感悟。

钓鱼山，方圆10平方公里，山顶占地2.5平方公里，为钓鱼城古战场遗址所在。

钓鱼城遗址，1996年11月被国务院公布为第四批全国重点文物保护单位。现有保护区内，存有绵延8公里的石筑城垣以及8道各式城门。有衙署、军营、校场、栈道、水军码头、炮台、火药作坊、天池、宋井等南宋军事和生活设施遗存，以及护国寺、忠义祠等相关名胜古迹。

2012年10月，钓鱼城进入中国世界文化遗产预备名单。2013年12月，钓鱼城被国家文物局公布为第二批国家考古遗址公园。2020年，钓鱼城范家堰考古遗址被评为中国2018年度十大考古重大发现。一座沉睡了近800年的国宝级遗址正以其崭新的姿态面向世人，走向世界。

钓鱼山多胜景。除钓鱼台、薄刀岭、三龟石、天泉洞等自然景观外，早在南宋末年钓鱼城筑城之前，这里便有诸多传说加身，有众多反映宗教文化的建筑、石刻开凿营建。

相传春秋战国时，巴人在江之南，濮人在江之北，双方为争夺钓鱼山，进行了三天三夜的决战，最后两国国君双双战死于山上。后来两国王子应百姓休战和好的要求，会盟于今钓鱼城北面插旗山顶，结束纷争，并将他们父王的遗体合葬于钓鱼山上，这座墓葬被人们称为"双王墓"（俗称"双王坟"）。"双王墓"的神奇传说，赋予了钓鱼山"和平山"的寓意，寄托着历代合川人民对安宁祥和生活的向往。

唐宋时期，钓鱼山是著名的石佛道场。其南侧的一段悬崖，被民间称为"佛湾"，曾以精美绝伦的佛教摩崖造像驰名巴蜀。横卧在此地的悬空卧佛，即为钓鱼城古代石刻艺术的精华。

钓鱼台胜境/罗应摄

钓鱼城悬空卧佛造像，系晚唐时期的一尊巨型石刻。佛像利用一块悬空的巨型岩石内壁雕凿而成，身长11米，肩宽2.2米，着双领下垂袈裟，头为高肉髻，两耳间距1.8米，赤足，双脚宽1.2米。它背北面南，头西脚东，袒胸露肌，面形丰满，端庄慈祥，情态自然，是一幅构图严谨、比例匀称，既大刀阔斧，又精雕细琢的摩崖造像。

"佛湾"保存完好的石刻艺术造像和题刻还有千佛崖造像、三圣岩造像、王坚记功碑、千手观音造像、北宋书法家石曼卿手书三佛名（无量寿佛、释迦文佛、弥勒尊佛）题刻、"一卧千古"题刻、"山人足鱼"题刻、"古钓鱼城"题刻等。

与石佛道场相应的是，山上还有著名的佛教寺庙护国寺。护国寺坐落于钓鱼山中央之地的南端，为唐宋时期合州名僧石头和尚所创建，在历经宋、元、

钓鱼城卧佛崖/朱美忠摄

明、清数度战火之损毁和重建之后，得以延续保存和遗留。现在的护国寺从清代雍正年间全面重修算起，也有近300年的历史。

全国以"护国寺"命名的佛寺众多，比较有名的就有20多座。取名的缘由各不相同，但都有一个共同的思想根源——护佑家国。《金光明经》《妙法莲华经》《仁王护国经》被称为佛教护国三经，经中阐发了佛教徒要爱护自己的国家和报答国恩的思想。在中国固有文化中，家国是一体的，进而形成了中国佛教内容丰富的护国思想与实践。这对民族的融合与团结、社会的安定与和谐都起到了积极的作用。

历史上，钓鱼城护国寺最为兴盛的时期是在南宋，"建堂殿廊庑（wǔ）百有余间"，总占地面积超过5000平方米，与龙游寺、净果寺、方溪寺并称合州四大名刹，享誉巴渝。

合川的门在三江，合川的美在三江，合川的魂在三江。钓鱼城半岛处嘉陵江、涪江、渠江之上，一岛连"三源"—集合了秦岭的纵横豪迈、岷山的冰清玉洁、大巴山的浓荫诗情，这远不是一个农耕发达的小半岛，而是一块亘古绝世的天赐宝玉。

话题：多少年来，钓鱼城半岛始终被合川人民挚爱着、珍惜着，至今仍然保留着她较为原生态的自然岸线、田园四季，为的就是要守护好这份奇景，保护好三江交汇的风景眼。如何让钓鱼城半岛这个生态半岛、人文半岛在得到充分保护的同时也能得到更好地利用，让文物活在当下，让风景造福人民？这是一个大家都关心的问题。

第六期

红色华蓥——绿色屏障

合川地势总体呈东、北、西三面高南面低的态势。地形大体可以分为三大板块：东部为华蓥山脉岭谷；中部为三江腹地丘陵；西部为台地地形地貌。

华蓥山，川中丘陵和川东平行岭谷的天然界山。它突起于四川盆地底部，"山高五千尺，绵延六百里"，是川东平行岭谷主体山脉，与美洲的阿巴拉契亚山、安第斯山并称为世界三大褶皱山系。山脉由东北—西南走向平行展布，有九峰山、缙云山和中梁山3支余脉。山势东缓西陡，主峰1704米，为四川盆地底部最高峰。

合川三汇石林/罗明均摄

合川境内的华蓥山脉，最高海拔1284米（三汇白岩头），既含南端主脉，也含九峰山支脉，从东北向西南，由两岭一槽到三岭两槽，递次延展。整个山区以海拔500~1000米的低山为主，也有很少部分为海拔1000米以上的中山山岭。山间为250~500米的低矮谷地。

该区域包含盐井、草街、双凤、狮滩、土场、清平、三汇等镇街，面积达498平方公里（其中，平行岭谷分布面积359平方公里，占全区总面积的15.5%）。地处盐井、草街的九峰

华蓥山脉/合川区美术馆供图

山支脉，在国土空间规划中，已纳入合川主城区管理，作为城周最重要的森林屏障。其主峰700多米，因山有九峰，故名，全山与狮峰山平行，山林平实，植被原始，紧靠城区，登峰可望合川城全景。

华蓥山空气清新、气候适宜，地处亚热带湿润气候区，年平均气温12.5℃，无霜期270天，形成四季分明、雨量充沛、气候温和、日照充足的气候特征。该区域山脉本体森林覆盖率达90％以上，是距离重庆中心城区最近的消夏避暑之地，全程55公里，只需1小时便能到雨台山山顶，有"春绿，夏荫，秋红，冬白"的秀美景致，是合川东部的绿色屏障。

华蓥山有着光荣的革命历史，是一块红色的土地。在20世纪三四十年代，这里曾是中共华蓥山地下党和华蓥山游击队从事武装斗争的根据地。早在1927年就有中共地下党活动，抗日战争时期，周恩来曾派人在此开办纸厂供应新华日报。1948年，中国共产党领导的华蓥山游击队的武装起义尤为可歌可泣。著名小说《红岩》中的"双枪老太婆"描述的就是这里的女英雄形象。

1948年8月，中共川东临委书记王璞来到合川召开紧急会议，决定组织西南民主联军川东纵队第二支队在华蓥山金子沱进行武装起义。8月25日，起义成功爆发，迅速发展到1000余人，先后占领武胜、真静、合川部分地区，击毙南充警察局局长，打退敌人多次进攻，后又转战岳池县，在岳池三元寨，经与3倍于自己的国民党兵力殊死战斗而最终失败。此次起义，极大地动摇了国民党在川东地区的统治，为重庆乃至西南的解放作出了贡献。

这一地区，因山高林密谷幽，曾有陵川、华川两大三线建设企业内迁于此，中国矿业大学于20世纪七八十年代在三汇镇办学十余年。

20世纪60年代，受当时国内外形势影响，除一大批军工企业内迁，中央还决定将北京13所重点高校外迁。1970年6月开始，北京矿业学院（今中国矿业大学）教职工从各安置点向四川合川三汇坝（今重庆合川三汇镇）集中，学校整体从北京搬迁至此，定名为四川矿业学院。前后长达12年，直到1982年因国家政策调整学校才最终迁往江苏徐州。

矿业大学搬迁到合川三汇坝华蓥山麓建校的历史，是新中国成立后矿大建校历程中最艰苦的一次，也是矿大留存历史记忆最完整、最深刻的一次。这里有目前国内保存得最完好的"干打垒"建筑群，一共57栋，堪称石砌建筑群的典范。

所谓"干打垒"，实际是一种简易的筑墙方式，包括土坯墙、土筑墙、乱石墙、三合土墙等类别。矿大采用的是乱石墙干打垒技术，即石砌干打垒。它充分吸取了合川民间建筑经验，把简易墙建筑做到了极致。

如今干打垒建筑已退出历史舞台，但在过去那段艰难的岁月里，矿大三汇旧址却呈现了中国高校艰苦奋斗、自力更生、迎难而上的时代精神，是中国大学教育重要的精神文化遗产。

在合川办学期间，中国矿业大学共培养了学生3000多人，并从这里走出了钱鸣高、陈清如、周世宁、谢和平等中国工程院院士。1977级和1978级的学生中，还出了不少大学校长和一批行业的领军人才。神奇的华蓥山再次验

九峰山/刘勇摄

中国矿业大学旧址/秦勇摄

证了那句话——人不负青山，青山定不负人。

合川华蓥山片区，历史上很早便以开采煤炭闻名，所生产的煤不仅满足了抗日战争时的"陪都"之需，更为后来新中国的建设作出了重大贡献。"北川铁路""天府煤矿"，这些都是当年勇立潮头、敢为人先的时代大事件，用一马当先、轰轰烈烈来形容也不为过。此外，还有大家熟知其名却不知其所的"育才学校""第三保育院"旧址。不过，别急，有关这些事儿还得放到后面再读。

近年来，合川华蓥山片区工业经济快速发展，已由以采矿业为主转型为以先进制造业为主，建成了天顶汽车产业城，特别是杨柳坝更是成为中国驰名的日用玻璃器皿之乡。昔日的偏僻山沟正在蝶变为新的都市。

话题：华蓥山由北向南纵跨四川、重庆15个县市，随着城市化的急剧发展和交通基础设施的健全完善，重庆都市区已跨过了华蓥山屏障，成渝双城经济圈发展规划更是把合（川）广（安）长（寿）作为协同发展示范区摆上了重要议事日程。为此，我们当如何发挥合川东部华蓥山片区的潜力和优势呢？

三江腹地——巴渝粮仓

由合川城区沿嘉陵江向北，沿涪江向西，沿渠江向东北，便进入了合川广阔的三江腹地。因沟谷水系发育，特别是嘉、涪、渠3条大江蜿蜒曲折，与众多支流形成树枝状水系，致使"三江"两侧地势平缓，多浅丘宽谷。以镇街行政单元计算，这类面积约1500平方公里，覆盖了云门、大石、龙市、钱塘、太和、铜溪、渭沱等10个农业大镇。

田园旋律/刘安宁摄

丰收田野/刘安宁摄

太和镇米市蔬菜标准园全貌/周利摄

　　神奇的北纬30度线横贯该地。站在此处循着此线环视地球，西面有世界上最高的山峰——珠穆朗玛峰，东面有世界上最深的海沟——马里亚纳海沟。埃及的尼罗河、伊拉克的幼发拉底河、中国的长江、美国的密西西比河均在这一纬度线上入海。有人说它是地球的"脐带"，仿佛充满了神秘而不可捉摸的力量。

　　这里属于亚热带和温带的过渡地带，降水丰沛，气候适宜。以此北纬30度为线，形成了亚热带季风气候、地中海气候。这些气候适宜植被生长，生物种类繁多，人类活动频繁。很早以前，人类便造就了以金字塔群为代表的古埃及文明，以空中花园为代表的古巴比伦文明，以青铜祭祀器为代表的三星堆古蜀文明，以及印第安人创造的古玛雅文明等。

　　处于此纬度之上，合川自古以来便是得三江之利的良田沃土、膏腴之地，为重庆农业生产的主产区。近年来，合川的粮食总产量、生猪出栏量、水产品产量均保持在重庆市第一的位置，素有"巴渝粮仓"之美誉。

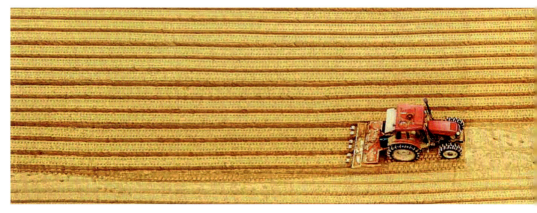

渭沱镇机械农耕/辛刚摄

与这条纬度线的其他地区相比，合川虽无壮美的大海、洁白的雪山、雄伟的古堡、惊世的建筑，却也有纵横的山岳、多样的生物、美丽的田原、悠久的历史。

与此纬度线上灾难恐怖的另一面相比，合川没有地震、海啸、火山、龙卷风，没有死海和重大地质灾害，生产生活环境十分安全稳定，历史文化也从未中断过。

粮食和其他食物安全，乃国之大者。近年来，合川不仅粮食播种面积超过150万亩，而且三江沿线还串联起了10万亩柑橘产业带、10万亩稻鱼产业带、10万亩油菜产业带、6.5万亩枇杷产业带、2万亩黄桃产业基地。一年四季猪肥羊壮、鱼游虾戏、瓜果飘香、人寿年丰，为地球这条神奇的风景线添上了一抹瑰丽的亮色。

北纬30度线也是地球的美酒线，其所处地带是美酒的"生命带"。因气候温暖湿润、微生物繁多而活跃，是天然的发酵容器，滋养着繁衍千年的古微生物酿酒菌群，孕育了法国两大经典葡萄酒产区："葡萄酒之后"拉菲红酒的故乡波尔多、"生命之水"白兰地的故乡干邑和中国白酒的名品茅台、五粮液、泸州老窖、剑南春等。

中国酿酒历史悠久。据《说文解字》载，"古者仪狄作酒醪（láo），禹尝之而美，遂疏仪狄"，又载"杜康作秫（shú）酒"。仪狄是夏禹时代司掌造酒的官员，相传是我国最早的酿酒人，为虞舜的后人。杜康为夏朝的国君，

也是中国古代传说中的"酿酒始祖"，从禹算起，酒在中华已有4000多年的历史。

　　具体到重庆地区，据《华阳国志》记载，早在公元前，巴人就知道酿酒享用了。巴人的清酒冬酿夏熟，酿造时间长，味醇色清，为祭祀专用酒，是一等一的好酒。

　　从合川出土的文物看，类似盛酒的器具有确切记载年限的应为汉朝时期，由此可以推断，合川酿酒技艺已有一两千年的历史了。

　　合川所酿酒的种类众多，白酒是其根本。白酒，又称烧酒、老白干、烧刀子，主要以高粱、玉米、木薯和红苕干为原料，通过发酵蒸馏而成，是纯正的粮食酒，酒的度数也较高。

　　咂酒则以米或其他杂粮为原料蒸酿而成，其制作方法简单，将谷物浸泡后直接蒸熟，加入酒曲入坛封存。咂酒的特点是低度、绵长、微甜。咂酒的饮用通常用竹管插入坛中吮吸，多人共坛，饶有情趣。在将酒液汲入口中的过程中，发出"咂咂"之声，所以叫咂酒。据《合川县志》记载，历史上咂酒自唐代起，便很流行。

　　因盛产柑橘等各式水果，合川也一度调配出过香味浓郁的果酒。新中国成立后，又引进生产了啤酒，建有国营的啤酒厂。

　　自清末五口通商之后，合川同四川、重庆其他地区一样，酒的产量大幅增加，太和、钱塘、云门等一众乡镇几乎乡乡都有酒坊，极盛之时有"隔壁千家

钱塘镇高粱丰收／辛刚摄

渭沱镇南瓜丰收／辛刚摄

云门街道酒厂／刘安宁摄

铜溪镇蔬菜丰收／辛刚摄

醉，开坛十里香"的传颂，所产高粱酒质地优良、浓香醇厚，实乃天赐佳酿。

多情三江水，好客合川人。有朋自远方来，待客之道自然离不开美酒。历史上合川人酿酒、好酒，以酒为媒介的民风耿直豪爽、厚实地道、开放包容，体现了古老的巴濮之风、英雄之气。

话题：合川酿酒的历史、工艺和品质与现如今流行于全国的"川酒"地理同源，相差无几，但合川酒的文章和品牌却一直没有很好地做起来。可能是因为我们只知自娱自乐，不知外出闯世界，以至于酒业特别是白酒产业，在合川逐渐成为衰落式微的民间"散打"。如何重现昔日的辉煌，你可有良策？

第八期

龙多台地——岭上高原

　　合川全域由东而西，在西北部有360余平方公里的地形地貌，因四周为陡崖而直立于邻近低地或沟壑之上，顶面基本平坦呈台状特征，加之有特立独行的龙多山高傲地矗立在其边缘，故称为龙多台地。龙多台地是涪江与嘉陵江之间的分水地带，为分水岭型坪状高丘。这里虽然海拔不高，一般只有200~400米，但从低处望去，却也称得上是岭上高原了。

　　在这片台地中，由曾经的永兴和隆兴两乡镇合并而来的隆兴镇，占地近100平方公里，因同处台地，地势平坦且相连成片，素有"永隆高原"之称。

　　这里与世界三大橄榄油生产国——西班牙、意大利、希腊同处一个纬度，

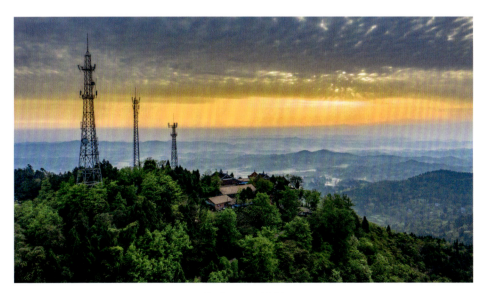

龙多山/刘勇摄

气候相似，土质相当，土壤滤水透气、疏松易培，非常适合橄榄生长。其所产橄榄油口味清新，没有一般橄榄油浓重的辛辣味，可以直接食用，十分符合中国人口味。现有种植面积近4万亩（全区有近6万亩），是名副其实的橄榄之乡。

橄榄树，是和平、纯洁和胜利的象征。在文艺作品中，橄榄树是歌者的梦乡、游子的归途、诗人的灵魂图景。在现实生活中，合川人民则把和谐、友善、成功的希望牢牢地植根于这片岭原之上，为之耕耘劳作，为之相守相望。

感谢大自然的造化，台地的构造使合川西北部隆兴、龙凤、二郎、燕窝、三庙五镇的时令物候较之其他地区要晚一个节气。同样的物产，产出时间相对滞后10~15天，且所产大米、红苕、玉米和蔬菜等都有更高的品质。

公元588年至1283年，这里曾设置过合州府管辖的赤水县，其时间长达690余年，历经隋、唐、宋、元4个朝代，管辖地域7乡6镇，与现今龙多台地范围差不多。

龙多山/合川区文化旅游委供图

据有关文献记载，古赤水县城位于今合川龙凤镇赤水场镇，其遗址东西长1.5公里，南北宽1公里，面积约1.5平方公里。县城内外，迄今尚有赤水县衙、长房（监狱）、练兵场、观景拱桥等遗址可考，引人回望遐想，也有众多高校、科研单位的师生不时前来考古和凭吊。虽然昔日的辉煌和荣光不再，可一段引以为傲的建置历史依旧留在了人们浓浓的乡愁之中。

"永隆高原"之上有座保存完好的古寨——天生寨。该寨以古城堡建筑为显著特点，始建于明末时期，迄今已有300多年历史，原为明末农民起义军首领张献忠的屯兵营寨。古城堡周长365米、高8米、厚3米，呈桃形。整个城堡建在一块天然的龟形巨石上，寓意"金龟托宝"，其状宛若天然生成，故有其名。寨内百年古树苍翠挺拔，建筑格局和形态保存较好，其古老的柏木双开寨门现今仍在使用。

距天生寨不远的地方，还有一处古墓奇观，为历史文化探秘者所乐道。这处石棺墓群，是继巴蜀悬棺葬文化之后的又一惊俗的墓葬文化类型，其奇

特之处在于石棺连穴、一墓多穴，且不入土。古墓有"九穴连墓""夫妻连穴""皇亲赐赠大型石雕古墓群"等几种形式。据考证，这种连墓连穴的墓葬形式在全国各地未有雷同，可谓独具标格，其背后所蕴含的文化习俗也一定与众不同。

龙多台地最值得一提的是龙多山。此山位于重庆合川和潼南两区交界处，因山势挺拔俊秀、峰峦起伏、逶迤飞腾、宛若龙蟠，故名龙多山。龙多山海拔618米，山脉绵延10里，为昔日巴蜀名山。山上林木幽深、怪石嶙峋，有泉水潺潺、鸟语花香。山下地势平坦、阡陌纵横，有万亩良田、千户炊烟。龙多山的佛、道文化历史悠久，庙堂殿宇古朴典雅；摩崖石刻历经唐、宋、元、明、清名人名家积淀，琳琅满目，栩栩如生。有关龙多山的人文历史后有专节叙述，这里暂且不表。

龙多山自然风光有鹫台献瑞、飞仙流泉、怪石衔松、晴岩绕翠、黄龙吐雾、赤城旧迹、横江白练、群峰堆翠，此为龙多山八景也。

登龙多山，望龙多台地，既有高原气质——广袤无垠，又有南国景致——婀娜多姿。不同时节，不同物候，或麦浪翻滚，或花团锦簇，或稻香满原，或云影波光，诸般秀色尽收眼底。

龙多台地相对缺水，然而这里却有合川第二大人工湖——白鹤湖。

白鹤水库/秦勇摄

隆兴橄榄海洋/合川区委宣传部供图

白鹤湖修筑于20世纪70年代，湖面5000余亩，水质清澈，四周青山环抱，湖中小岛耸立。因养在深闺，生态环境十分优越，常年有白鹤居此，鹤鸣如歌，故有白鹤湖之名。在湖边白鹤村龙波山山顶，有一块人称"亚洲奇石"的千年景观——斗牛石。该石由上大下小两石重叠而成，上部巨石直径4.8米，下部基石直径仅0.7米。微风吹过能见斗牛石轻微摆动，然而历经风雨，这么多年它却屹立不倒。

话题：虽然古赤水县地的高光时刻已成记忆，但古老的岭上高原却焕发了新的生机，走入龙多台地，走过合川的西北，相信你还会有更多的惊喜和发现。

第九期

万千气象中的合川景致

合川美景，景景都是在春夏秋冬、晨午夕夜的四时变化中，都是在风霜雨雪、云露虹晕的气象生成中耦合而成。凡景者，山水是底，气象是色。赏景，赏的是山川形胜，赏的也是气候物象。

合川地处亚热带季风湿润气候区，年平均气温18℃，年降雨量在1139毫米。主要气候特点可概括为：冬暖春早，夏热秋凉；四季分明，无霜期长；空气潮湿，降雨丰沛；太阳辐射弱，日照时间短；云雾多，霜雪少，风速小；立体气候较为明显，气候资源丰富。如果用简单的几句谚语来描述，则是"春早气温不稳定，夏长酷热多伏旱，秋凉绵绵阴雨天，冬暖少雪云雾多"。

在地形和气候的双重作用下，合川冬春之际多云雾，是重庆雾都的代表；夏秋之交多夜雨，素有巴山夜雨之说。

这种既富于变化而又规律轮回的林林总总气象给了合川百般呵护、千般宠爱，最终造就了合川的钟灵毓秀、绮丽神奇。

合川景致，深入人心的当数"合州八景"。"合州八景"的命名，始于明代。它是文人之作，表达的却是合川儿女对故土的钟情与眷恋，诉说的是心中的那份骄傲与自豪。400多年以来，人们或把它题刻于崖石之上，或书绘于雕梁画栋之中，或撰记在诗词歌赋里，感念着合川的山川壮美、风光无限。

在合州众多的"八景"中，最著名的当属"合阳八景"和"鱼山八景"。

合阳八景是：瑞应清风、濮湖夜月、涪江晚渡、金沙落雁、甘泉灵乳、东津渔火、鱼城烟雨、照镜涵波。

鱼山八景是：嘉陵萦带、峰顶白云、沙滩响雨、古洞流泉、赤壁文光、天池夜月、东谷晴霞、西市晚烟。

在中华民族集体的审美意识中，天地四时是真、善、美的化身。以时空变化为视觉或者说作解读，合州景致自然便是合川气候幻化出来的杰作——

合川城区/华长远摄

瑞应清风，习习于春禊（xì）秋社。

濮湖夜月，载舟于夏秋涨溢。

涪江晚渡，渡人于晴日黄昏。

金沙落雁，实为深秋水落、雁阵惊寒。

甘泉灵乳，煮茗以消仲夏之暑。

东津渔火，当属夜雾初起、渔舟唱晚。

鱼城烟雨，美在春晓将暾（tūn）之际。

照镜涵波，历鉴春夏秋冬、天地日月。

嘉陵萦带，绕于云消雾散之时。

峰顶白云，携手蓝天共舞金秋时节。

沙滩响雨，定是夜幕降临、山隐城寂时的趣味。

出航/荆鑫摄

古洞流泉，凌空泄于雨季当中，汩（gǔ）汩流于枯水隆冬。

赤壁文光，习惯了晨曦初露、夕阳西沉。

天池夜月，赏的是心净神闲、暗香盈袖。

东谷晴霞，展露于有雾的冬春。

西市晚烟，看尽了红日西坠、白云归岫。

真可谓四季变换，气象万千。既有"鱼城春雨水连天"，又有"夏日无风也作浪"；既有"山光月色仲秋美"，更有"雾锁三江出冬季"，美轮美奂，让人应接不暇。

除上述两处"八景"外，还有写三庙镇风物的"鹤鸣八景"、写涞滩镇景致的"涞滩八景"、写龙凤镇形胜的"龙多山八景"、写铜溪镇传奇的"龙游山八景"等，这里就不再赘述。

金沙碛/刘忠华摄

　　合川的四时美景在历史上远不止我们今天所见。根据著名气象学家、地理学家、教育家竺可桢的研究，中国历史5000年，曾有过4个温暖期和4个寒冷期。气候的变化连带的必然是物候、景致的不同。我们可能无法细致地考证古代气候对于合川的影响，但我们笃定的是：三江大地的山川、人文都还曾有过别样的景致和盛状。爱合川，当爱这方水土、这方气候以及它们的交织缠绵。

　　话题：合州"八景"，代表了合川境内不同地方的八大名胜。随着经济社会的发展变化和时间的推移，虽然它们中大多数的景观已经不复存在，但遗迹至今可考，每当提起，大家依然津津乐道。新的时代，新的发现，新的创造，合川又有了什么样的新"八景"呢？不妨一起来感受、总结、提炼、书写吧。

贰
读合川
erduhechuan

巴濮文化为特质的上古文明

第十期

合川原始人类推测

合川地处长江上游地区，按照文化类型学的观点，这里当是远古时代原始人类的发祥、繁衍地之一。也正是在这里，我们的祖先的祖先的祖先从0到1，最终实现了从爬行到直立、从鸿蒙到智开的自我进化与成长。

1985年，考古工作者在重庆巫山县龙骨坡，发掘出了一段带有2颗臼齿的下颌骨化石以及一些有人工加工痕迹的骨片。此后不久，该地又发掘出了3枚门齿和一段带有2个牙齿的下牙床化石，以及116种早更新世初期的哺乳动物化石。

经专家学者研究，龙骨坡遗址出土的遗物代表了一种直立人的新亚种，被称为"巫山人"，在距今200万年前，是中国境内最早的猿人。

金桥座座连江城/周天禄摄

猴清庙遗址考古划分地层/合川区
文管所供图

猴清庙遗址/合川区文管所供图

猴清庙遗址探方/合川区文管所供图

猴清庙出土的铜镜/合川区文管所供图

2003年，重庆市文物考古所在合川涪江一带发现了总面积达12万平方米的唐家坝遗址。通过发掘，采集到六大类旧石器时代早期石器22件，有石片刮削器、砾石刮削器、大石片单刃砍砸器、砾石单刃砍砸器、石核砍砸器、石核等。

2005年，通过再次发掘，唐家坝遗址又出土了石制石器41件。除旧石器时代打制刮削器、砍砸器外，还有磨制的石斧、磨制的石凿和磨制的砍砸器等新石器时代早期遗物。

根据考古工作者的推断，唐家坝遗址从第四纪早期至第四纪晚期，都应有人类在此活动。也就是说，在距今200万年至100万年前，这里便有人类活动，且一直向后延续至整个石器时代。

唐家坝遗址的发掘为深入研究长江上游原始文化，建立长江上游地域的旧石器文化序列提供了十分重要的资料。

"宕渠"文字瓦当

合川唐家坝遗址（石器出土地层）与巫山龙骨坡古人类遗址处于相同的地质时代，有着同样优越的远古自然生态环境。因而，我们有理由相信，唐家坝的远古人类与巫山人类有着不可割裂的联系，应是同一地域——长江上游地区同一种属的原始人类。

由此可以推测，活动在唐家坝遗址的远古人类与巫山猿人相似，同属"东亚型"直立人。其外形特点为：长方形眼眶，下颚（è）圆整，鼻骨窄而高，身高在1.6~1.7米。他们是三江大地最初的人类始祖。

当时，合川涪江两岸气候温和潮湿、森林密布、水草丰美。同处一域的，不仅有原始人类，更有中国乳齿象、步氏巨猿、剑齿虎、双角犀、小种大熊猫等上百种第四纪的哺乳动物。

唐家坝远古人类的生存状态，可以做这样的描述：他们主要居住在洞穴里或山崖下，靠采摘野果或狩猎为生。他们对工具的制作喜欢就地取材，通过砸和砍的方式制作。他们还不懂得用火，思维意识还处于朦胧时期，属于人类的蒙昧阶段。想象中，用今天的话来说，应该是特别呆萌。

如果说唐家坝遗址代表着合川旧石器时代和新石器时代早期的人类文化（大约200万年至8000年前的文化），那么沙梁子遗址和猴清庙遗址则代表着合川新石器时代中、晚期人类文化（大约8000年至4000年前的文化）。

20世纪八九十年代发掘的沙梁子遗址，位于合川区盐井街道办事处，地处嘉陵江右岸，总面积约6000平方米。这里先后出土了一大批打制和磨制石器，以及陶器等。

虽然沙梁子遗址因出土文物中商周时期的陶器占有较大比例，最后被认定为商周时期遗址，定名"沙梁子商周遗址"（现为合川区文物保护单位），但该遗址新石器时代的文化特征明显，涵盖了新石器中、晚期及商周至明清时期文化。

2004年，重庆市文物考古所在配合草街航电枢纽工程项目进行文物调查时，又发现了"猴清庙遗址"。根据2008年考古发掘资料，猴清庙遗址位于涪江与小安溪（临渡河）交汇处的二阶台地，面积2600平方米，遗址时代同样是从新石器时期一直延续至明清时期，具有延续时间长、文化堆积厚、包含遗物丰富的特点。

当时专家们作出的5条价值判断之一便是：猴清庙遗址，对于了解嘉陵江流域新石器时代文化的区域特点及其与四川盆地、长江流域发现的其他新石器文化的关系有着重要的参考作用。

2022年2月，重庆市文物考古研究院又在钱塘镇发现了三湖台子土遗址。通过发掘，共出土遗物74件，其中新石器时代遗物72件，包括石器和陶器两大类。从发掘出的房址和灰坑来看，基本可以确定该区域系新石器时期人类的生活和劳作区域。

新石器时代遗址在合川分布较为广泛，从嘉陵江的利泽下场口到草街杨家溪，从渠江的青龙咀到河漫滩，从涪江的铜溪桥角村到小河村一带都有分布。这就充分说明，以嘉陵江、渠江、涪江交汇处为中心的三江六岸区域全都有远古人类活动的足迹。

新石器时代早期，合川的原始人类已经有了十分简单的生产活动，除采摘、狩猎和从嘉陵江、涪江、渠江水域中捕捞鱼虾外，也开始采集野生稻为食，并逐渐对野生稻进行人工干预和驯化，出现了早期的种植业。他们的生产和生活在今天看

磨制石斧　　　　砍砸器

打制石斧　　　　石网坠

陶　钵　　　　　瓷　碗

来，虽然没有什么浪漫和诗意可言，却也显得特别会探索，有追求，充满了好奇心。

到了沙梁子遗址、猴清庙遗址、三湖台子土遗址所处新石器时代中、晚期，三江六岸的冲积土阶地，土质松软，利于耕种，农业生产已普遍存在。特别是新石器时代晚期，石器不断增加，石斧、石锛（bēn）、石耜（sì）、石凿等已成为常用的生产工具。

这一时期，随着火的使用，陶器得以烧制而成——人类破天荒地第一次利用天然物，按照自己的意志，突破造物主设定的"卡脖子"技术，创造出了一种崭新的器物，极大地改善了人类的生活条件。

这时的农业以种植水稻为主，家畜以猪和狗为主。

当时的社会性质处于母系氏族社会向父系氏族社会萌芽的过渡阶段，等待它的是人类史前那个"万邦林立"的部落社会时代。三江地区的原始先民也逐渐进化成了后来的土著居民——濮人。

以唐家坝遗址、沙梁子遗址、猴清庙遗址、三湖台子土遗址为代表的合川原始文化，发轫于距今200万年至100万年前，延续至4000年前的新石器时代末叶，包含了旧石器时代早、中、晚期文化和新石器时代早、中、晚期文化，起源之早、延续时间之长在嘉陵江流域独树一帜，不得不让人心生敬畏。

话题：人类原始文化有很多未解之谜，我们做过什么探寻？合川地处三江之上，水的源头易找，文化的源头难寻，这需要等待，更需要发现，让我们从合川出发，从嘉陵江流域出发，从长江上游地区出发去学习、了解、研究、热爱我们的古老文明吧。

第十一期

濮人——从远古走来的土著居民

在距今4000多年前，中国历史开始进入夏、商、周为代表的奴隶社会时期。中华文明发源、奠基和成形是这一时期最基本的特征。

对于这一时期，大家最为耳熟能详的事，便是大禹治水分中国为冀、兖（yǎn）、青、徐、扬、荆、豫、梁、雍九州的传说。

天下九州之梁州一脉，地处西南方，包括今四川、重庆、云南、贵州及甘南、陕南以至湖北部分地区。今合川地域所在的四川盆地则是当时梁州的中心地区。

此时的四川盆地，部落、氏族众多，村庄林立，各氏族已形成了各自的族群特征。在嘉陵江流域特别是在今合川三江流域，更是一个部落密集分布、氏族特征明显的地区。

根据专家的考证，在巴人迁入前，今合川地区的古老氏族是"濮（pú）"族，古老居民是濮人。濮人作为合川的土著居民，由合川远古时期的人类文明不断演

《史记正义》：濮在楚西南/资料图片

化而来。他们从自由无序的散漫状态发展到有规律的定居生活状态，在三江流域相对封闭的社会环境与自然条件下，创造了独具一格的地域文化。

其时间跨度从公元前21世纪前开始，到公元前700多年，涵盖了整个夏、商、西周并延续到春秋、战国时期。

合川濮人主要分布在今涪江下游及嘉陵江和渠江交汇的三江六岸阶地上，其居住的中心就在今天合川城区的涪江两岸及南津街道一带。涪江下游及合川以下的嘉陵江，古时称"濮江"，皆因两岸为濮人所居而名。

濮人以鱼为图腾，这可能与他们临水而居，以鱼为重要食物来源有关。合川至今仍是全国水资源最为丰富的地区之一。在洪荒年代，渔猎是一种基本的生产方式。濮人将鱼作为图腾物，是生存的希望所在，这可以看成是他们在漫长的文明进化过程中逐渐形成并积淀下来的世界观的表达。

濮人人口众多，有"折齿"的风习。折齿，又称凿齿、打牙，其特点是：

三星堆青铜神树上的鸟，古濮人和古蜀人称其为"鸠"，是古濮人和古蜀人最崇拜的鸟，今称其为"太阳神鸟"/资料图片

青春期男女，以敲折、锯平、拔除上颌两侧的上牙门齿或犬齿，从而获得成丁及成婚资格，是族群新生人口成年的标志。这样的成人仪式，对于今天的我们来说是断然不能接受的，这可能与当时濮人的某种信仰有关。

濮人的制陶技术高超，其制作方法已普遍采用轮制。其所生产陶器：一是质地多样，既有火候较低、质地疏松的夹沙陶，又有火候较高、质地细腻的泥质陶；二是陶色风格多样，不仅有一般的灰陶、黄陶，也有特别的红褐陶、黑褐陶等；三是陶器纹饰多样，既有绳形纹、网格纹、菱格纹，又有波折纹、麦絮纹、凹弦纹等。总之，其浓厚的地方色彩装饰和独特造型，堪称工艺美术品了。

在合川出土的商周遗物中，有一件十

素口圆底罐

花边口圆底罐　　　　　陶纺轮　　　　　　陶 钵

分珍贵的手制泥质红褐陶纺轮特别引人注目。纺轮是早期的纺织工具，陶纺轮的出土说明当时濮人的纺织生产已经十分成熟。食果腹，衣蔽体，人类早期的文明就是这样从衣食的创造开始发展进步的。

濮人是早于巴人发现野生茶叶并加以利用的族群之一。野生茶是茶饮的源头。史上最早饮茶的是古巴蜀先民。而濮人作为古巴蜀先民的构成之一，又先于巴人，因此从时间上来看，濮人食茶饮茶已有3000多年的历史。当时，限于生产力的原始，利用茶叶的方式比较简单，最早食用鲜叶，之后才是摘下叶片晒干收藏、烹煮羹饮。正是这样的一个起始，才有了我们今天的茶品茶道茶世界和我们可以申报世界遗产名录的茶文化。

濮人是一个开放包容的族群。考古专家通过对沙梁子遗址出土的罐、釜、盆、尖底盏、尖底杯、平底器等晚期陶瓷器物组合与四川和重庆的其他地方（如成都十二桥遗址、新繁水观音遗址、云阳李家坝遗址）出土的相同器物的比对，认定为商周时期常见典型器物。可见当时濮人对外交流已十分频繁，与周边文化已产生了广泛而密切的联系，用今天的话说就是有了一种主动开放的意识。

这里需要特别说明的是，合川的濮人为巴地濮族，有别于其他各濮。

历史上的"濮"，一般都是泛称。作为古族名，又称为百濮、濮人、卜人等，主要指先秦时期分布在长江上游地区的族群，即今湖北西部、云南、贵州、四川、重庆的长江沿线地区。

陶卷沿深腹罐（新石器时代）

濮与商、周，以及春秋时期的近邻楚国有着密切而复杂的关系。公元前1066年，周武王伐纣时，濮为牧野之战中一举灭商的8个少数族群之一。公元前822年，楚国国君熊雪去世，其弟仲雪、叔堪、季徇为争夺君位内讧，叔堪曾逃往濮人地区避难。楚强盛之时，曾多次向濮地扩张。公元前611年，楚国闹饥荒，百濮也曾参与伐楚。

一般认为，濮族都是各以邑落自聚，"无君长总统"，换句话说，濮人未曾像其他诸侯国那样建立国家。

合川濮人是否建国，已无从考证。虽有建国的传说，但也只是停留在民间，未曾见诸史书典籍，亦无考古的实证发现。

自春秋战国后，合川濮人在与周边各族人民共同生活中长期保存了自己的语言和文化，并对秦汉时期合川的区域文化产生了深远影响，是合川地域文化最原始的基因和源头。

话题： 作为土著文化，濮人是我们最初的历史根脉所在。随着时光的流逝，濮人——合川地域上最古老的居民，带给了我们什么样的历史传承与文明星火，不妨多做研究和思考。

第十二期

巴国故都——先秦时期的高光时刻

巴人，是中国上古史上有着巨大影响的族群。

所谓巴人，并非起源于一时、一地、一人、一支，而是泛指活动在汉水流域、长江上游和嘉陵江流域的各姓族人，他们是在发展融合过程中逐步形成的巴人族群，既有原本就进化生息于巴地的土著居民濮人，也有巴国领地内的各姓巴人。

巴人一般以氏族部落或部落联盟的形式存在，既相互征伐，又共同抵御外敌，还经常进退、迁徙，以谋求生存和发展。在夏禹时期，他们便逐渐成形壮大，形成了特征明显的巴人族群，创造了灿烂的巴文化。

重庆巴人博物馆/资料图片

巴字篆书

关于"巴"的起源传说很多,有"巴为蛇称"之说,有"巴为草名"之说,有"巴"即"坝"之说,还有"巴"指"鱼"之说。虽然各有各的逻辑和道理,但相比较而言,"巴"因水为名更符合实际——巴的得名来源于嘉陵江,因江水蜿蜒曲折,其形状有如"巴"字,所以称这一流域地区为巴,意指"巴地"。巴地的濮人与迁徙而来的巴人由于长期杂居而逐渐成为一族,因而在后来统称为巴人的同时,也有"巴濮"的联称。

巴国,又称巴子国,由于在公元前11世纪周武王伐纣(zhòu)的决战中立下汗马功劳,被分封为71个诸侯国之一。因巴为姬(jī)姓,与周同宗,在班辈上低于周武王,在同宗关系的庞大血缘纽带中居于子辈,属于子族之列,又因其分封于巴,故称巴子。巴谓国名,子谓子族。其地,占据着今渝东至鄂西一带;其时,距今已有3100多年。

春秋时期,巴国境内盐业资源丰富,军力强盛,巴国发展至顶峰。其地域东至今重庆奉节及湖北西南,西至四川泸州、宜宾一带,北接陕西汉水流域,南达重庆至贵州北部乌江流域。

历史上巴国与周边邻国战争频繁,在与楚国的较量中,胜少败多,被迫

贯穿古今/胡晓平摄

不断向西迁移。从汉水流域进入长江上游地区后，曾先后在长江和嘉陵江一线五个地方建都，分别是今天重庆的丰都（古称平都）、涪陵（古称枳）、渝中（古称江州）、合川（古称垫江）和四川的阆（làng）中（今古同名），史称"巴子五都"。

传统川剧变脸／秦玉华摄

合川是"巴子五都"之一，时间为公元前380年到公元前330年的战国时期，历时半个世纪。

合川巴子城——巴国都城，西抵铜梁山，东临嘉陵江滨江岸。整个布局坐西朝东、背山面水，符合都城所要求的王国气象，其位置大致处于今天南津街泥巴嘴至区政府驻地一带。

随着巴人的不断迁入和都城建设，今合川地区成为巴国的政治、经济、文化中心，原来濮人的土著文化在这一时期与巴人的巴文化融合，进入内涵丰富、特征鲜明的巴文化时期。这时的巴文化是一个复合体，其在合川厚重的历史积淀中占有十分重要的地位。

巴人善舞，他们跳的舞被称作"巴渝舞"。其舞风刚烈，音乐铿锵有力，常用于冲锋陷阵的征伐战场。古代典籍中关于"武王伐纣，前歌后舞"的记载，即为巴渝舞的来源。"巴师勇锐，歌舞以凌"，有多少人战斗，就有多少人歌舞，由此可见其摄人心魄的艺术效果。

巴人能歌，他们唱的歌被称为巴山调。春秋战国时期，巴人的民歌相当有名，它不但流传于巴境，而且在楚国也脍炙人口。其巴山调《下里》《巴人》在楚国就有千人唱、万人和的壮观景象，在巴国境内就更不必说了。

巴人爱酒，他们酿的酒，被称为巴乡清。此酒色清味重，醇厚甘洌。作为巴国腹地的合川有着酿造清酒的悠久历史，其酿酒技术已达到相当高的水平，"野花浮暖气，村酒入春卮（zhī）"，便是对当时的写照和反映。

合川出土的汉朝青釉耳杯/合川区文管所供图

巴人住的屋，被称为"干栏"房。楼上居人，楼下蓄水，傍水而居，通风自然，与环境相得益彰。

巴人死后，或采用船棺葬、悬棺葬，或采用幽岩葬、岩穴葬，其墓穴被后世称为"蛮子洞"。

巴人尊廪（lǐn）君为英雄，有"廪君传奇"的神话：相传，武落钟离山，有巴、樊、晖、相、郑五姓。巴氏出于赤穴，其余四姓出于黑穴。巴氏之子务相为五姓之首，尊为廪君，后来巴氏廪君的势力逐渐发展，便率领五姓沿夷水（今清江）向东发展，到盐阳（今湖北恩施），后又向川东扩展，控制了这一地区，发展为一个廪君时代的巴氏族。

话题：合川作为曾经的"巴子五都"之一，到底应称"巴国别都"还是应称"巴国故都"？这在史学研究家们那里是有争论的。不过，在笔者看来，巴国以垫江（今合川）巴子城为治地长达50年之久，以此为中心推进民族的发展融合，即便属于临时性质，我们称为"巴国故都"亦不为过。对此，你怎么看？

第十三期

巴蜀文化的古蜀文明

巴、蜀为邻，虽然"居相错"，但是"行相仿"，即便两国长期相互仇视而为敌国，但文化的交流互鉴却始终存在。合川的历史文化中自有古蜀文明的影响和积淀。这期就简单介绍一下古蜀文明。

古蜀文明自岷江上游兴起，从原始氏族部落开始，经长期的发展、融合，遂为蜀人。传说蜀人起源于蜀山氏，从蚕丛氏称王开始，历经蚕丛、柏灌、鱼凫（fú）、杜宇、开明五个氏族的统治。杜宇在位时，自立为帝，号望帝，迁都郫（pí）邑（今成都郫都区），教民耕种，开疆拓土，使蜀成为西南地区的大国，与四川盆地东部的巴国相对。公元前7世纪，杜宇氏禅让于鳖灵，建立开明王朝，号丛帝。公元前367年，开明九世徙治成都，始立宗庙，复称蜀王。至公元前316年，秦惠文王乘蜀国与巴国、苴（chá）国交战之际，遣张仪、司马错沿石牛道伐蜀，古蜀国灭亡。

古蜀地区不仅是中国最早出现农耕的地区之一，而且都邑城郭发达，青铜制造水平高，其整个上古文明可谓光辉灿烂。

早在距今4500年至3200年，蜀地便有新津宝墩、温江鱼凫、郫县古城、都江堰芒城、崇州双河和紫竹6座古城。

在三星堆、金沙文化时期，古蜀则已进入国家形态，有较发达的神权和礼乐制度。

从几处在时间轴上有递进关系的重大考古发现来看，古蜀文明之辉煌闪耀，让我们惊叹不已，它充分证明和诠释了中华文明的源远流长和多元一体。

关于宝墩遗址。它位于成都市新津区，发现于1995年，是一处距今4500

宝墩遗址/资料图片

年至4300年的城址，代表着成都平原龙山时代至夏的文化源起。宝墩古城是成都平原稻作文明发源地，奠定了"天府之国"农耕文明的基础。

这一时期的先民生活已很先进：他们已开始建造"竹骨泥墙"的小屋，已开始烧制设计精巧的陶锅、陶罐，已采食野生稻米和葡萄，同时也开始将野猪驯化为家猪等。宝墩遗址，处于新石器时代晚期，既是这一时期成都平原时代最早的古城址的典型，也是四川即将跨进文明门槛的历史见证。

关于三星堆遗址。它位于德阳广汉市，是一处距今4800年至3100年前后的古蜀文化遗址，代表着殷商时期规模宏大的都城和高度发达的青铜文明。

在三星堆出土的大量珍贵文物中，有高达2.62米的青铜大立人，有宽1.38米的青铜面具，更有高达3.95米的青铜神树等，均堪称独一无二的旷世神品。而以金杖为代表的金器，以满饰图案边璋为代表的玉石器，也多属前所未见的稀世之珍。这些文物象征着神权和王权的至高无上。它的发现，为已消逝的古蜀国提供了独特的物证，把四川地区的文明史向前推进了2000多年。

关于十二桥遗址。它是一处距今3700年至2700多年前的氏族中心聚落遗址，代表着商末至西周早期王国都邑的文明状况。

沿故郫江及支流分布面积逾5万平方米。遗址发现有保存较完好的商代大型宫殿式木结构建筑和小型干栏式木结构建筑群等遗迹，还出土了大量商及西周的陶器、石器、骨器和铜器。其商代木结构建筑遗迹的发现为研究古代蜀地的建筑形制、建筑风格、营造技术提供了重要的实物资料，是对中国建筑史的重要补充。十二桥文化是继三星堆文化之后，古蜀文明发展史上的又一高峰。

关于金沙遗址。它是一处距今3200年至2600年前的古蜀王国的都邑，代表着三星堆之后古蜀国都城的迁移和持续繁荣。

其主体文化遗存的时代为商代晚期至西周时期，重要遗迹有大型建筑基址、祭祀区、一般居住址、大型墓地等，出土金器、铜器、玉器、石器、象牙器、漆器等珍贵文物5000余件。它与成都平原的史前古城址群、三星堆遗址、战国船棺墓葬共同构建了古蜀文明发展演进的四个不同阶段。

关于古蜀船棺遗址。它位于成都市商业街，是公元前770年至公元前256年的一处多棺合葬的土坑竖穴墓。墓具由楠木整木雕凿而成，下垫有纵横交错的众多枕木。是一处极其罕见的古蜀国王朝的家族墓地。墓葬之上有地面建筑，反映的是"前朝后寝"的建筑形式，这在以前国内考古发掘中从未见过。

成都古蜀船棺合葬墓，是四川继三星堆之后古蜀考古的又一重大发现，其用整棵楠木凿成的船棺、独木棺数量之多，体量之大，堪称全国之最。出土的数以百计的大量精美漆器，将成都作为我国著名的漆器生产中心的历史向前推移了三四百年。

蜀文化从距今四五千年前的新石器时代晚期兴起，到西周中期的黯然失色，再从距今2500年前的

三星堆出土的大型青铜神树/资料图片

金沙遗址出土的金器和铜器/资料图片

东周时期，由于巴文化的兴起和西迁，逐渐与之融汇为巴蜀文化，扩大为巴蜀大文化体系，推动了西南地区文化的不断繁荣和发展。秦统一六国后，巴蜀文化又逐渐融汇入多元一体的中华文化之中。

也正是在这样的历史背景下，地处巴、蜀交界之地，又有涪江相通相连的今合川一带的巴人，深受蜀文化的影响，民风民俗与江州（重庆）以东地区截然不同。

蜀人"多斑采文章""尚滋味""好辛香""君子精敏"等文化特性逐渐植根于合川。因此，我们不得不说，古蜀文明当是合川历史文化的源头之一。

话题：古蜀文明之于合川的具体影响，由于研究不够多，在历史上我们能说得准确清楚的相对有限，倒是在公元1001年之后，巴蜀同为四川，这种影响、融合才变得更加直接和明显可见。对此，不知你当如何看？

合川人文精神的三大源头

　　上古时期，今合川地区先有从石器时代文明演进而来的土著居民创造的濮文化，后有巴人迁入带来的巴文化，再后来又有蜀文化的深刻影响，从而构筑了合川历史文化的原始底蕴。

　　濮文化、巴文化、蜀文化是合川历史文化的三大源头，更是合川人文精神的三大源头。三者的交汇融合，最终铸就了合川以巴濮文化为特质的既强悍又精敏，既进取又包容，既英雄又平民的民众性格。

三江晨曲/廖国伟摄

濮人，从远古走来，他们诚挚朴素、粗犷豪放、吃苦耐劳。在由石器时代文化向土著文化进化的漫长岁月中，他们茹毛饮血，面临着洪荒以来的种种困难和考验。为了确保自身的生存发展，他们锤炼出了坚韧不拔的意志、勇于开拓的精神，勤劳朴实的品格是合川人文精神的原始基因。

濮人曾经在巴人大批迁入后，与之发生过激烈的冲突和战争，也留下了诸多传说。根据一本叫作《图经》的书，巴濮两国相邻，但却相互杀戮，一直到两国的国王战死之后，三江地区才得以和平安宁。除今北城濮岩寺后山顶及瑞应山麓封土堆被称为濮王坟、濮子墓，今钓鱼城插旗山顶亦有封土堆一座，名"巴濮二王墓"。该地为钓鱼山最高点，相传巴濮二王在此会盟，互刺而死，其尸合葬于斯。

正是在这种接触—碰撞—冲突—融合中，濮人的人文精神渐渐融进了之后的巴人文化中，并得以持续传承和延续。今天，当我们谈及合川的古老文化时，时不时地会用到一个概念——巴濮文化，这便是顺理成章的事了。

巴人曾在商、周、楚、秦等强大部落的包围中不断征战，在荒莽的大巴山、秦岭、钟落山中自强不息，世代繁衍。他们斩蛇蟒、射虎豹、猎牧捕鱼、

巴蔓子塑像/余鸿摄

垦荒种地、兴修水利、发展农业。险恶的生存环境，铸就了巴人坚韧和彪悍的性格，因而历史上称巴人为勇猛、善战的神兵。同时，他们又有崇尚自然、热爱生活、能歌善舞、积极乐观的精神风貌。

巴人崇拜白虎和蛇，有"巴蛇吞象"的传说；巴人重视生命和家庭，有"比翼齐飞"的神话；巴人崇尚英雄，有廪君化白虎的故事。巴蔓子将军以头留城、忠信两全，更是被

三江之晨/刘安宁摄

称为巴民族之魂。

　　战国中期，巴国朐（chǔn）忍（今重庆万州一带）发生内乱。此时巴国国力衰弱，国君受到叛乱势力胁迫，百姓被残害。巴国将军蔓子遂以许诺酬谢楚国三个城池为代价，借得楚兵平息内乱。事平，楚使来索要城池，蔓子认为国家不可分裂，身为人臣不能私下割城。但不履行承诺是为无信，割掉国土是为不忠，蔓子告之曰："将吾头往谢之，城不可得也。"于是自刎，以授楚使。巴蔓子将军笃诚笃信，救国救民的壮举，至今还在巴渝大地上传颂。巴人的忠信刚直也由此可见一斑。巴人迁入濮地，是合川历史上第一次大移民和族群的大融合。通过激烈的战争，巴人取得了与濮人共同生活在三江大地上的权利。特别是在作为巴国都城之后，今合川地区既融入了巴文化，又创造、丰富和发展了巴文化，其所体现的人文精神更是巴蜀人文精神的重要组成部分。

　　蜀人蜀国，地处四川盆地的成都平原和岷江流域，历史上是有名的"西塞之国"。古代交通极为困难，素有"蜀道之难，难于上青天"之说。然而正因为蜀道之难，反而激励起蜀之先民向外开拓，努力改善自身环境的决心，进而铸就了蜀之先民于封闭中求开放的历史个性。

　　根据传说，夏商时期，鱼凫家族打败了蚕丛家族和白鹿原家族，形成了古蜀民族。以古蜀族群为主体创造的古蜀文化有着鲜明的个性特征，他们重视祭祀、形象思维、工艺发达、热爱艺术、精细敏感、兼容开放。

如果说"巴"的古义有"吞象之蛇"的说法，而"蜀"的古义则为"葵中之蚕"；巴文化中心所在地区多山，盛行狩猎文明，蜀文化中心地区则多为平原，以农耕文明为主；巴人的图腾崇拜是白虎，蜀人的图腾崇拜则是灵动的太阳神鸟。

如果说巴的主体气质是进取和斗争精神，蜀的主体气质则是包容和开放创造。合川三江地域本为巴国属地，却与蜀国交界，又有涪江、嘉陵江相通，交流交往频繁，加之古蜀文明的高度发达，深受其影响，民风民俗乃至人文精神又有蜀文化的一面。

话题：巴蜀文化的差异和巴蜀文化的融合，一直是学界和民间乐此不疲的话题，合川的地域文化及其人文精神有什么特别之处，不妨多从历史发展的源头去找寻。

参读合川
sanduhechuan

2300年建置史的迭代变迁

垫江县750年

　　自公元前314年秦设巴郡及属县垫江开始，合川已有2330多年的历史。从建制的级次看，大体可分为四个历史阶段：垫江县750年——东宕渠郡120年——合州1350年——合川县（市、区）110年。其治所基本都在古之合阳城，即今天合川城北老城区。

　　战国末期的巴、蜀两国，与秦国接壤，因物产丰饶，为富庶之地。公元前316年，秦王为灭"六国"进而统一中国，采纳司马错建议，一举出兵攻灭了巴、蜀，并在公元前314年，将巴地纳入郡县体制，在今合川地域设置垫江

古韵合川/刘勇摄

县，隶属巴郡。这是秦在西南可确切考证的19县之一。从此，合川地域开启了750年的垫江县历史。

垫江，本为褺（dié）江。褺者，重叠穿的衣服也。因嘉陵江、涪江、渠江汇于此而流向长江，故取水道汇集，如衣重叠之义，是名褺江。由于在传写《汉书》的过程中，书写者把"褺江"误写成了"墊江"（转换成今天的简化字即是"垫江"），致使后来之人只知垫江而不知褺江。

古之垫江地域最基本的范围，辖今合川、武胜、铜梁、安岳、岳池等地。实际上从巴郡5县的分布来看，秦时垫江所辖地域还包括今永川、大足、璧山、荣昌、北碚、潼南，以及今四川遂宁、资阳、广安、南充的部分地区。辖地之广阔、人口之众多、经济之发达，在当时西南各县位居前列。

仍在使用的阳关古道（张飞古道）局部

这一时期，垫江县的隶属关系虽因郡的调整而不断发生变化，但在整个秦、汉、三国及魏晋南北朝时，县的建制级次却稳定如一，直至宋文帝元嘉时期（424—453）。

垫江县建制的750年中，值得提及的方面很多。

在垫江的经济发展中，巴濮人民充分利用其丰富的自然资源，发展了矿冶业和手工业。其中，铜矿的冶炼为巴蜀之冠，陶瓷的制造在巴渝地区独领风骚。

说到铜矿的冶炼，不得不提铜梁山。铜梁山，位于涪江之南，海拔444.3米，是今合川城区最高山。据史称，铜梁山因山顶石梁横亘，又产铜，故而

三国蜀青釉四系罐/合川区文管所供图

得名。西汉文学家扬雄在《蜀都赋》中就已提到"铜梁"之名,西晋文学家左思在其《三都赋》中更有"外负铜梁于宕渠,内函要害于膏腴"之名句。从春秋战国开始,垫江一直以盛产铜而著称,为巴蜀最重要的青铜供应地。今天,重庆铜梁区也因唐代为合州管辖,借此山而得名。

说到陶瓷的制造,不得不提青瓷。青瓷是我国著名的传统瓷器之一。它以瓷质细腻、线条明快流畅、造型端庄浑朴、色泽纯洁斑斓著称于世,有"青如玉,明如镜,声如磬"之说,被称为"瓷器之花""瓷中珍宝"。从20世纪80年代开始陆续在合川发现和发掘出的窑址和瓷器看,其所制青瓷与浙江龙泉窑同步,体现出了南方青瓷的特色——胎质坚硬细腻,呈淡灰色,釉色晶莹纯净,可以用类冰似玉来形容。

在垫江的文化发展史上,由于封建统一国家的建立和秦汉移民的迁入,巴濮文化开始全面融入和向中原华夏文化转变。这一时期,垫江的礼乐教化和上层文化已十分兴盛。秀外慧中、卓荦(luò)英伟的人才不断涌现,庙堂之上有忠贞尽节的大臣,乡野士绅之间有崇尚文学歌咏的风气。

尤其到了汉代,垫江更是一个人才辈出的地方。荆州刺史龚荣,巴郡郡掾(yuàn)王祈,桂阳太守李温,巴郡太守龚扬、赵敏,以及日南郡(今越南中部)太守黎景等,都出自垫江,他们是合川历史上得到王朝认可的有德行有才能的英才。此外,据说当时垫江还有以美貌著称的淳于长、宁雅等人,他们是三江先民的颜值担当。

在这些人中,有被后世称为合州乡贤第一人的谯(qiáo)君黄,有被《华阳国志》倍加赞赏的李颙(yóng)。

谯君黄，西汉哀帝时的谏议大夫，为人禀直刚烈，曾多次向皇帝进谏忠言。汉平帝时，王莽辅助幼主执掌大权，朝中文武争相依附，独谯君黄不为权势所倾。公元9年，王莽篡汉，建立"新"朝。谯君黄毅然"纵使者车，间窜归家，因以隐匿"。公元25年，公孙述立成国于蜀，欲以谯君黄之令德号令天下，数度征召他辅佐朝政，但均被谯君黄"既不仕伪朝，亦不仕叛臣"的严词拒绝。后来，谯君黄闭门谢客，躬耕读书，年八十而卒。巴人作诗称赞说："肃肃清节士，执德寔（shí）固贞。违恶以授命，没世遗令声。"

李颙，字德卬（yǎng），汉灵帝建宁时（168—171），以"遇事明敏，善筹谋"而为益州太尉掾。这一官职用今天的话来说就是益州军事长官助理。益州，是汉武帝所置十三刺史部之一，是以巴蜀为中心腹地的中国西南最大的行政区域。

公元176年，益州南部少数民族发生叛乱，益州太守雍陟（zhì）被劫持，前往讨伐的汉朝大军也一败涂地。汉灵帝召集满朝文武商讨此事，最后竟然一致认为："蛮夷"之地，难以管理，讨伐不成，不如"舍弃边地"。

消息传来，李颙感到万分震惊。出于悲愤，他连忙上书朝廷，慷慨陈词，自愿领兵收复失地。于是，汉灵帝命李颙为益州太守，前往讨伐，但却不给他一兵一卒。

李颙接诏以后，采取"以夷制夷"之法，以安抚招纳的手段很快在故乡东北部的渠江流域召集了两万余众的"板楯蛮"人，直抵南部叛乱之地。板楯蛮人，即之前提到的"賨"人，因古为巴之部族，又称为賨巴。

由于李颙率领的板楯蛮人英勇无畏，战斗作风十分顽强，很快便平息了边乱，救出了前任太守，恢复了当地的秩序，为朝廷立下了大功。随后，李颙在太守任上，对各族人民以诚相待，做了不少好事，其事迹为《后汉书》等史籍所记载。

公元221年，刘备在成都称帝，建立蜀汉政权。蜀汉政权建立之时，诸葛亮为加强嘉、涪、渠三江与峡路（长江三峡水路）的联系，在张飞率军由江州（重庆）北上垫江（合川）时开凿的嘉陵江小三峡栈道的基础上，开辟了一条通往涪陵的陆路大道。

这条大道宽4~5尺，总长达400里，从今合阳城的杨柳街开始，渡涪江，经东津沱翻白塔坪（东山）到沙溪庙，在盐井溪过嘉陵江，走凤凰溪、麻柳坪、草街子、二岩白庙子、悦来场、鸳鸯桥、溅澜溪至重庆，然后由长寿经"阳关"到涪陵，史称"阳关大道"。

阳关大道是一条与嘉陵江水路既大致并行又彼此交互的陆路通道，在当时算是一项浩大的交通工程。这也从一个侧面印证了当时合川经济发展和地区交往的繁荣兴盛。

话题：历史上，秦被称为"强秦"，汉亦被称为"强汉"。随着中央集权制度的建立、巩固和加强，南北方经济文化交流日益频繁，三江大地全面进入了一个书同文、车同轨、行同伦的大一统社会。由此，合川的地域文化也与先进、主流的中原文化融为一体，在更加广阔的范围内闪耀其光芒，西汉的谯君黄，东汉的李颙可谓是其人物代表。此外还有什么代表性的人和事，大家不妨讨论一下。

第十六期

东宕渠郡120年

公元420年，刘裕代晋，国号宋，定都建康（今南京），巴蜀即为刘宋王朝统治，中国历史进入南北朝的南朝时期。

南朝是东晋之后先后建立于南方的四个朝代，即宋、齐、梁、陈的总称。与之大致对应的是北朝，主要是北魏、东魏、西魏、北齐、北周五个朝代。

从东汉至魏晋，历代王朝对地方均实行州、郡、县三级行政管理。刘宋政权时，为显示国力强大，不断划小行政单元，增大郡县数量，夸大疆域所属。

于是在公元424年至453年中的某一天，已有750年历史的垫江县得以从

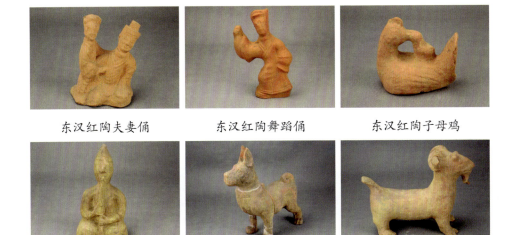

东汉红陶夫妻俑　　　　东汉红陶舞蹈俑　　　　东汉红陶子母鸡

东汉灰陶吹箫俑　　　　东汉红陶狗　　　　东汉红陶羊

巴郡中分离出来，单独设郡，并因域内有宕渠水（渠江）流过，得名东宕渠郡，属梁州。

南齐时，齐高帝因贵州僚人迁徙至嘉陵江、渠江流域，便将东宕渠郡改名为东宕渠僚郡，其所辖有宕渠县（今合川）、平州县（今南充市南和岳池县北）、汉初县（今武胜县）。梁武帝大同时，东宕渠僚郡又分出部分设置新兴郡。梁简文帝大宝元年（550），东宕渠僚郡复名东宕渠郡。

垫江由县升郡的120年中，其最大的历史特点是：政权南北分裂对峙，朝代更替频繁，战事不断，人口大规模迁移，文化多元融合发展。

从政权更迭来看，此间的各朝各代存续的时间都非常短。南朝四国中最长的不过95年，最短的仅有23年。北朝五国中最长的虽有149年，但最短的却仅有17年。这就使东宕渠郡的级次虽高，但因管控范围变化不定，很难形成善治和良治。

从人口迁移来看，这一时期主要有以下三个方面的移入。

一是蜀中地区流民的移入。成汉建立之际，因战乱造成西蜀地区"十室九空"，人民纷纷逃离。垫江县城附近及以西的大部分地区（今大足、铜梁、潼南以及四川的安岳、遂宁等地）的大批原住民开始移居垫江东南部的渠江及嘉陵江两岸的丘陵山地，使垫江遂成为流民聚居之郡。

二是西南地区僚人的移入。僚，是中国古代岭南和云贵地区一些民族的泛称，系百越的一支。僚人，身材矮小，但强壮有力、比较好战。东晋时期，牂牁、夜郎等郡成为成汉政权与东晋反复争夺与鏖战的地方，双方既争夺土地，又争夺劳动力。因此，从公元338年开始，几十万僚人开始北上入蜀、入巴。南北朝时，东宕渠郡是僚人最集中之地，这便是后来改为东宕渠僚郡的由来。

江花未尽会江楼/罗应摄

三是荆楚、渝东及北方中原之地，也有部分移民沿长江、嘉陵江移入境内。

继春秋战国巴人入主濮地之后，以僚人为主的多民族的迁入，是合川历史上的第二次大移民高潮。

随着移民的迁入，合川北部的嘉陵江流域特别是东部的渠江流域得到同步开发，整个地区经济发展速度加快。

从文化发展来看，这一时期巴蜀文化逐渐融为一体。由于地理位置相近，巴蜀两地的文化交流得到进一步加强。同样是巴蜀分治，分属不同的州管理，但两地文化发展的差异在这一时期已不十分明显。

此外，僚人的移入也为这一时期的文化注入了新的内涵，从而形成了"风俗舛（chuǎn）杂"的多元文化特征。

今合川南津街白鹿、上南、中南、牌坊等地是迄今重庆地区发现的规模最大的东汉至六朝时期的砖（石）墓葬聚集区。从其发掘出的器物序列可以看出垫江多元文化深受蜀文化的影响，并与云南、贵州地区的南中文化、长江中下游楚文化有着密切的往来交流和相互兼容。

尤其值得一提的是该地出土的一组陶俑。它们大多高约70厘米，有的弹琴，有的吹箫，有的驭马……各司其职，表情生动，惟妙惟肖。其中，最引人注目的是一尊簪花抚琴女俑，神情端庄，发型、簪花工艺精美，左手按弦、右手食指微曲作抚琴状，琴上的三根弦和弦钮都清晰可见，其造型风格之新颖、人物服饰之华美、制作工艺之精细让人叹为观止。

由此可见，魏晋南北朝时期，合川的多元文化已具众之所长，发展速度在当时已领先于巴渝其他地区。

话题：多民族的融合发展，多元文化的相互影响，对合川经济社会和文化的发展起着积极的促进作用。回溯合川历史走过的路，几次大的移民潮值得特别重视和研究。

第十七期

合州1350年（上）

公元556年，西魏恭帝改东宕渠郡置合州。因涪江与嘉陵江合流于州之南，故名。从此开启了1350多年的合州建置史，历经隋唐、两宋及元明清时期。除此期间改涪州、涪州郡、巴川郡45年，准确的时间为1312年，是名副其实的千年古合州。

从历史文化发展的角度看，这一时期大致可以分为隋唐及两宋时期和元明清时期。

隋唐及两宋时期的合州，其辖区东西宽324里，南北长639里，领石镜、新明、汉初、赤水、铜梁、巴川6个县。在巴蜀宏大的社会格局、开放气势和经济发展的背景下，三江大地发生了历史性蜕变，无论是经济生产、城市文化、学术思想都达到了前所未有的高度，是合川历史文化在全国态势比较中

云蒸霞蔚两千年/陈蕾摄

汉布泉铜钱

宋楷书淳熙元宝

宋篆书建炎通宝

隋五铢铜钱

唐开元通宝

唐乾元重宝铜钱

的鼎盛时期。一场坚守36年的钓鱼城保卫战，更是让合州闻名世界。

此时的合州，因贯江、沱，通汉、沔，控引众川，是川西、川中和川北地区与巴渝、峡路（长江三峡水路）紧密联系的纽带，是巴蜀乃至西南通过嘉陵故道和米仓道与当时中国政治、经济中心黄河流域交往的重要节点。

由唐至宋，随着中国政治中心东移南迁，三峡水路地位上升，嘉陵江随之成为朝廷在西南地区转运布帛、粮食、纲石的最重要的漕运通道之一。到南宋，嘉、涪、渠三江水运繁忙，使臣、商贾往来不绝，合州更是漕粮运输的中转枢纽、转搬仓重地。

所谓转搬仓的"转搬"是唐宋时期漕粮的一种运输方式。就长江、嘉陵江的漕粮而言，其转搬的原则是：外水（长江）之舟不入渝水（今嘉陵江重庆至合川段）、渝水之舟不入内水（今嘉陵江合川至广元段），据各航段水情分造运粮舟船，训练护航漕卒。读到这里，我总觉得，古人这些运输原则和实践给千年后卢作孚组织指挥"宜昌大撤退"无疑是提供了启示的。

合州自古以产铜产铁而著称。唐宋时期，铸造业高度发达。合州不仅有铜矿，而且小铁矿更是星罗棋布，所产铜铁大量用于铸造铜器、铁钱、兵器和农具。

公元704年，唐武周长安四年，合州庆林观观主蒲真应等接受委托，选用上等材料，请来技艺精湛的工匠，精心为武则天81岁大寿铸造了一口重160

公斤的铜钟，名曰"武后长安钟"。

这口钟呈典型的唐代俑钟形式，高79厘米，口径56厘米，厚2.5厘米。直腹直口，穹隆圆顶，双龙钮。钟身四面作双层方井纹，外观线条流畅。上部一方格内铸有楷书明文，这是国内独一无二的铜钟铭文技法。此钟在起运至阆（làng）中时，朝廷发生政变，武则天退位。于是武后长安钟便留在了阆中，后悬于南楼上。1765年，移至汉桓（huán）侯祠内，并撰《铜钟行》。1995年，这口钟经文物史专家再次鉴定，成为国家一级文物，藏于阆中市文管所。

至南宋，合州已成为四川重要的造船中心。川内各府、州、县的官船，主要在这里打造，有时一次便打造大型船只一二百艘。1267年，钓鱼城保卫战期间，蒙古四川行省平章政事典赤率领大军从利州（广元）顺嘉陵江攻掠重庆，至钓鱼城下，守将张珏就曾一次调集船只1000余艘，载石沉江，横江筑成水城，将蒙古军阻于江中，然后以矢石猛击，大败蒙古军。

除铸造、造船外，这时合州的纺织、井盐也已驰名巴蜀，是巴蜀纺织业的中心之一，井盐的重要产地之一。

南宋青釉敛口平底碗

唐宋时期，合州的文化十分兴盛繁荣，有众多名家名人引领，其勃兴之势叹为观止，处文化发展之高端。

在文化交流上，唐代书法家李阳冰、大诗人陈子昂、文学家穆员、名相张柬之、散文家孙樵；宋代理学大家周敦颐、程颐、魏了翁，文学家冯时行、岑象求、喻汝砺、刘望之、范成大、任逢、家渔归、朱焕，目录学家和藏书家晁公武，辞赋家李开等先后在合州为官，或流连于合州美景，

宋青釉斗笠碗

将三江风物融于笔端。更有诗人孔德绍、王维，诗圣杜甫等寄情江城山水的千古绝唱。他们为合州文化艺术的繁荣作出了巨大贡献。

在文化发展上，隋唐两宋的合州，土膏沃饶，风俗淳秀，崇尚文化，尤慕士儒。据史志记载，仅从1019年至1236年200多年间的宋代，合州就有进士及各类功名、授官的举贡者300多人。涌现出了经学家罗志冲、李明复、陈用庚，以及张宗范、度正、黄西甫、阳枋等一大批传承理学，引领巴渝学术潮流，蜚声蜀学领域并且影响全国的著名学者。他们为合州历史文化的传承和发展谱写了最光辉的篇章。

如果一定要在他们中挑出一两位最具代表性和影响力的人物，则首推唐代名相张柬之、宋代理学鼻祖周敦颐。

张柬之

张柬之（625—706），字孟将，湖北襄阳人，唐朝名相、诗人。其人生经历可谓大器晚成，64岁时才通过贤良方正科考试，擢监察御史、中书舍人。因刚正论事得罪武则天，被贬而出任合州、蜀州、荆州刺史。后得狄仁杰举荐，迁洛州司马，拜刑部侍郎。再得姚崇推荐，拜中书侍郎、同平章事，成为宰相。

公元705年，张柬之联合桓彦范、敬晖等人，乘着武则天生病，发动"神龙政变"，拥立唐中宗李显复位，恢复唐朝，授封汉阳郡公，累封汉阳郡王。后遭韦后和武三思排挤，再贬流放，气愤致死，时年82岁。

张柬之任合州刺史是公元699年的事。在合州任上，他清正廉洁，关心民间疾苦，做了许多深得人心的好事。其中，最具影响的当是新民县城的搬迁。新民县为当时合州六县之一，在今广安岳池县南70里处。县城原在渠江东岸，由于地势较低，经常遭受水灾，城中百姓深受其害。张柬之在得知此事后，经过实地考察，上奏朝廷，最终将县城移到了地势较高的渠江西岸。从此，百姓得以远离水患，过上安身立命的生活。

为保证前述"阳关大道"经过合州东山（今白塔坪）的畅通，方便过往官吏和递交文书者小憩，张柬之在东山顶上建馆筑舍，被称为"张柬之宅"，又称为"唐贤精舍"。

合州人民崇敬张柬之的德政，将其列为合州名宦。

周敦颐（1017—1073），字茂叔，号濂溪，今湖南省道县人，世称濂溪先生。周敦颐是"北宋五子"之一，宋朝理学思想的开山鼻祖，文学家、哲学家，著有《周元公集》《爱莲说》等。周敦颐所提出的无极、五行、主静、至诚、无欲、顺化等理学基本概念，为后世理学家反复讨论和发挥，构成理学范畴体系中的重要内容。

周敦颐

1056年，周敦颐40岁，以签书合州军事判官之职来到合川，后任通判。通判，在北宋的官制中，属州郡副职，与州郡军政主官共同处理政事，同时又具有监察官性质，可以直接向皇帝（朝廷）禀报州郡内一切官员的情况。

周敦颐在合四年，清廉正直，勤勉工作，威望甚高，人人心悦诚服。凡一州之事，不经他手，很难做决定，即使定了众人也不服。时有阆中名士蒲公敏，路过合州与他见面，一经接触，就异常钦佩他，说他才华识见极不平凡。"当时乡贡之士，闻先生学问，多来求见"，并争相从游，与之探讨圣学。

离职时，合州人纷纷前来道别，士大夫都以诗文相送。两年之后，合州人民为他建祠，以示纪念，这可是中国第一个为在世的圣贤建生人祠哦！

周敦颐在合州，办学兴教培育人才，传播理学，推动了巴渝地区文化学术的发展，余风所向，波及川西及周边地区，是在巴渝理学学术史上占据重要历史地位的理学家。2005年，他被评为客籍重庆历史名人。

唐宋时期，合州人民除取得了上述成就之外，还创造了极高的农耕文化、军事文化、宗教艺术文化，这些将在后续的专章中作解读。

话题：唐宋时期，合州在经济、社会、文化等多个方面都进入了一个繁荣而全新的阶段。对这一阶段的人和事，特别值得我们关注和研究，不妨将你所了解和认识的都写出来，与大家一起分享。

第十八期

合州1350年（下）

元明清时期的合州，从1279年到1911年，经历了前所未有的重大社会变革。既有朝代更替、农民起义时因战争带来的战乱凋敝，也有明代永宣盛世、清代康乾盛世的稳定繁荣，更有19世纪中叶之后反抗外国侵略，尝试向近代化转变的艰难探索。在整个632年间，合川经受住了人口锐减、社会经济文化萧条的严峻考验，最终得以在巴蜀大地上率先崛起。

这一时期，中央集权统治全面加强，州一级之上设有行省或省、路或府，形成了省、府、州、县四级制。合州基本属重庆府，辖地先后有石照（今合川）、定远（今武胜）、铜梁、巴川（今属铜梁）、大足等县。清雍正六年（1728）

醉美江城/吴思摄

之后，合州改为单州，不再辖县，主要辖区为今合川属地。

元、明、清三朝，是合州人口状况错综复杂的时期。因战乱导致人口锐减，又因外来移民使人口激增，是这一时期最显著的特点，而贯穿其中的最大事件便是"湖广填四川"。

元末明初，全国爆发了大规模的红巾军起义。先有红巾军将领明玉珍入蜀，结束元朝在西南地区的统治，后有朱元璋军队平定明玉珍所建"大夏国"的战争，从而导致四川人口急剧减少。

明洪武时期，朱元璋以"捆绑上路""强制押送"等强硬手段向四川移民。这一强制移民活动，即为历史上著名的"湖广填四川"的开始。随着湖北麻城移民不断迁入，合州人口状况才有所好转。

明清之交，四川又先后遭到张献忠起义军、明军、清军的屠杀，有"贼如梳，官如篦（bì）"的说法。合州是重庆府和整个四川省人口减少最为严重的地区。"土满人稀，满目凄凉"是当时的写照。

在清代"湖广填四川"长达100多年的历史进程中，进入四川的移民数以百万计，其中湖北、湖南的移民人数占半数以上。这是合川历史上继秦汉移民、成汉时期移民以及明代"湖广填四川"之后，盛况空前的又一次大移民。

清黄文祯用铜铜

"湖广填四川"的来合移民促进了合州人口增长，为合州经济和文化的繁荣注入了新的动力和活力。1746年，乾隆时期合川载户人口仅5.5万人，至民国初年，合川全县人口已达60.9万人。

明青釉弦纹碗

综观元明清时期，合州在几经磨难中崛起，虽然其经济、社会和文化发展在全国的态势上与唐宋鼎盛时期相比还有差距，但其经济总量、农业、矿业以及手工业的发展较唐宋时期却有过之而无不及。

清四棱铁箭镞

油画《湖广填四川》/刘遂海作

就农业而言，粮食作物品种增多，秋粮稻米单产名列四川府县之首，蚕丝、棉花产量也为巴渝地区之最，三江渔业发展迅猛，所产"鱼线胶"列为合州贡品。

就矿业而言，州境内主要有采煤、冶铁、淘金、熬硝、制矾红、炼硫黄、烧石灰等业。其中，采煤已成为合州矿业首屈一指的大宗产品，冶铁业继续驰名巴渝。

就手工业而言，种类繁多，除传统的铜器、铁器、木器、纺织缫丝、制陶等，印刷、丝绸、桃片、盐梅等业成为手工业品的新名片。

此外，合州的酒业、糖业、盐业、钱铺等商业也很发达。仅就酒业而言，作为特产的烧酒已成为合州酒之大宗，其次还有窖酒、哑酒、桂花酒、福寿酒，以及农家自酿的"春缸"米酒等。

自古以来，合州便是能人志士施展才智、建功立业的热土，同时也是钟灵毓秀、人才辈出之地。

元、明、清三朝，先后有明代状元黎淳、杨慎，武当山道士张三丰，《永乐大典》总裁梁潜，监察御史卢雍、邱道隆，南京大理寺卿陈文烛，进士谢士元、刘士遴，知州王采珍、王尔鉴、于成龙等，他们或慕名前来，或为官执节于此，为合州经济、社会和文化事业发展作出了积极贡献。

在他们当中，对合川发展有重大开拓之功的当推于成龙。

于成龙（1617—1684），字北溟，号于山，今山西吕梁人，清初名臣、循吏（清官）。1661年，清顺治时被任命为罗城知县。1667年，清康熙时擢任四川合州知州，后任湖广黄州知府，代理武昌知府，福建按察使、布政使、巡抚和总督等职。1681年，升任江南江西总督。1684年兼管江苏、安徽两地巡抚政事。在20余年的宦海生涯中，于成龙以政绩卓著和廉洁刻苦著称，深得百姓爱戴，被康熙帝赞誉为"天下廉吏第一"。

于成龙知合州时，由于战乱，人口锐减，而官府衙门的各种供役又使百姓苦不堪言。在了解具体情况后，他决定把安抚流民作为首策，同时率先革除宿弊，严禁官吏勒索百姓；平时自己则轻车简从，免去规定的驺从，仅以家仆陪侍。

针对合州土地虽荒，而流民则因"原主认业"不愿归附的现状，于成龙大胆提出"凡一占即为己业，后亦不得争论"的政策。用今天的语言来表述，就是：对于那些无人耕种的荒地，不管有主无主，谁先占有耕种，就是谁的，以后也不得有任何争议。为尽快恢复生产，他还要求官员积极解决百姓垦荒的实际困难，让官府负责为流民规划田舍、登记造册、借贷米种。在于成龙的新政下，百姓近悦远来，"旬日之间户以千计"。

由于于成龙在合州一心为公，尽瘁为民，清正廉明，大施仁政，民众与他鱼水相依，称他为"于青天"。

这一时期，合州籍人才中，政治方面有明清两代的李实、邹智、王俊民、李作舟、蒋璧芳；军事方面有明代和清初的董尽伦、李芳述；文化方面有清代的"合州四子"与"合阳四俊"。

"合州四子"是指清乾隆年间中举的张乃孚、杨士荣、彭世仪、冯镇峦。"合阳四

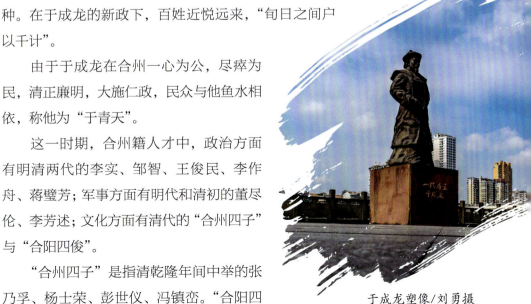

于成龙塑像/刘勇摄

《聊斋志异》冯镇峦批评本

俊"是指清同治初年由学使张之洞选送入成都尊经书院学习的丁树诚、张森楷、戴光和后来入院学习的彭耀卿。

他们是清代合州文化学术的领军人物。尤其是合州四子中的冯镇峦、合阳四俊中的张森楷的横空出世，在当时四川学术处于低谷的时期，以其卓越的才华和精深的著作，成为享誉当时，至今仍受推崇的文学、国史研究大家。

冯镇峦（1760—1830），字远村，清重庆府合州（今重庆市合川区）人。其一生博览群书，肆力著述，堪称宏富。虽不甚得志，却因评点《聊斋志异》而鼎鼎有名。他是继王士禛首评《聊斋志异》之后评点较早、成就卓著的一家。可以说在诸家评点中，他的评点是最具有理论意义和文化价值的。

张森楷（1858—1927），是晚冯镇峦整整100年的合州大才、史学大家。其在历史学方面贡献最大，著述多达48部，1300多卷，有被称为鸿篇巨制的《史记新校注》《二十四史校勘记》等著作名世。

这里，不妨让我们一起阅读几则他们的美文名篇，共同感受一下诗文中的合川。

张乃孚的《游白鹤庵》：故人邀我至田家，游侣同穿石径斜。何处香来沁诗骨，门前开遍白莲花。

杨士荣的《光雾堂喜雨》：昨夜三更风雨吼，半天鞭起蛟龙走。水势争驰涌江涛，江城如一秋叶柳。朝望南山雾不开，上有密云封洞口。直下涧溪流潺潺，万顷黄金铺南亩。我本无家借地居，砚田何如良田有？熏风吹散桐阴凉，寻乐亭中书侑（yòu）酒。

彭世仪的《夜雨寺怀古》：选胜寻山径，登峰造佛堂。相期听夜雨，不觉对夕阳。殿古苍苔满，林空夏木长。清泉烹活火，一漱齿牙香。

刘泰三的《行径渭沱》：出城见江色，江远路微颇。蔗影连漕坝，墟声趁渭沱。山家逢菊少，茅屋占秋多。去去廿余里，苍茫闻棹（zhào）歌。

朱虎臣的《游纯阳山寺登迎仙阁作》：西风满城郭，山寺入遥天。一路携云上，三江绕席前。危楼穿绝壁，老树挂飞泉。放眼云霄外，秋光晚霁鲜。

冯镇峦的《钓鱼城怀古》：半壁东南竞陆沉，鱼山一垒枕江浔。孤城远抱中原势，百战还坚壮士心。胡骑北连秦栈急，羽书西结蜀云深。英雄往事知谁是？漠漠寒空烟雨林。

若你对文章辞赋感兴趣，可读一读合阳四俊中以辞赋见长的戴光的记事文章《崇丽阁记》。崇丽阁，即今天成都的望江楼，为蜀中历史文化名楼。其文在当时全省名士的征文比赛中，独占鳌头，名噪巴蜀。

话题：以文学、史学为主的文化的繁荣是合州在元明清时期比较拿得出手的一张名片。文化，贵在以文化人，其功也善莫大焉。当你伫立在护国门外，凝视"钓鱼城"三个大字石刻时，相信你一定会问"沈怀瑗"是谁？一定会为这幅出于王（羲之）而又化于欧（阳询）的书法题字感到震惊和动心。合川的文化宝贝可谓多多，大家一起来拾贝吧！

合川县（市、区）110年

历史之河进入20世纪后，中国发生了翻天覆地的变化。1911年辛亥革命推翻了清王朝，第二年建立了中华民国。1913年，民国政府重整行政，"合州"遂为"合川县"。

民生电灯公司旧址/李永光摄

　　1949年新中国成立后，合川县先后属四川省璧山专区、江津专区、永川地区、重庆市。1992年，合川撤县设市。1997年，重庆恢复为中央直辖市，合川隶属于新的重庆市。2006年10月，经国务院批准，合川撤市设区。

　　至今，合川县（市、区）的建制已历110年，政府驻地也于2000年6月由老城区合阳城苏家街迁至新城区南津街中南村。

　　回望过去的100余年，在中国共产党的领导下，中国革命先后经历了新民主主义革命和社会主义革命两个时期，中国建设先后经历了近代化和现代化两个进程。

　　具体到合川，则历经了近代化的开风气之先、抗日战争的后方抗战、解放战争的武装起义、社会主义革命和建设时期的"一化三改造"与全面建设、改革开放40多年的城乡巨变、中国特色社会主义新时代的高质量发展。到如今，一座现代化的区域中心城市正呼之欲出。

　　这一时期的每一个阶段，合川都能勇立潮头，勠力向前，与时代同行，与国家和民族的命运紧密相连。

　　在争取民族自立自强的过程中，合川开启了近代化的艰难转身，并于20世纪前期有过辉煌崛起的20年。

　　据民国新修《合川县志》记载，1904年，成、渝两地开办物品展览赛会，合川商家携带桃片入会，并获得奖励。这是合川传统手工业产品第一次走出地域参与展会。

　　1919年，为表彰张森楷在合川大河坝（今太和镇）创办四川蚕桑公社、民立四川中学堂和四川第一经纬丝厂，促进四川蚕桑业作出的特殊贡献，北洋政府下令给予嘉奖。这是合川实业家第一次受到全国性的表彰。

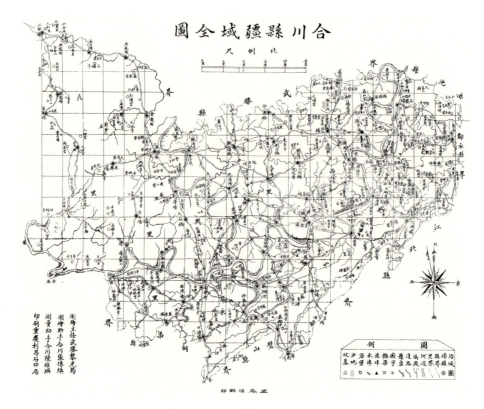

合川县疆域全图/选自《民国新修合川县志》

1921年，受五四运动的影响，合川中学学生唐木森、杨思盛、石天柱等在校内开展反帝反封建和抵制日货宣传，倡导国货。这是合川人民第一次把民族实业与爱国进步结合起来。

1925年，合川县国民师范学校成立，学制三年，后改为乡村师范学校，学制四年。这是合川历史上创办的第一所具有近现代教育性质的中等师范学校。

1926年，合川民生公司电灯部创建，用15马力卧式柴油机带动直流发电机发电，以500盏电灯供县城夜间照明，开创了合川的供电历史，合川也成为四川最早用上电灯的县城之一。

同年，民生公司民生轮首航重庆，开通合川至重庆航线，实行客货兼运，定期开航。这是嘉陵江上的第一艘轮船。

1927年，国民革命军第二十八军第三师驻防合川，为加强防区管辖，修筑了全长16.45公里的合川铜溪至合川南津街的铜合公路。这是合川境内的第一条公路。

1928年，为了解决华蓥山的煤炭运输问题，筹谋已久的北川铁路（连接当时江北县和合川县，故名）在卢作孚的推动和主持下开始动工建设，虽然后来未完成修入合川的计划，但仍可以看作合川建设的第一条铁路，这也是四川的第一条铁路。

1929年，一座占地50余亩，设有篮球、足球、排球、田径赛场及相应设施，全场可容纳万余人的体育场建成，这是合川第一座体育场，也是当时四川省面积最大、设施比较完备的体育场。

1932年，民生公司电灯部从法国购进离心泵抽水机，用电力将嘉陵江水抽入储水池，再经过过滤处理向市民供水，日供水近1000吨。这是合川建成的第一座自来水厂。

1934年，合川又有了第一家电动碾米厂。如此等等，合川一时间开了川渝地区县域近代化进程的先河。

在争取民族独立和人民解放的征程中，合川儿女更是抛头颅、洒热血，无愧于英雄本色。早在1926年，合川就成立了党小组，直属中共重庆地方执

合川解放，人民解放军入城/石盘齐1949年12月摄于小南门

行委员会（简称重庆地委）领导。大革命时期，合川是北伐战争中震惊西南的"泸顺起义"的重要策源地。

1926年11月，为策应国民革命军北伐，中共中央指示重庆地委成立由杨闇（àn）公、朱德、刘伯承组成的军事委员会，确定了在四川泸州、顺庆（今南充）举行起义的方案，决定策动驻守合川、顺庆、泸州的黄慕颜、秦汉三、杜伯乾、袁品文等部队联合起义。

合川作为起义策源地，与黄慕颜直接相关。黄慕颜（1899—1983），原名黄良佐，青年时代受中共早期党员萧楚女主编的《新蜀报》影响，政治倾向进步。在其任职四川江防军第二区司令时，驻防合川，获群众好评。1926年夏，黄慕颜经杨闇公等介绍加入中国共产党。随后便在所属合川驻军中，办起了一个以培养共产党军队干部为目标的学生队，并由党组织派遣中共党员充当政治教官，进行政治教育与军事训练，以迎接革命高潮的到来。

1926年12月5日，刘伯承亲赴合川，组织驻守合川的黄慕颜旅起程赴顺庆，并派人督促泸州起义部队北上顺庆。12月9日，刘伯承率合川黄慕颜旅抵

庆祝合川解放街头文艺表演/林家祥摄

达顺庆，与顺庆起义军会合，队伍达到7000人。紧接着部队举行誓师大会，成立起义总指挥部，刘伯承任总指挥，黄慕颜任副总指挥兼第一路军司令。

泸顺起义虽最终在四川军阀的镇压下失败，但在当时产生了巨大的影响，《新蜀报》称其"惊破武人之迷梦，唤醒群众之觉悟，影响川局，关系至巨"。

1927年1月，刘伯承奉命在四川重整起义部队，取得了明显的成效。历史证明，泸顺起义是中国共产党独立掌握革命武装、举行武装起义的一次勇敢尝试，是党在大革命时期争取改造旧军队的一个范例。不论是从我党早期武装斗争的角度，还是从统一战线的角度都具有特殊而重要的意义。

抗日战争时期，为躲避日军轰炸，有豫丰纱厂迁至东津沱办厂以保抗战布匹之需；有育才学校、国立二中来合办学，延续中国教育发展的根脉；有大批合川子弟参军报国，奔赴誓死保卫疆土的抗日战场；同时更有抗战盐仓的建设和人民群众的"一元献机运动"，从而掀起了内地全民族抗战的一个又一个高潮。

在土地革命和解放战争时期，合川曾爆发过狮滩农民暴动、士兵暴动、金子沱武装起义等反暴政、争民主、求解放的革命运动。可以说，合川人民为民族的独立和人民的解放贡献出了自己的全部力量。

1949年12月3日，合川解放。

1949年12月18日，中国共产党合川县委员会、合川县人民政府成立。由此合川走上了社会主义革命、建设和发展的康庄大道。

话题：新中国成立70多年来，特别是改革开放40多年来，三江大地旧貌换新颜。身处新的时代，回望过去，展望未来，我们心中定有无限的感慨。昔日合川，我为你付出了什么？今日合川，我又能为你奉献什么？这是一代代合川人永恒的话题。

第二十期

两千年治所——合阳城

　　合阳城作为合州古城的称谓，源于何时已不得其考。但合阳城肇始于垫江县城，迄今已有2300多年的历史却是不争的事实。

　　垫江县城修于秦，筑于瑞应山之南、涪江之北，又有三江流过，水陆交通十分便利，为当时巴郡十四城之一。

　　由此而下，经两汉、三国、西晋、南北朝，至隋唐、五代、两宋、元明清，朝代不断更替，建制也由县升郡，由郡置州，合阳一直都是县城、郡所、州府所在地而不曾有大的中断。除宋末元初钓鱼城保卫战36年外，合阳城始终是合川历史上政治、经济、军事、文化活动的中心，是区域内最重要的城市。

合川南城/莫建林摄

历史上，合阳城历经多次战火、水害的毁损，或重建或修缮，一直屹立在三江之上，成为合川人民生生不息的象征。现有合阳城遗迹，主要为明、清两代重建和修葺后的城市遗存。

明天顺七年（1463），知州唐珣奉旨在合阳原址重筑合州城，用条石砌成高5.7米，上阔4.3米，下阔5米的城墙。整座城东、南分别濒临嘉陵江、涪江，西抵落阳溪，北据瑞应、纯阳二山，周长16.2里。计有石卷城门11道，城东有迎晖门、广济门（东水门）、望江门，城西有落阳门、演武门（塔耳门）、观德门，城南有会江门、阜民门（大南门）、文明门（学昌门），城北有迎恩门（北门）、瑞应门。城门之上均建有重檐或三檐歇山顶城楼，飞檐翘角，颇为壮观。由此定格了千年合州城的恢宏格局。

合州城内，各街巷依山形地貌，顺势而建，从不同方向分别连接陆路和水码头。城内公共建筑，除衙署以外，有文庙，有武庙，有各式会馆以及宗教场所，其中最重要的当数合州学宫，即文庙。

合州文庙，始建于公元1036年，后经北宋末期的迁建，明清时期数十次的重建和改扩建，到了清光绪元年（1875），一座布局严谨，规模宏大的文化建筑群达到了历史的顶峰。

整座建筑坐北朝南，由中轴线，东西两副轴线三大组群构成。在中轴线逐层提升的台基上，递次展布的主要建筑是：

宫墙——红墙黄瓦，正中为单檐式照壁，题名"宫墙万仞"，照壁两侧为重檐式门楼，称为"天地门"，上书"德配天地""道冠古今"横额。整个宫墙将中轴线建筑围绕，形成与东、西副轴线建筑相对独立的布局。

泮（pàn）池——呈半圆形，一共三座，每座泮池上建有一座石桥，供入学仪式所用。古时，凡是新入学的生员都要在当地官员的带领下，从戟门入，登桥跨泮池，进入大成殿礼拜先师孔子，然后到儒学署拜见教官，这个入学仪式称为"入泮"。

灵星门——为四柱三进牌楼，门楼屋面为黄琉璃筒瓦，单檐庑殿顶，下为青石护栏围绕的须弥座台基，台基前后踏道共三出。

大成门——歇山式两开建筑，该建筑东西两侧分别是名宦祠和乡贤祠。

大成殿——文庙庭院中竖向最高、体量最大的标志性建筑。因孔子被奉为"大成至圣先师"，故有此名。大成殿庄严华丽，是举行孔子祭典的重要场所。大成殿为重檐歇山顶抬梁木结构建筑，分心造，面阔七间28.36米，进深2间13米。整个建筑黄瓦飞甍（méng），雕梁画栋，气势雄伟，双重飞檐正中竖匾上刻有清雍正皇帝御书"大成殿"三个镏金大字。大成殿正中供奉"至圣先师孔子"彩塑。大成殿两侧庑廊，侧供奉有先贤塑像103尊。

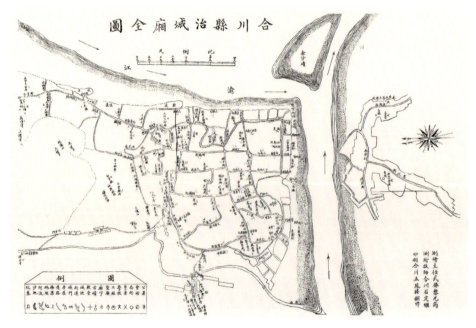

合州县治城厢全图/选自《民国新修合川县志》

再往后，是单檐歇山式三开间建筑启圣祠、重檐歇山式五开间建筑儒学门、重檐歇山式五开间建筑尊经阁和被称为斋戒居室的书房。

西侧副轴线上为两院三重建筑，前院为学署衙门，后院是讲经堂、讲堂、书房等。东侧副轴线上为文昌宫，左前侧建有奎阁，供奉奎宿（xiù）。奎宿是二十八宿之一，为西方白虎宿的第一宿，在古人心目中，它是主文运和文章的星宿。

在明清时期，合州文庙是川东地区州县中规模最为宏大、

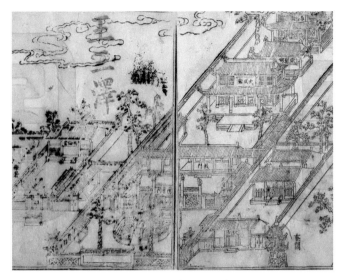

合州文庙图/选自《合州志》光绪本

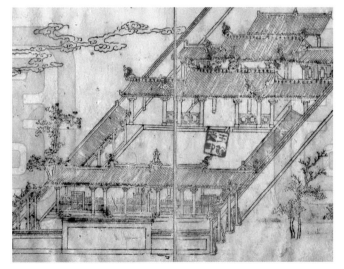

合州武庙图/选自《合州志》光绪本

最具地方特色的建筑群，素有"合州文庙甲东川"之称。

除城墙城门及重大建筑，合阳城区还以自然为师，秉承景城融合的理念，于城内城外的山川之上建有不少楼、塔、亭、阁，共同构成了一幅美丽的山城、江城画卷。

会江楼。古时合州城会江门城楼。据文献记载，该楼矗立于州城前，下临江水，蔚为大观。登楼凭栏，近可瞰嘉陵江、涪江交汇，远可观东山、铜

梁、学士山色，是当时极负盛名的巴蜀名胜之一。诗圣杜甫曾吟诗于它，留下名句"江花未尽会江楼"。

养心亭。俗称八角亭，坐落在嘉陵江东岸的学士山上，始建于北宋，因理学家周敦颐为之命名并作说而为世人所知。现存建筑为清朝重建。该亭系三檐盔顶攒尖石木结构建筑，坐西面东，亭身呈八边形，层层逐檐上收，分设八只亭角，上下檐角参差错落，不相对应，形态别具一格。登此亭，观三江两岸及合川城景，令人心旷神怡，美不胜收。

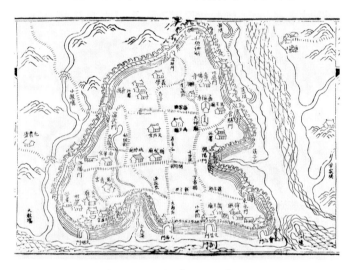

合州城地图/选自《合州志》光绪本

文峰塔。位于今天南城文峰街，因塔身呈灰白色，俗称白塔。始建于1810年，共13层，通高62.2米。从底层沿石级螺旋而上，可达第11层。每层均刻有圆雕神像供人祭祀。塔外每层洞口上方有额楣，题词用青花瓷片镶嵌，分别以"欲穷千里""更上一层""欲罢不能""俯瞰嘉陵""扶摇直上""路入蓬瀛""春风如意""气象万千"等语示塔之气势雄伟及美好祝愿。由于保存完好，加之古街风貌的映衬，就今天而言，文峰塔已然成为

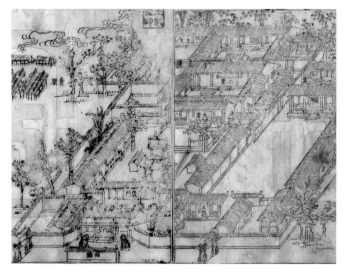

合州衙署图/选自《合州志》光绪本

合川历史文化名城最显著的标志。

文峰塔属风水塔类型，建造之初，即为振兴文风设意，并名振兴塔。此塔势如涌出，孤高耸天，游人登临远眺，两江碧水，蜿蜒如带；山峦起伏，万千苍翠；浩天白日，灵丽景致；城郭房舍，尽收眼底。

凌霄阁。在合阳瑞应山内，毗邻观音洞，即老瑞山中学内。始建于宋，明代中期重建，清乾隆年间，知州周澄重整瑞山义学，将凌霄阁修葺一新。其阁独标高格，势欲凌霄，一度为明清时期合阳城中的标志性建筑。

历史上合州城所建楼塔亭阁颇多，除上述代表，还有1156年，宋代著名藏书家、合州知州晁公武为壮合州古城雄姿建的清华楼；1171年，合州石照县令杜定在钓鱼山建的"飞鸟楼"；1618年，建于东山顶上的慈恩寺白塔（文笔塔）；明朝初年，为纪念明万户董孝文而"奉旨"重建的岁寒亭。

胡公堤。合州古城滨江，常被大水淹没，以致内涝成积，城墙倒塌。1634年，曾任吏部右侍郎的州人胡世赏返回故乡，鉴于合州水患，遂将田产变卖，以巨资修筑了城北杨柳街外嘉陵江西岸的防洪堤，高2丈、宽4丈，长50余丈，历时5年完成。人们为了纪念他的功德，称此堤为胡公堤。这是合州古城重要的防洪基础设施。

合州会馆。合州，在历史上因移民众多，又是工商业繁荣的区域中心城市，居住和往来于合州的不仅有本省本地人，更有大量的外省外地人。因此，自清道光年间起，合州便不断有外省人设立的会馆出现。这些会馆既是在此居住的外省工商业者在合州的行会组织，也是外省人在合州城的同乡组织。

合州会馆之多，有"九宫十八庙"之称。所谓"九"和"十八"皆为虚数，表示多的意思。其中，最为有名的是：广东会馆，建有南华宫；江西会馆，建有万寿宫；广西会馆，建有寿福宫；福建会馆，建有天蟾宫；湖广会馆，建有禹王宫；陕西会馆，建有黎明宫，它们主要位于城内较为核心的商业区，大致在今合阳城和钓鱼城街道办事处老城区一带。

这些会馆建筑，都是清代内迁合州的外省人集资修建，建设的规模较为宏大，像寺庙而又与寺庙不同。所不同处，在于各会馆都只有一殿，并且各奉一神，如江西会馆奉祀许旌阳，广东会馆奉祀庄周，福建会馆奉祀天妃（妈祖），湖广会馆奉祀夏禹等。除奉祀的正殿，两厢为鼓乐楼，殿后为首事办事

因水而兴的合川城/陈刚摄

和司香火的处所。

各会馆都置有房屋、土地等不动产，以其常年收入作为经费开支。会馆平时为同乡行会处理商事纠纷，协调利益，年关节日组织会众团拜宴会，并演大戏，以行乡俗，品乡味，忆乡情。

除合州城有会馆外，在工商业繁荣的乡镇也有会馆，如太和镇的湖广、江西、陕西会馆，三汇镇的福广会馆等。

由此可见，由于大量移民的迁入，农业、手工业空前发展，各地贸易日益活跃，千年合州古城逐渐发展成了一座交通发达、功能完备、商旅活跃的区域性中心城市。

话题： 今天，合阳城的旧时格局和风貌因城市的开发建设，已不复存在，留下的只有部分残垣断壁和口口相传的地名故事。不知你记忆中的合阳城是什么样的？是在古籍里？在儿时照片里？还是在石板街上？在黄葛树下？抑或是在外婆牵手的小食摊前？不妨说说。

siduhechuan

农耕文明的别样风景

第二十一期

三江生民的渔樵耕畜

漫长的农耕时代，不只是日出而作、日落而息的坚守，更有鱼米之乡、耕读传家的创造与传承。数千年来，合川人民用自己的勤劳智慧在三江大地上以坚韧的毅力战天斗地，描绘出了一幅与自然共生、与四季同行的恢宏画卷，构筑起了独属于自己的江上渔火、岸阶滩坝、山涧梯田、码头集市、大院人家等农耕文明的别样风景。

渔——从江上渔火到水利生态的蝶变

渔猎和采集是原始人类最早的食物来源方式。合川有山地森林，更有江河溪流，人们逐水而居，喜水，敬水，利用水，并从水中悟到了"水利万物而不争"的道理。合川地域除了嘉陵江、涪江、渠江三江，还有大小溪流230余条、人工湖泊130余座，整个水域面积近百平方公里，其中，三江干流水域就有76.5平方公里。

自古以来，传统的江河捕捞一直是合川渔业的一个主要或重要方面。江河鱼类以鲤科为主，主要有鲤鱼、鲇鱼、华鲮鱼、胭脂鱼、岩原鲤、白甲鱼、鲢鱼、鳙鱼、中华倒刺鲃等七十余种，最大捕获量近500吨。在如今合川人的食谱中，可以说无鱼不成席。其中最为珍贵的当数江中的"三大名鱼"，按民间的说法，就是"一边，二岩，三清波"。这当中，"边鱼"肉质嫩滑，鲜美无比；"岩鲤"色泽如银，肉质细嫩；"清波"做成鱼柳，过水就熟。当然，这只是一种说法而已，每人有每人钟情的鱼品和吃法，每人有每人心中各自的"三大名鱼"。

不过，由于生态环境保护的需要和人工养殖技术的高度发达，合川渔业发展早已经历了一个革命性的变化，由自然捕捞转为了人工养殖。昔日江上渔火星星点点的劳动场景，已被今天鱼肥虾美满载而归的丰收景象所取代。近年来，合川池塘养殖面积已达6.45万亩，水产品产量已超过了5万吨，居重庆市第一。

随着三江主体水域和主要水库的全面禁渔和各项环境工程的实施，三江

双龙湖／刘勇摄

鱼获满满/辛刚摄

大地原有的传统渔场逐渐开启了由水域变水利、由水景变风景的华丽转身。人工杰作双龙湖就是其中一例。

双龙湖建于20世纪80年代，库容4200万立方米，集雨面积185平方公里，管护范围17.5平方公里，为重庆市域内第二大人工湖。

双龙湖在发挥水利作用的同时，1992年成功创建为重庆市水利风景名胜区。作为风景名胜区的双龙湖，水域宽广，碧水盈盈，荡舟湖中，云影波光，有如画中行走。其水面6879亩，岸线长80多公里，有4个全岛、67个半岛和100多个湖汊港湾，水深达50米。从自然景观来看，其水岸曲折多变，湖面宽处，山水一色，野鸭成群，众多湖汊与四周浅丘相互环绕，构成了一个巨大的天然迷宫。近年来它已成为旅游处所、龙舟基地、垂钓天堂。这里曾举办过全国垂钓大赛，引得万千钓手趋之若鹜。

樵——从林中打柴到山中造林的演变

自从人类发现了火，吃上熟食开始，合川先民的一日三餐便有了用柴之需。最初，柴火根本不是问题，因为有足够的森林，后来因为毁林垦荒，向土地要粮，才使柴火成了问题。不过，种粮带来的秸秆等副产品又较好地解决了燃料问题。只是随着城市的日益兴起和发展，樵夫打柴、烧木为炭才逐渐变成一种营生。

从林中打柴到山中造林，是农耕文明的进步和升级。薪炭林，作为以生产薪炭材和提供燃烧原料为主要经营目的的森林，在中国的营造有着较久的历史。北魏时期，贾思勰所著《齐民要术》中便有"种柳千树则足柴"的记述。马尾松、刺槐、毛竹是合川薪炭林的主角，其中，马尾松的种植面积占了全区森林覆盖率的14%。值得特别一提的是，毛竹既可用于农具的制作，又可作为燃料来源，是历代农村重要的生产性生物资源，广泛种植于农户的房前屋后，结合林下畜群养殖，构成了农家院落的生态母体。

耕——从岸阶滩坝到山涧梯田的各美其美

合川沿江的滩坝作为农耕文明的起始地，自古便是良田沃土。如果要问合川地名中具体有多少滩，无人能确切地知道；若问合川地名中具体有多少坝，亦无人能确切地回答，但人们会告诉你他所知道的这个滩、那个滩，这个坝、那个坝，因为滩和坝就在身边、就在家门口。千百年来，这些滩坝已成为具有地理标志意义的特色农产品产地。

例如，提起龙市的青草坝，我们便会想到青草坝萝卜。青草坝萝卜，产于渠江两岸的合川龙市镇青草坝和香龙镇枣泥坝两个无公害蔬菜基地，为重庆名优地方品种。其种植历史可追溯到清乾隆年间，迄今已有200多年。所出萝卜个大、皮薄、色艳、脆嫩，肉白、汁浓、味甜，可做水果生吃。因其含有丰富的糖分、维生素、无机盐、植物纤维等人体所需要的营养成分，又有

合川山涧冲田/陈文格摄

收获时节/周利摄

合川白山羊/罗明均摄

"土人参"的美誉。

提起太和的小河坝、长流坝、晒金坝，我们便会想到太和胡萝卜。太和胡萝卜常年种植于涪江滩坝，面积5000亩，是合川的优良地方品种，为农产品地理标志产品，以其品质好、富含胡萝卜素、营养丰富而备受人们喜爱，享誉重庆市内外。

提起渭沱的枣坝，我们便会想到西南大学培育的稻麦、柑橘、蔬菜。这里地处涪江边，早在1937年，便因耕作条件优越，成为四川省稻麦改进所的一个实验场，占地1000余亩，主要从事农作物品种的繁育、示范和推广。1966年，西南农学院（今西南大学）接管后成为学校教学科研的实验农场，为国内部分优质水果、蔬菜、粮食品种的重要培育基地，所育品种直接改善了我们的生活。

山涧冲田是农耕文明的又一杰作。与山地梯田一样，冲田也是山地农业的一种基本形态，多形成于丘陵的山沟和谷底，地势由高往下，顺势垒筑。一梯一梯、一级一级蜿蜒伸展。因为沟谷易于集水，便于灌溉，多种植水稻、莲藕等。通常在其上端修建有塘或库或堰以抗击干旱，蓄积水源，实现自流灌溉。

畜——从山地种植到庭院养殖的互补

合川的农业在很久以前就已经能够支撑起高密度的人口。合川人民自古以来就把山地改造成梯田，并施行豆科植物与多种其他植物轮作的方式来保持土壤的肥沃。几乎每一寸土地都被用来种植作物以提供食物、燃料和织物。生物体的排泄物、燃料燃烧后的灰烬都会回到土里，成为最有效的肥料。他们以惊人的毅力，依靠自己的劳动创造了一个又一个生产奇迹。

在精耕细作的同时，小农的"家庭理性"也让农村劳动力不论男女老少又多了一些创造，形成了种养兼业。他们利用农闲和每天的碎片化时间从事商品化程度更高的养殖业、手工业和经济作物的加工生产，这就是庭院经济。猪的养殖是庭院经济中最大的出品，其次是小家禽和牛、羊的养殖，以及一些农产品的加工。庭院养殖既是小农经济的重要组成部分，更是农业可持续发展的生物粪肥来源。

合川为生猪之乡，历史上家家户户无不饲养生猪。近年来，随着规模化养殖的加持，年出栏量已超过120万头，为全市之冠。

"合川黑猪"是合川生猪中的保护品种，是生猪中的大熊猫。它起源于本地的"泥猪""刺猪"，具有适应性强、肉质鲜美、鬃毛质量好、配种能力强等特点，距今已有1600多年的养殖历史。因其肥肉肥而不腻，是做红烧肉、蒜泥白肉、炒回锅肉的良好食材；瘦肉肉质细嫩，特别适于煮滑肉、氽汤肉、炒肉丝；猪血旺嫩如豆腐脑，更是堪称一绝，长期以来深受消费者欢迎。

2012年，合川已将沙鱼、钱塘、隆兴、龙市4个传统饲养区列为合川黑猪的保护区，实行挂牌保护，保护区面积达255平方公里。

"合川白山羊"，作为重庆特有的地方遗传资源，属于肉皮兼用型山羊品种，具有适应性强、繁殖性能高、早熟、出栏率高、肉质和板皮质量好、遗传性能稳定等优点，为全国名特优新农产品。这里特别提及它，还有一个原因，就是合川人无比钟爱的"羊肉米粉"离不开它的加入。只有有了它的加入，才会有合川人舌尖上那份独特的狂欢。

话题：合川，曾经是农业大县，如今仍是农业大区，农业生产条件较为优越。如何在推进农业现代化的过程中，发挥好自身的特色优势，不断转型升级，构建新的产业体系，还有待我们作出更多的探索和努力。

第二十二期

历史上的贡品之乡

在漫长的封建专制历史中，凡一方之土特产，要将最新、最好的向朝廷交纳，供皇族使用。自秦汉以来，合川有许多土特产品作为珍品上供中央政府。概括起来，有食品、药材、纺织生产原料、文化娱乐用品及其他五类。具体的产品有麸金、茶品、葛根、牡丹、药实、橙子、桃竹箸、双陆子、书筒等。由贡品观之，合川是历史上诸多特色农产品之乡。

历史上的茶叶之乡

巴蜀先民是世界上最早食茶饮茶的人群。茶树由野生发展到人工种植，

华蓥山茶林/合川区农业农村委供图

是人类创造性的经济开发活动之一。自合川土著居民濮人发现野生茶叶并加以利用之后，巴人也随着开始食茶。合川作为巴国腹地，是茶叶的主要产地之一。唐宋时期，合州所产茶叶，品质优良，被视为茶叶中的珍品。

合州"水南茶"曾为巴蜀四大名茶之一，与当时广汉的赵坡、峨眉的白芽、雅安的蒙顶齐名，成为贡品。水南茶之"水南"，是指涪水之南，即今天合川涪江之南，范围在今南津街铜梁山、白塔坪、东津沱一带。水南茶是其俗称，因产地而名，其茶色白甘腴、叶嫩、香高、味醇，为绿茶中的上上品，故而甲于巴蜀。

后来，由于栽桑养蚕和粮食种植的需要，合川茶的种植逐渐由涪水之南迁移到了东部华蓥山区，但从未间断过，只是辉煌不再。

自战国时期有水南之地名，到唐宋时期有水南茶之物产，合州作为茶叶之乡，茶的生产得到迅猛发展，以致后来该地形成了一个以"水南茶"命名的自然村落，专门从事茶叶的种植、加工和销售。为记住这段历史，1981年，今东津沱社区所在居委会改名时，依据群众意见，曾定名为水南茶社区居民委员会。近年来，因经济社会的发展、人口的迁徙和城市建设等多种因素的影响，此处已不见茶树的踪影，就连水南茶的地名也逐渐消失，被人们遗忘。所幸的是，在今东津沱小学旁，还保有一个名叫"水南茶街"的称谓，虽然全街不足50米长，没有多少存在感，却也足以聊慰我们对往事的念想。

历史上的牡丹之乡

牡丹，芍药属植物。为多年生落叶灌木，茎高达2米。牡丹花色泽艳丽、玉笑珠香、风流潇洒、富丽堂皇，素有"花中之王"的美誉。牡丹花大而香，又有"国色天香"之称，在清末，就曾被当作中国的国花，1985年5月被评为中国十大名花之一，排第二。

牡丹是中国特有的木本名贵花卉，有数千年的自然生长和1500多年的人工栽培历史。据汉末《名医别录》载，"牡丹生巴郡山谷及汉中"。今合川地区的丘陵山谷自古是山牡丹（未经人工移接培植）的生长地，为牡丹真正的故乡。

到了明清时期，合州的官署、寺观及名门士族的私家庭园都喜欢种植花草，并以培育名贵的牡丹花品种而自豪。尤其在清乾隆后期，合州"牡丹之风"盛行，文人雅士们对牡丹情有独钟，赏牡丹写牡丹的诗文不断。

在合州牡丹花品种中，最负盛名的当属清嘉庆年间白鹿山白鹿观中的紫牡丹。

紫牡丹，在古代，不但品种珍贵而且更能给人以富贵的联想，是富贵吉祥、高贵典雅的象征。在唐代，只有三品以上的高级官员才能穿紫色官服，以紫为贵，逐渐成了社会等级的认同，这大概也是紫牡丹备受上层社会青睐的原因之一。紫牡丹不仅有着西施抚胸皱眉，身着旧裙的凄柔之美，更具有贵妃扮上新妆时举世无双的雍容华贵，可谓华美幽雅、卓尔不凡。

据"合州四子"之一的张乃孚受邀观赏所作诗看，白鹿观种植牡丹的规模不小，成片成园，有如花海。

牡丹皮作为山牡丹的干燥根皮，具有清热凉血、活血化瘀之功效，与葛根、药实子同为合州特产之上等药材，为常年贡品。

历史上的荔枝之乡

荔枝属于常绿乔木，高约10米，春季开花，夏季出果，果肉呈半透明凝脂状，味香美，与香蕉、菠萝、龙眼一同号称"南国四大果品"。其味甘、

荔枝阁/谢婧摄

酸、性温，入心、脾、肝经，可止呃逆，止腹泻，是食疗佳品。同时，荔枝有补脑健身、开胃益脾、促进食欲的功效。其木材坚实、纹理雅致、耐腐，历来为上等名材。

合川古产荔枝，从汉代开始就有大面积的栽培种植。在唐宋时期，荔枝是四川名产，合州是四川荔枝的主要产地之一。据史书记载，在今钓鱼城半岛学士山、城北工商大学派斯学院一带有成片的荔枝园，濮岩上还建有荔枝阁。濮岩荔枝园中，曾因有荔枝树"异本合干"，生机盎然，引前去一睹奇异之貌者络绎不绝。1137年，合州知州何麟前去观赏，还留下一篇《荔枝赋》作为传颂。

历史上的葛根之乡

葛是多年生藤本植物，其块根肉质肥厚，呈圆柱状，外皮灰黄色，内部为粉质，富含纤维。葛根味甘辛、性平，有升阳解肌、透疹止泻、除烦止渴的功能，药用价值高，多用于伤寒、泄泻、痢疾、高血压、高血脂、高血糖和胃病等。葛根是国家卫生部批准的药食同源植物，除药用价值，又有营养保健的功效。

在古代，葛的茎皮纤维供织布和造纸，葛衣、葛巾均为平民服饰，葛纸、葛绳应用也很早，葛根常用作生产葛粉或用于酿酒。

合川葛的利用可以追溯到魏晋南北朝，自隋唐两宋以来，葛根及葛粉一直是合州的特产贡品。

近年来，合川的葛粉产业经历了一个由盛而衰的过程，但作为土特产却一直较好地在传承和生产，与合川桃片等成了旅游产品的主打。

历史上的蚕丝之乡

蚕丝是熟蚕结茧时分泌的黏液连接而成的天然纤维丝，是人们最早利用的动物纤维之一。

中国是世界丝绸的发源地，栽桑、养蚕、缫丝、织绸在中国已有四五千年的历史。早在2000多年前，开创的"丝绸之路"为促进东西方经济文化交流作出了巨大贡献。

家蚕养殖/资料图片　　　　　　　官渡蚕茧/辛刚摄

合川位于四川盆地东部，地处嘉陵江、涪江、渠江三江交汇处，气候温和、雨量充沛，是栽桑养蚕的天然之地。据《华阳国志·巴志》载，早在巴国时期，合川一带便盛产蚕桑，由此开启了养蚕抽丝的实践创造，其所产丝织物是巴子国的贡品。

从历史上来看，合川的蚕丝生产有两大兴盛时期：一是唐宋时期；二是民国时期。唐宋时期，合州除了产贡布、筒布和斑布等纺织物，缫丝织缣已十分普及，是巴蜀蚕丝重要产地。民国时期，大河坝（今合川太和镇）的蚕丝生产因川东蚕桑之父张森楷的开拓已全面进入近代化工业生产，其蚕丝产量和质量为整个四川蚕丝之冠，重振了四川的蚕桑事业，并因此受到了国民政府的嘉奖。

除上述之外，合川在历史上还是棉花之乡、橘橙之乡、淡水鱼之乡等。近些年来随着农业结构的调整，合川又收获了枇杷之乡、油橄榄之乡的美誉，为古老的农耕文明再添新风景。

话题："水南茶"，应该是一个非常不错的名头，有历史感，又有鲜明的地域特征。想到这里，我们都会建议合川茶叶界的企业家们，当如何恢复和利用这一历史遗产资源，再现合川茶业的辉煌。然而，我想告诉大家的是，"水南茶"已被隔壁铜梁注册推广了。铜梁水南茶已于2021年12月22日入选第三批全国名特优新农产品名录。不过历史上铜梁也属于合州，并且处涪水之南，对历史的解读各有各的说法，兄弟有份儿嘛。只是前几年，好像永川还成立了一个叫作重庆市水南茶茶业有限公司的企业，不知我们要再作"水南茶"的文章时会不会受到诸多的限制？

第二十三期

码头古镇与水上街市

　　渡口码头、江边场镇以及由此串联起来的水上街市，是合川农耕文明的一道独特风景。

　　合川地势，三江汇流；合川地形，山地多于平坝。江河谷地土质疏松、土壤肥沃，是开启农耕文明的处女地。合川先民逐水而居，傍水而兴，由部族聚落相对封闭到农业社会往来交易，始终与江河溪流相伴。

至今仍在使用的码头渡口／罗明均摄

综观合川全域，绝大多数场镇都是建在三江两岸水运交通便利的地方，即使一些远离三江的场镇，也都依其支流而建。

从合川现今范围所辖乡镇分布来看，嘉陵江岸边有金子、利泽、泥溪、临江、云门、思居、东渡、龙洞、盐井、草街子等场镇。涪江岸边有太和、化澄、铜溪、渭沱、方溪等场镇。渠江岸边有炉山、渭溪、涞滩、小沔、大沔、官渡、安全、蒲溪、喻家、渠嘉等场镇。

关于古场镇的起源，是多种复杂的自然要素和社会要素共同作用的结果。它们在历史的演变发展中，经历了一个人口逐渐密集、建筑规模逐步扩大、内部功能日益完备的过程。

从合川古场古镇的情况看，"草市"的兴起和码头的繁荣是两个直接原因。

农耕社会，农民居住分散，尤其像合川这样的南方丘陵山区，农户散居的状况更为明显。为了方便生产、生活，自唐以来，各地便就地就近形成了一些大小不等的商品交换市场，被称为"草市"。这种商品交换市场，在北方称为"集"，在两广、福建称为"墟"，在江西、湖南称为"圩（xū）"，在川、黔又称为"场"。

实际上，早在秦汉时期合川因有"桑蚕之饶，丝盐之利，舟楫之便"，便有了"草市迎江货，多樵客，渔家足水禽"的商贸场景，只不过这种场景还未全面扩展到县以下的广大农村地区。

唐宋时期合川农业生产的蓬勃发展，草市雨后春笋般涌现，早已是一种

福寿场老街/李永光摄

福寿场老街/李永光摄　　　　　　　　肖家老街/李永光摄

利泽老街/合川区文化旅游委供图　　　　老街之夜/张寒烟摄

合法的存在。"民聚不成县而有税者，则为镇"。农村场镇的繁荣，是这一时期社会经济发展的一大成就，促进了商品的流通，加快了农村副业和商业的发展。

据专家研究，宋代四川有农村场镇799个，尤以嘉陵江下游分布密集，合川居第一，有45个。今存于香龙镇鲁草村的宋代集镇遗址，南北长500米，东西宽200米，总面积10万平方米。钱塘金子高桥村沙湾宋代古集镇遗址，东西长300米，南北宽150米，总面积45000平方米。由此可见，当时的场镇规模已很大。

码头，多居渡口，是专供停靠船舶、上下旅客和装卸货物的水工建筑物，它在古代往往由石头垒筑而成，并成为堆积码放货物的地方，故称为码头。

由于码头多处于水陆交通要道的交汇处，因而它的形成与古镇的形成相伴而生，无论是先有码头后有古镇，还是先有古镇后有码头，或者是码头和场镇同时产生，都是交通运输功能的需要而逐步衍生发展起来的。

这些渡口码头、江边场镇，在漫长的历史进程中，既是合川交通的节点，也是经济的支撑点。古往今来，它们是城市与乡村之间贸易交换的一个中间环节，是码头运输、集市贸易、手工业生产的集聚地。

所有这些码头集市、江边场镇，一经三江水路运输的串联便成了一条条繁忙热闹、充满活力的水上街市。无论春夏秋冬，还是雨天晴天，要么渡人要么运货，人们或是分市赶场，或是参加聚会，舟上之人静静地欣赏着沿途风景，岸上船夫则吼着激昂的三江号子。这里有农耕生活的日日艰辛，更有农耕文化的世代传承。

码头集市、江边场镇的茶馆、餐饮和娱乐文化是合川人抹不去的乡愁。

茶馆文化为巴蜀地区一种特色鲜明的地域文化。合川人坐起茶馆来不亚于大家所熟知的成都人。旧时，除合阳城外，三江六岸的各码头场镇都有茶馆，少则三五家，多则一二十家。来的茶客，有生活条件较为优裕的"闲人"，如富户商绅、社会贤达、退职官吏等，他们泡在茶馆里，主要是摆摆龙门阵、吹吹牛壳子、看看报纸、谈谈生意；有利用工余时间来小憩休闲的"忙人"，他们喝茶时间不长，一边喝茶，一边打听情况，交流信息，喝完茶便继续去忙自己的营生；有以茶馆为生计的"手艺人"，如民间艺人、理发匠、掏耳捶

背者、算命看相者、小商小贩及社会上的三教九流，他们凭手艺为喝茶人服务。那时的茶馆虽小，作用却很大：休闲会友、互通信息、行帮议事、化解纠纷、牌九娱乐、曲艺表演，充分演绎着合川的民风民俗、世间百态，传递出民间传统文化悠远的历史韵味。

餐饮文化作为吃的文化或者说是吃的讲究，源于农家各户，却集中体现在码头场镇中。

首先是码头饮食。它们多以船工、纤夫、抬夫、背夫为对象，饭馆也开在码头边，菜品主要有石磨豆花、各式杂碎汤、酸辣烩菜、豌杂粉面等，荤菜则有码头坨子肉、拐子扣肉、船帮猪蹄、咸烧白、红烧肥肠、干酥肉等。

在众多码头饮食中，最受船夫、纤夫、背夫青睐的是"冒儿头"。"冒儿头"就是将一个大碗的饭和一个小碗的饭合盖成一碗。因为碗大量足，就着一碟蘸料，一碗豆花，吃一个"冒儿头"，再喝一碗米汤，足以"闹个肚儿圆"。平时，若是馋得慌，就来一碗猪或牛或羊的"下水"做成的"杂碎汤"，这样，花钱最少，却能饱餐一顿。

其次是节事宴席。码头场镇上的人家若遇红白喜事、节日庆典，大都要

山乡晨曦/张光俊摄

操办酒席。普通人家多为一桌"八大碗"或"九大碗"，以猪肉为主，一般有五斤以上一桌、三斤一桌、三斤以下一桌三种标准。席上主要菜品为"三酥"（酥肉）、"两坨"（肥坨子肉）。肥坨子肉取自猪身最肥的保肋肉，1斤肉最多切8坨或16坨，焯水去油后调料上色，装碗，上面覆以盐菜、冬菜或豆豉等，入笼大火蒸熟，出笼时反扣于另一碗中，菜下肉上，是为席中主菜。

码头场镇的娱乐文化比一般场镇要丰富得多。比如，川剧，早在清道光年间（1821—1850），合州涪江边的大河坝（今合川太和镇）便有了川剧高腔戏班"燕春班"，常年活动在合川、铜梁、潼南、遂宁、射洪、武胜、岳池一带，成为川东北的著名戏班。又比如曲艺，合川出现过的四川清音、扬琴、评书、竹琴、金钱板、荷叶、车灯、花船、四川花鼓、莲箫、莲花落、快板、谐剧、双簧等无不穿行在这些码头场镇的茶馆、戏台和大户人家的庭院，给他们带去精神的娱乐。

在年节庙会上，除上述观赏性娱乐，还有许多群众参与和自发组织的活动，如舞龙、舞狮、踩高跷、扎高台、打腰鼓、划旱舟等，这些都成了他们的文化习俗。

今天，昔日的江边场镇或扩展，或搬迁，或撤并，已经重新构建起了以陆路交通为主的新的场镇体系。但老码头、老场镇、老街坊所遗留的物质和

铜溪码头老街/合川区文化旅游委供图

草街子老街/合川区文化旅游委供图

精神资源却是一笔宝贵的财富，期待着有更多更好的保护和利用。

　　这里，让我们择几个江边的码头场镇重温一下过去的记忆。

　　草街子。嘉陵江黄金水道的一个水码头，背靠华蓥山脉西山坪、老岩头山区，处嘉陵江三峡之一的沥鼻峡峡口，始建于清乾隆年间，因码头而成街，它最初名叫安吉场，是典型的码头集市。清光绪年间，嘉陵江发生特大洪水，安吉场被洪水冲毁。退水后，先民在安吉场建起草房，连接成街，于是便将安吉场叫成了草街（子）。

　　东渡场。紧邻千年治所合阳城，地处三江交汇风景眼的钓鱼城半岛交通要道。始建于清乾隆年间。东渡场又名东渡口，是合川通向江北、长寿、垫江、华蓥山片区的一个渡口码头，由于往来商旅服务的需要，加之半岛农业生产发达，居住人口密集，由码头而市，进而建街成镇。

　　官渡场。官渡场为南北转运的水路中枢码头，渠江上游往来达州、渠县、广安、合川、重庆的船舶均在此停歇。因码头应运而生了纤夫、装卸工等靠码头吃饭的百姓，逐渐形成了繁华的商业街道。

　　利泽老街。位于一个原本热闹的码头场镇——利泽场之中，是以前去往

高速立交/朱美忠摄

重庆、四川的水路补给点。老街分为上场和下场。2001年6月，并入原大石镇，现属于大石街道办事处。

太和老街。太和老街分为上新街、中新街、下新街三部分。起始于清乾隆十三年（1748）始建的太和场，已有两百多年的历史。太和寓意太平祥和之意。老街因地势而建，规模宏大，结构复杂，巷子里藏着巷子，是农耕文明时期的重镇。

话题：面对一座座业已消失的古码头和一条条落寞的石板街，回味一段厚重的历史和一片灿烂的文化，我们该做点什么呢？

第二十四期

传统村落的合川形态

传统村落是民族的宝贵遗产，体现着一地的传统文化，建筑艺术和村镇空间格局，反映着村落与周边自然环境的和谐关系，体现着人与自然相处的文化精髓和空间记忆。

一方水土养育一方人。合川历史悠久，幅员广阔，千百年来的农耕文明形成了大大小小类型各异的众多村落。合川的山川地理、气候物象、历史文化的独特性也造就了传统村落的独有特质。这些特质，概括起来就是：自然、和谐、安全。

合川农户多散居，村落的形成因山就势，不刻意，不人为，其发展过程虽然缓慢，但是最终却形成了一个由散而聚、散中有聚的村落形态。

同中国其他传统村落一样，合川传统村落一个最为重要的特点就是人与自然的和谐、人与人之间的和谐，是一种符合天地之道而可持续的发展。

安全是合川传统村落十分注重的一个方面，既有基于抵御自然灾害的考虑，也有基于抵御匪患或其他外部侵扰的考虑。

狮滩全景/刘勇摄

这些特质植根于历史、植根于文化，更植根于劳动人民的智慧和创造，有其文化性、地域性和时代性的必然。

从文化性来看，它们大多讲究阳宅风水布局。古人建村落，一般都要讲究阳宅风水，要选择风水宝地居住，以求人、财两旺，富贵显达。而所谓风水宝地的第一要求，就是要后有靠山、左有青龙、右有白虎、前有案山，其次是要中有明堂、水流曲折。其宗旨是审慎周密地考察、了解自然环境，顺应自然，有节制地利用和改造自然，创造良好的居住与生存环境，从而赢得最佳的天时、地利与人和，达到天人合一的至善境界。

合川既有大山大水，更有丘陵溪流。其山与谷相间、平坝与尖山错落交织的地形地貌，为古村落的选址布局提供了十分优越的条件，进而产生了无数巧夺天工的古村落。

从地域性来看，它们大多属于川东民居风格。在中国广袤的疆域中，在自然与人类活动的影响下，催生了诸多形态各异、特色鲜明的居民建筑形式：有北京的四合院、福建的土楼、黄土高原的窑洞等，不一而足。其中，在西南连绵复杂的地域形态中，相对于以成都平原为中心分布的川西民居而言的川东民居，成了合川民居建筑别样的亮点和特色。

川东民居广泛采用全榫式木结构建造，并因地制宜、就地取材、随势而筑，以石下基础，以木为梁、榫、柱、椽，以竹隔墙夹楼，以砖或土、石砌

希望隆兴/陈蕾摄

墙，以草、瓦盖顶，空间丰富多变，层次错落有致，造型空透轻盈、色彩清明素雅，与大自然融为一体，其抗地震和防水灾性能极好。

山乡之韵/胡清秀摄

从时代性来看，它们大多具有移民文化特征。在历史上，合川经历过巴人进濮地、秦汉中原人口的南迁、成汉战乱时期的人口迁移、云贵僚人的移入，以及明清时期的"湖广填四川"，形成了多元融合而又特征明显的区域性建筑文化。

随着历史的变迁，许多更为久远的川东民居建筑已不可考，比如，巴人的干栏屋等。现存较完整的川东民居建筑多以明清时期建筑为主。这一时期，大量周边移民的迁入，丰富了川东民居建筑的特色，增强了建筑的复合性。

合川三江交汇，水路运输提高了流通效率，孕育了诸多场镇和码头，贸易由此兴盛。在人口频繁流动的影响下，民居建筑使用的功能性需求催生了新的建筑构造形式，这是能工巧匠们在原有民居建筑基础上的一种创造。我们可以看到，不少民居建筑都形成了场镇店宅的形式：下层店铺，上层住宅，在方便居民生活的同时，也提高了居住空间的利用率。农村房屋此时也多为宽阔的三合院或一楼一底构造，下层为住房、堂屋、厢房、厨房、织作坊，上层为阁楼，用于存放粮食，晾晒衣物等。

合川传统村落众多，其具体形态各有特点，这里仅以白坪村、大碑村、啸马村三个古村落为例做一介绍。

白坪村古村落，又称码头老街，位于渭沱镇涪江边，是以江畔人家为特点的一种传统村落形态。

村落依山傍水，布局巧妙，具有街巷紧凑、参差错落、水陆相连、以街为市的特点，很好地将自然环境与人工环境、商业环境融为一体。

老街前，有涪江流过和小溪环绕，原始的自然滩涂和岸线曲折延伸，不与江水争利。一条石阶步道恰到好处地将古老的码头与街巷连接，形成了交通的自然转换。

老街中，一条3米宽的石板街顺势铺就，两边青瓦木屋鳞次栉比，比邻而建，前为街巷后是园地，极为通透。整个民居建筑多为穿斗式民居风格，古朴典雅，舒适宜居；部分后期的商业建筑也都依据街巷的自然肌理，采取单栋联排的方式修建，从而保证了古街作为商业步行街的乡村特性。

老街后，则是树林、田园、山丘以及散居的农户，为村落的生态和生产空间。

大碑村古村落，又称天星老街，位于云门街道浅丘平坝，是以陆路交通节点为特点的一种传统村落形态。

村落所处位置，曾是重庆经合川，至广安，过秦岭，入中原驿道上的一个古驿站。"一条石板路，百年天星桥。"大碑村地势平坦、雨量充沛、物产丰富、交通便捷的地理优势，注定了它"依道而市"的空间形态和布局。

乡村老宅院/袁万林摄

依江而建的小沔农民新居/刘勇摄

老街依古驿道而建，道即是街，街即是道。两侧建筑，朴素简约，入口处的大黄葛树和绕街而流的小溪，宛若守城的将军和护城河。整个村落的布局呈椭圆形，整体的建筑风格为巴渝穿斗建筑风格，沿街店铺均不超过两层。

其建筑智慧主要有三：一是村落布局沿街并排，房屋共墙而建，同时穿插小巷出入街后农田。二是村落房舍背后皆有树木、竹林与农田分隔，既可营造环境、遮风挡雨，又可就地取材、饲养家畜。三是村落道路呈半弧形，中间高两侧低，中间石板横铺方便行走，两边石板竖铺，方便雨水排放。

啸马村古村落，又称为啸马老街，位于肖家镇啸马山麓，是以风水讲究为特点的一种传统村落形态。

啸马村古村落襟山带水，选址考究。发源于啸马山西麓的大肚子河穿村而过，风水格局形似五马归槽，藏风聚气。村落入口两座山峰，犹如一对门神，守护着啸马古村的平静与祥和。这些虽然是当时古人的讲究，但就其村落的布局而言，却是脉络清晰、气韵流畅。

其村落结构呈东西线状分布，一条长约700米的啸马街串联起了11条巷道，形成了一街多巷的街巷格局。民居、院落和谐布局在街巷之间，整个村落环境优美、自然和谐、充满灵气。民居多沿街而建，前店后宅，高低错落，自然延伸，整体造型和群体轮廓朴实自然、舒展优美，具有渝西北地区传统村落的典型特征。

　　啸马村的形成年代与肖家场始建年代一致，大致在清雍正年间，至今已有200多年的历史，此时正值湖广填四川的高峰时期，加之地处岳池、武胜、合川三县交界处，素为"鸡鸣三县"之地，因而其村落的发展特别快，逐渐形成了村、场的合二为一，故有"半为山村半为市，可做农舍可做商"的特有场景。

　　合川更为独特的古村落形态当属山寨。山寨是人们躲避战乱匪患以求自保，抑或是抗击外族侵略的需要。合川境内最早的山寨，可以追溯到秦汉时期，而真正比较完整而成体系，则是在清咸丰和同治年间。由于四川战乱纷纷，川东北战祸频繁，合州一带富户纷纷避难而聚居山寨。那时，整个合州境内有山寨几十处，规模之大，涉及人口之多，实属罕见。如官渡的天平寨、隆兴的天生寨、狮滩的安全寨、香龙的香炉寨、小沔的长生寨、钓鱼城街道的虎头寨，以及肖家的啸马山、钱塘的大点山、云门的冠山顶和云门山等。

　　这些古寨，大多选择三面或四面临崖、山顶较为开阔的地方。其寨墙寨门依山就势，以石材垒成，每道寨门都是一道险要关隘，易守难攻。寨内生活生产设施基本齐备，有庙堂，有学校，有作坊，有交易场地，可作

龙多山新农村／孔祥燧摄

长期坚守。

合川山寨最有名的当属涞滩古寨和天平古寨，前者的特点是城寨合一，相当于就地重新筑城；后者的特点是乱世过渡，视安全状况随时备用。这里重点说说天平寨。

天平寨位于今官渡镇，其山海拔约300米，四面绝壁，山势险要，寨上寨下落差百余米，自东至北而南，有天心、天保、天全、天恩、天眷五道寨门，所有寨墙寨门皆用大石砌成，建筑用料和方式均有考究，俨然在建筑一座城池。寨中面积500余亩，起初以居民住所为主，聚有人家1000余户。后有人传道，修建了"救生善堂"。辛亥革命期间，清政府派端方入川镇压"保路同志军"，兵祸再起，大量富户又蜂拥上山。民国后，由于四川军阀的长期争战，兵祸匪患连年不绝，以致整个山寨存续了20多年，人口最多时发展到3000余人，居民除来自合川本地，还来自大足、铜梁、永川、巴县、江北、武胜、岳池、遂宁一带。

寨内设有公局，公局管理人员由寨中居民推选。管理人员义务任职，没有报酬。公共防务费则由居民共同承担，其人员变动、费用收支均向居民公开。寨中防务分别由居民日夜轮守。

寨中开办有私塾馆20多所，有国学专修馆1所，讲学公所1所，确保了避乱时教育的正常延续。民国时期，寨中还有人组织成立了诗社，他们定期集会，相互吟诗评诗，保持耕读状态。居民之间依然有新春拜年、生日祝贺的传统习俗，一同过着鸡犬相闻、守望相助、疾困相扶的传统生活。

话题：传统村落是农耕文明的创造，是我们曾经繁衍生息的摇篮。如今，每年都有众多的村落在消失，也有一些村落在起死回生，过去的生活已然回不去了，但新的生活却可以同它嫁接。一起为传统村落的保护、利用献计出力吧。

第二十五期

聚族而居的大院人家

　　大院人家是合川人民在农耕时代的一种基本生存方式。由于恶劣的自然条件、动乱的社会环境和欠发达的生产方式，使人们不得不依靠姓氏家族的力量、血亲关系的帮助来渡过一道又一道的生存难关，战胜一个又一个的发展困难，推动农业社会缓慢前行。

　　姓氏家族。中华民族的姓氏文化源远流长，赵钱孙李周吴郑王等，每个姓氏的背后皆有它的故事源起。在中华文化里，如果遇见同姓的人大家会感到亲切，常常会说"多少年前咱们是一家"的话。姓氏反映的是一种血缘关系纽带。有姓氏，就会有以姓氏而生活在一起的家族。由姓氏而家庭，由家

大院人家之三合院/资料图片

庭而家族，进而形成了家族文化、宗法社会。

在古代，姓氏往往按地域进行分布、迁徙、定居，出现了姓氏聚居地。大的可以同姓千人在一起，如中华文化里有个陈姓家族，繁盛的时候有几千人共同生活，被称为天下第一家。小的可以十几户、几十户住一地，如某村多姓李，便叫李家村；某湾多姓王，便叫王家湾；某渡口多姓赵，便叫赵家渡口等。

合川历代移民，多是以姓氏家族的方式迁入定居的。以清代为例，登记在册的便有95姓、253家士族。他们在迁徙定居三江大

三庙秦家大院天井／罗明均摄

地的过程中，无论怎么星罗棋布，各姓氏家族都能做到相对集中、井然有序。这是大院人家形成的最初。

聚族而居。聚族而居是汉民族的传统居住方式，其特征是以血缘关系为纽带组成的大家庭，聚居在同一地方。这是古代以农业文明为主体的社会形态产生的价值观念在居住地上的反映。

与福建客家人的土楼和广东客家人的围屋不同，合川移民聚族而居的形式主要是大院，或者叫院落。这与合川三江之上的土地，普遍适应耕种，但地形相对复杂、小块、分散有关。大院可以是一栋长楼，也可以是一个三合院或四合院或多重院落，还可以是独立分散的独门独户的聚合。总之，形式比较多样灵活。

聚族而居，最根本的是要遵从礼制，尊祖敬宗，注重孝义。用一句话来概括，便是以礼为魂。

一个家族同居一处，有共同的财产，共同的利益，是一个"有福同享，

有难同当"的命运共同体。人们作息规律，生活有条不紊。婚丧嫁娶，生老病死，沿袭着祖宗古老的传统。族中大小事务，都会有人操心、操持。

大院人家。在同居一处的大院中，居住着同宗共祖的家庭，都有各自的财产，经济独立。但同时又有许多共同继承或出资建造的公共财产，彼此之间联系密切。祠堂、祖屋、学堂、院坝、水井、磨坊等都是公共财产。公共财产的使用以礼相让，共守规制，守望相助。大家同居一处，除了考虑乱世年间共同防卫的需要，太平之世最大的优点在于，如果家族中有人遇到问题和困难，各个家庭就能够尽快地对其进行帮助，使家族成员尽可能渡过难关，尽量减少损失，避免不幸，从而增强家族力量，或者蕴蓄潜能。

血缘关系内在的亲和力得到最完整的巩固与发展，因而强化了传统的家族伦理。聚族而居与家族伦理的互动，使这种居住模式和伦理观念生生不息。

关于大院人家的家族传统和精神生活，必须要提到的便是宗祠。宗祠俗称祠堂，它是儒家礼制的产物，是崇宗敬祖的场所，是民间建筑的瑰宝。祠堂多建于家族聚居地中心位置，随着族丁的繁衍兴旺，大家族便分宗专门建起了新分出的宗祠或支祠。

祠堂中大多有戏台、厢房，以供娱乐教化之用。正门外绘制门神。

在大院人家的祠堂里，通常会悬挂堂匾，用这种形式来标明、记载自己光荣的祖先和家族里的优秀人物。族人能在祠堂里挂匾，就是功成名就、地位荣耀的象征。

杨家大院/罗明均摄

祠堂是同一姓氏合建的公屋，是祭祀祖先或先贤的场所。祠堂有多种用途，主要用于祭祀祖先。此外，也作为各房子孙办理婚、丧、寿、喜等事件的场所，也是族亲们商议族内重要事务的场所，它深深

草街镇古圣寺古院/尹宏杰摄

地烙着宗法社会和礼制文化印记。

在过去，说合川有多少姓氏家族就有多少大院人家，就有多少宗祠祖庙，是一点不为过的。现如今对曾经有过的大院、祠堂，我们已很难说得清哪家第一哪家第二，只能依据其遗存做些判别和描述。

首先，来看凉水井大院。这是一座典型的川东民居院落，整个院落占地约6500平方米，是迄今所见合川最大的民居建筑群。该大院位于今合川区狮滩镇，修建于清宣统年间，即1910年左右，为川东巨富李炳刚家族所建。

该大院坐西向东，为多重院落，复合式布局。整个大院对称地建在依次递进的三层台阶上。有三道大门，均为石结构歇山式坊式建筑。正门直通正中堂屋，两道侧门通往后面和两侧的房间，并与正门相通。三道大门与大院建筑群之间，横向布列一大两小三座戏楼，大的为正台，小的为副台或称子台，系木结构歇山顶建筑。依据生活休闲功能之需，大院有亭台、水榭、花园，各主要建筑物之间有廊房相连，结构疏密有致，错落得体，浑然天成。在建筑的形态和装饰上，则飞檐翘角、雕梁画栋：屋脊上有精美雕塑，抬梁上有花草虫鱼，门窗上有别致纹样，真可谓千姿百态，极富诗情画意。

距此不远还有一周家湾大院，其建筑规模与凉水井大院大体相当，为李氏兄弟分别建造，均为豪华奢侈版大院人家。

其次，来看李家大院。这也是一座具有晚清风貌的川东民居院落，位于合川区小沔镇李湾村。同其他老院落一样，首先映入眼帘的是气势不凡的大门，跨进高高的门槛，你会发现，与大门并建的是一戏楼。

整个院落分为两层。第一层院坝，面积四五百平方米，由长方形大石块砌成，石块与石块之间组成小斜沟，形成天然的排水网络，以保证下暴雨时院坝不会积水。第一层院坝正前方，便是李家大院的堂屋。从院坝至堂屋有七步大石梯，石梯上方各有一座石狮。堂屋两边，是东西厢房，均为上下两层阁楼。东厢房阁楼下层用作私塾，上层则专门用作女眷看戏。

走过堂屋，进入第二层院坝。正对的应是供奉和祭祀祖先牌位的祭祀堂。

凉水井大院房脊/果晓东摄

老屋新欢/唐瑞斌摄

除正对的一字排列的房屋，两侧也均有房屋，并形成了各自的小院落。小院落中有长方形天井采光透气，是一个具有私密性的家庭公共空间。这种分部式的小院落应该是大户人家分户居住的单元空间。

同客家人的围屋、土楼相比，合川的大院人家在空间布局上更为精致灵活，总体对称平衡，但也因地制宜，随地形地势自然展布、起伏错落。李家大院就是合川比较典型的地方大户人家的居所。

再来说一下杨家祠堂。杨家祠堂位于合川区双槐镇，始建于清光绪三十三年（1907），是一个集宗祠、民宅、私塾、戏楼、会堂为一体的综合建筑体。

整个祠堂占地面积5000多平方米，由八字形石门、戏楼、前庭、后庭、左右侧庭、回廊、厢房和八角楼相互连接而成，是一座由多个庭院组合而成的大型四合院。其布局平衡对称、规模宏大，楼上、楼下、廊道、通道共有108道房门。在通行的组织上，从正大门进去，不用折返，便可穿越所有房门而不重叠，然后再从正大门出去。

以前庭为中心的第一个四合院为家族开展群体性活动的地方，如举办庆典、演出、宴席等，是祠堂最为热闹的地方。

以后庭为中心的第二个四合院为祠堂的议事大厅和住宅出入所在，四壁围合，安静私密。

整个祠堂大院共设有多个天井，各天井既起到了采光、通风的作用，更起到了排水的作用，大院内虽不见一个排水沟渠，上百年来却从未发生过积水、堵塞的情况，均是通过天井的暗沟排出。

杨家祠堂做工精巧，雕工美观。在各组雀替、背梁、木穿枋上，镂刻有大量层次分明、意境深远的戏剧故事、神话传说、花卉图案。更令人称奇的是，在杨家祠堂的两处房梁上，还绘有两把算盘，记载着一大串不知何意的数字，至今已成了一个谜。

话题：人与居所的关系是辩证的。人能养房，房才能养人；反之，房不养人，人亦不养房。大院人家不聚小户，小户人家难成大院。在这种适配关系的背后，反映的是一种氏族依存关系和宗法社会关系。随着封建氏族礼制关系的解体和新的社会关系的构建，那些传统的姓氏大院、宗族祠堂便受到了冲击和破坏。遗憾的是，作为文化意义上的各类建筑本体也随之消失殆尽。面对一处处遗迹，我们只能从回忆中去拼凑它曾经有过的辉煌。

第二十六期

乡贤士绅的耕读文化

耕读文化，是从中国古代农耕文明土壤中发展起来的一种文化。它是中国古代一些知识分子或者说乡贤人士，以半耕半读为生活方式，以耕读传家、耕读结合为价值取向而形成的一种文化。

这些人在中国封建社会构成了一个特有的阶层——乡绅阶层，主要由科举及第未仕或落第士子、当地较有文化的中小地主、告老还乡或长期赋闲居乡养病的中小官吏、宗族元老等一批在乡村社会有影响的人物构成。他们近似于官而又不同于官，近似于民而又在民之上。

他们从小受儒学思想的教育和影响，腹有诗书，而又有德行，是乡里的管理者和读书人，在民间本土富有声望，深受当地民众的尊重。

在他们看来，"读而废耕，饥寒交至；耕而废读，礼义遂亡"，唯有"耕读传家久，诗书继世长"。

耕读的意义，从最初的"耕以致富，读可荣身"到后来的"耕以养身，读以明道"，再到后来的"以耕喻读"，精神被无限升华，耕的原始作用越来越淡化，耕山水、读天下的情怀却越发显著。

他们中的一部分人，亲自实践着半耕半读的生活。他们懂得儒学伦理，拥有文化知识，既有力地推动了农耕时代乡

村文明的进步和发展，也使这一文明得以延续发展、社会秩序得以稳定，是一个不可或缺的角色。

历史上合川有名的乡贤士绅很多，也有崇祀乡贤之风。据史志记载，从汉代谯君黄至明代陶舜臣等被列入合州乡贤祠的就有30人之多。能受崇祀的乡贤，其资格是需经朝廷核准同意的，足见其影响力之大。

在过去，合川乡贤士绅们所倡导和实践的耕读文化影响了合川的文学艺术、士子教育、儒教礼制、家教家风、故土情结，甚至是农业生产、房屋建设。这里择其几例较为典型的人或事做一介绍。

被称为合州乡贤第一人的谯玄（字君黄），可以看作是合川历史上开启

沐浴山乡/刘勇摄

谯玄画像

耕读文化的标杆性人物。如前所述，他辞官回家后，一方面，隐于乡野，躬耕读书，寄情山水；另一方面，又依儒家礼教，做耿直人，行忠贞事，始终保持自己的贤士之德、良臣之节。其事迹在巴蜀大地上广为流传，也影响到了后世合州的士子教育。东汉建国后，汉光武帝刘秀曾下诏书命令巴郡为他建祠庙，以昭其忠义美名。

传承理学的合州进士度正，曾任重庆知府，以廉洁奉公、遇事明断而著称。南宋嘉泰五年（1205），因敢于向宋宁宗进谏，揭露山东地方军李全密谋叛宋之事受到赏识，被赐以军器少监之官。次年，他又以教人臣正心诚意、正己正人之道向宋宁宗进言，主张"推行圣学，当自正家始"，旋即被提升为太常少卿。不久，因太庙失火，朝臣哗然，都认为是国家不祥之兆，令宋宁宗惊恐不已。此时唯有度正进言：太庙失火乃人谋不周，疏于防范，并非天意，只当吸取教训、强化措施，不应作无益的惊恐。宋宁宗折服于度正的识见，升授他礼部侍郎之职。

因立志学问，在转任礼部侍郎之后，度正便辞职归家，躬耕乡野，著书立说。其学术著作有《性善堂文集》《周子（敦颐）年谱》等。他受教于朱熹，着力宣扬朱熹之说，深刻阐发理学之功，名望甚高，为开启合州的理学文化篇章作出了重大贡献。

名士张宗范，品学优良，学识渊博，居家钓鱼城半岛学士山，喜耕喜读，是一个耕读结合的浪漫高士。他亲自组织耕种稼穑，所引种的荔枝推广得非常好，使合川成为历史上的荔枝之乡。他在学士山建有一座读书的亭阁，还在亭阁的周边建造了廊房，种植了修竹、花草，营造出了一派清新典雅的耕读氛围。也正是在这里，他与时任合州通判的周敦颐结下了不解之缘，并深受其教。

筹划实施钓鱼城保卫战的冉琎、冉璞两兄弟，少年勤读，博览群书，以文武才能闻名巴蜀。由于厌恶仕途的坎坷，他们长期隐居山林，躬耕自给，以耕促读。在听闻余玠的贤德后，赶赴重庆，提出筑城于钓鱼山，并将合州及石照县治所迁到钓鱼城中，屯兵积粮，由此拉开了钓鱼城36年抗击蒙元之师的序幕。

勇充和议使臣的李实，合州人，明正统七年（1442）进士及第，为人豁达开朗，落落大方，而又能言善辩。正统十四年（1449）"土木之变"中，明英宗被企图恢复元朝统治的蒙古瓦剌也先俘虏，也先要求明朝廷派使议和，朝中却无人愿往。李实闻讯后，慨然请往。经过一番交涉、协调，终于接回英宗。接着，李实又再度出使议和。由于他能据理力争，在和议中得以废止原先瓦剌每年向朝廷遣贡使六千人的制度，减轻了朝廷的负担。然而，英宗复辟后，李实却因曾经的言语不顺遭到嫉恨，被英宗罢去官职，贬为庶民。

李实在任职中，清廉自守，勤奋有为，巡湖广五年，能兴利除弊，为百姓做好事；在处理边境苗民事件中，能除暴安良，注意教化；在掌理都察院中，亦能当机立断，很有行政效率。他是合州历代名人中的佼佼者。现今合阳城街道的"将军路"和"石马街"，就是因为地处李实"将军坟"而名。

李实回到家乡，闲居多年，安心于耕读生活，绝口不谈政治，乐与百姓交往。著有《虚庵集》《四川方言录》等著作。其中，《四川方言录》收录词语563条，是今天研究明代四川方言最为珍贵的文献。

清代，被称为"合州四子"之首的张乃孚，三次赴京会试不第，因母亲年老多病，决意不求仕进。后经州、府推荐，举孝廉方正，例授六品职衔，也不仕官。于是以孝亲老母改教职，耕读育人。及至晚年，被选授为蓬州（今四川南充蓬安县）教谕，旋即告老还乡。张乃孚诗文俱佳，尤以诗见长。他在州城组织诗社，与彭世仪、冯镇峦等其他"合州四子"时相酬唱。他的诗作恬淡清丽，合州乡村四季的无边景色都入其诗书画中，有唐代元稹、白居易之风，为合川的文学和教育作出了很大贡献。

《柳氏家训》是耕读传家最有代表性的家训之一，在合川有着十分广泛的影响。其作者柳

柳玭画像

玭，曾任渝州（今重庆）刺史，死后葬于合州，其墓在合州西太平里（今铜梁区安居镇，古属合州）。柳玭一身正气，为官清廉。他在家训中，告诫子孙不要依仗门第而骄傲自大，劝世族后裔"修己不得不恳，为学不得不坚"，否则"以己无能而望他人用，以己无善而望他人爱"是不可能的。

"耕读传家"是合川传统家族留予子孙后代的家规家训。例如，有方氏子孙被要求平时按农时务农，秋收农忙结束后，要重回私塾读书，如有违背"耕读传家"者，个人私田则由族中长老没收成为祠堂的公田。

"传家两字，曰耕与读；兴家两字，曰俭与勤。"耕读传家是团结、进取，是诗书、礼义，是勤劳、俭朴，是中华文化的传统美德。

话题：我们都是读着陶渊明的《归去来兮辞》《归田园居》和范成大的《四时田园杂兴》长大的。如果可以复原古代的耕读生活，我们将会发现，除了为生计而耕读之外，这种生活状态非常悠然自得而又入诗入画。在推动城乡融合发展的今天，城市让生活更美好，乡村让人们更向往。我们如何把耕读作为一种新的生产和生活方式，赋予它新的内涵，以此来推动乡村振兴呢？

wuduhechuan

融入现实生活的多重信仰

万物有灵巫文化

从远古的原始崇拜，到历代的宗教信仰，到今天的民风民俗，合川先民的精神处所总是充满着自然敬畏、家国情怀、禅意世界和德孝精神，具有生活处处是道场的智慧与自在。

合川历史文化发展进程中最古老、影响最为深远的宗教文化是巫文化。巫文化是上古时期人类在繁衍生息，推进社会发展中，创造的一种适应自然，与自然和谐相处的原始文化，它也是人们对万物有灵信仰时期的文化通称，是人类远古的文化。

小顶山/刘勇摄

巫文化最早的发源地在重庆巫溪。这里是亚洲原始人类最早的活动中心。巫山猿人的发现证明了这里的化石人类距今已有200万年。

由于原始人类无法解释和抵抗自己所处的这个神秘而又凶险的自然世界，于是，便想象出了一个外在的神灵世界或者说灵鬼世界。这个外在的神灵世界与人类所处的世界是两个不同的世界。不过，这两个世界是可以沟通的，"巫"便是这两个世界沟通的媒介和桥梁，由此产生了巫文化。

巫是上古精神文化的主要创造者。那时，凡天文、地理、历法、术算、军事、乐舞、医药、技艺、文学、艺术、物理、化学无不与巫的活动与创造有关。最初的巫是由氏族长老兼任的，负责祭祀、占卜、看病等活动，后来随着社会组织形态的进步，渐渐出现了以此为专门职业的巫师。

巫文化的核心信仰是万物有灵。基于此，人们产生了自然崇拜、图腾崇拜、祖先崇拜等诸多信仰崇拜。在自然崇拜方面，人们敬畏山、川、日、月、风、雨、雷、电等诸神。在图腾崇拜方面，龙成为中华民族的总图腾，各氏族、部落也都有自己的母图腾或子图腾。在祖先崇拜方面，伏羲的形象被定义为了人首蛇身；女娲的形象不仅是人首蛇身，而且一日之中还有七十变化；神农氏则相貌奇特，人身牛首，龙颜大唇等。具体到合川地域上的濮人、巴人而言，鱼、蛇、虎都曾是他们的图腾物。

随着人类对自然世界认识的不断加深，原始的巫文化信仰逐渐被突破、替代和习俗化。

巫文化被"天人合一"的宇宙观所突破

天人合一的宇宙观，是中国古代哲学的基本命题。中国文化从初始起，就把人与天地自然联系在一起，体现了一种人文精神。这种精神的内在性，在于天文与人文是相通的、统一的、和谐的。天的创造也是一种文化创造。因为天的创造功能是非功利的，天的生命力在于生生不息，一切运动规律都会惠及人类。世上之人，要以天道为准则，把握自然宇宙变化的规律，融天道与人道为一体。

在老庄那里，天、地、人被称为"三籁"或"三才"，主张"天地与我并生，而万物与我为一"。在孔孟那里，通过效法天的刚健日新，造就了民族专直精诚、自强不息的精神；通过效法地的厚德载物，推动了人们在成己成物、人我交融中实现人格的完善。

天地有大美，天地有大德，天地有大道。按天地之道安排生产、铺排生活、涵养生态是中华民族的古老智慧，也是中华文化的精髓所在。历代合川先民十分注重以天道行人事，尊重自然，师法自然，保持了三江大地的原始特性，而又因势利导地创造了与之相融合的灿烂文化。

巫文化被后来的道教、佛教等宗教信仰所替代

巴蜀是道教发祥地之一。东汉顺帝时，张道陵率家人及弟子等在今四川大邑县境内修道，创立五斗米道，自称"天师"，为最高教主。因入道者须交五斗米，故称五斗米教，又称米道、鬼道。

道教因以"道"为最高信仰。认为"道"是化生宇宙万物的本原，由此得名。南北朝时，其宗教形式逐渐完备，并以脱离现实，成仙、成道、长生不老为最高目标。东汉末期，道教在合川地区已广泛传播。

公元1世纪，佛教传入中国，迅速在民众中扩散，成为持续时间最长、发展变化最多、影响最为广泛的宗教。佛教文化与汉民族文化长期的交流与融

净水寺/尹宏杰摄

板桥寺/罗明均摄

净果寺/尹宏杰摄

合，使佛教文化逐渐成为中国文化不可分割的重要组成部分。

佛教在东汉末年传入巴蜀地区，魏晋时期合川便有了佛寺。至此，人们开始逐渐由巫文化的神灵信仰过渡到了佛教、道教为主的宗教信仰时期。

合川历史上有名的寺庙很多。魏晋南北朝时有仙台观、光教寺等，唐朝时有纯阳观、二仙观、定林寺、鹫峰寺等，宋朝时有护国寺、龙游寺、净果寺、嘉福寺等。

明朝时，道观发展超过佛寺。据明万历《合州志》载，全州有庙宇22座，其中道观占了13座，如玄妙观、紫霄观、集虚观、玉华观、龙珠观、冲真观等，都是人们修道祈福最热门的地方。

清代的庙宇则比较庞杂。有佛教庙、道教庙、儒教庙，有山神庙、水神庙、火神庙，还有众多的忠孝节义等各色人物庙。

值得特别一提的是，随着僧尼道士的增多，明清两代从中央到地方都有专管宗教的官员。明代掌管佛教的僧官，在中央叫僧录司，在省叫僧纲司，在州叫僧正司。明代合州僧正司设在嘉福寺。因此，嘉福寺也就成了著名的僧官寺，后延续到清。民国时期合川县佛教协会因袭旧制，仍设在嘉福寺。该寺地处合阳城钟鼓楼区域（今属钓鱼城街道办事处），已无存。

巫文化持续影响民间，成为民风习俗

这些民间习俗在生产力还比较落后、科学还不被认知的时候，始终伴随着人们的日常生活，成了他们解决精神困惑、祈求平安美好的"灵丹妙药"。其具体表现有许许多多甚至可以说是千奇百怪。

佛光映照/袁万林摄

弥勒石佛/袁万林摄

表现在祭祀中，每月初一、十五祭家神，过年时祭灶神、土地神和山神，意在求得保佑。菩萨神灵的生日，有观音会、老君会、祖师会等，人们都要开展纪念活动，许下某种祈愿。清明节要上坟、祭祖，表达孝心。每年腊月三十团年和七月半鬼节的时候，都要叫已故亲人"吃饭"，以示怀念。

表现在避邪消灾中，人们往往会随身携带或在家里放置普遍认为可以驱邪避秽的物件、咒语、神诰、字符、手诀等，或是请"大仙""巫婆"跳神、放阴阳、做法事，或是到庙里求神拜佛。

表现在生产生活中，人们用巫术仪式祈雨，忌农历戊日动土，建房、婚嫁、丧葬、出远门都要看吉凶，看风水。

表现在招魂、求子中，认为人有三魂七魄，失去了就会打不起精神，有病难愈，解决的办法就是请端公施法术，或通过家人"喊魂"。求子的方式也很多，如通过抱养一个孩子做"引窝蛋"，以期达到促进生育的目的；或是通过取名的方式，求得生男生女的意愿，如生了女想生男则取名"招弟"等。

表现在巫医治病方面，有民间化神水治病，有巫医家传秘方治病，有民间老百姓祈愿喊神仙、菩萨和祖宗名号，以及讨水、讨茶治病等。

以上这些，都是因为巫文化万物有灵的核心信仰而衍生流传下来的，都是一种基于神灵崇拜的民间文化现象，可以通称为民间信仰。

合川的民间信仰大多与宗教信仰相混合，特别是重叠、混杂了佛教、道教和儒家信仰的一些教义和元素。民间信仰和宗教信仰在现实生活中的互补和互动，构成了有神论群众信仰的基本格局。

一般情况下，民间信仰的群众去到宗教场所，并非是为了过宗教生活，而是因为有需要去祈求神灵，向神灵许愿，相信神灵能帮助他们达成心愿，解决困难，至于这神灵是佛是菩萨是神仙是圣人什么的，并不重要。从实质上讲，这还是在寻求心理的安慰，缓解自己的担忧情绪，解决心理问题。

民间信仰植根于民间，其对象、目的、祭祀仪式和信仰心理都与民众日常生活密切相关，具有很强的实用性或者说是功利性。

同各地的民间信仰一样，合川的民间信仰将神灵信仰看成是能影响、操控现实的手段，暗含了"现实是可以改变的"的主动意识；强调仪式操演是最重要的，而原理和说教是从属的。在这里，人神关系被定义为一种互动和互惠的关系，它是现实人际关系的演绎。其基本准则就是：礼尚往来，知恩图报；我敬神，神佑我。这一关系的结果验证也很简单，那就是信则灵，不灵则不信。

民间信仰作为传统民俗文化之源，千百年来，在社会发展进程中，不仅起到了构筑民间精神价值体系与发挥民间教化功能的作用，还起到了组织社会成员、调适个人心理、整合社会秩序的作用。

需要特别指出的是，在庞杂的民间信仰中始终充斥着诸多迷信成分和消极因素。民间信仰传播的东西，有的弱化着人们对知识的学习和追求，有的消磨着人们的意志和精神，有的与国家法律法规相冲突，有的给邪教的传播带来可乘之机，有的与社会主义核心价值观背道而驰。这些都需要我们加强对基层民众的教育、引导和管理。

话题：民间信仰的影响力无疑是巨大的，而民间信仰不属于宗教，不在有关部门的管理范围内，因此其发展表现出了较为突出的无序性。如何做到化无序为有序，引导民间信仰健康发展，需要我们特别关注并下功夫加以研究解决。

第二十八期

佛道名山龙多山

龙多山位于合川区西北龙凤镇，与重庆潼南区和四川武胜县、蓬溪县相邻，距合川城区60公里。

龙凤镇因境内有龙多山和凤凰山，山形似龙像凤，遥相呼应而得名。

龙多山为龙凤镇主山，挺拔俊秀，峰峦起伏，逶迤升腾，委蛇如蟠龙。龙多山自古有名，是驰名华夏的巴蜀胜地。

龙多山石刻/唐瑞彬摄

龙多山之名，名在它的"巴蜀争界"

龙多山地处四川盆地凹陷带东缘、华蓥山大裂谷西部，是嘉陵江水系与涪江水系的分水岭。龙多山台地以东地区为嘉陵江水系，以西地区为涪江水系。

汉唐及以前，巴蜀分治，巴之州县多居嘉陵江流域，蜀之州县多处涪江流域。由此产生了巴、蜀为龙多山的归属而争界的问题，且久而不决。由于这种争论或者说是争斗的存在，因而附会出来的传说和故事便很多。相传，汉高祖八年（前

龙多山/李永光摄

199），一朝密雾，山为之裂，自上及下，坡处直若引绳，于是分出了界线来。故龙多山有巴蜀分界山的说法。

　　事实上，龙多山地域方圆百里，从今天的行政管辖范围看，西边部分属潼南区，东边部分属合川区，而历史上潼南区一带属蜀，合川区一带属巴，两地之界便是巴蜀之界。

龙多山之名，名在它的道教缘起

相传西晋永嘉三年（309），今四川广汉炼丹人冯盖罗相中了龙多山，携

刘士遂的诗/李小勇摄

龙多山题刻/李永光摄

一家老小来到此处结庐居住，修仙悟道，炼制长生不老丹药。三年后终于修成正果，冯盖罗及全家17人升仙而去。由此，黎民百姓纷纷前往筑坛设"醮"（祭祀，后指道教科仪），龙多山的宗教文化开始兴起。

这一时期，以太上老君（李聃）为教祖，以《道德经》为主要经典，以奉"三清"（玉清元始天尊、上清灵宝天尊、太清道德天尊）为最高神的道教，已在合川地区广泛传播开来，并有相当的信众基

础，故而使龙多山的道教发展很快。

龙多山之名，名在它的佛教兴盛

自佛教传入巴蜀之后，龙多山便是佛教在合川地区的重要承载地，在魏晋时期已有了寺庙。经东晋至隋朝300余年的发展，龙多山已然成了巴蜀名山。

到了唐朝时期，龙多山的佛道两教有了很大发展，尤其是佛教，可谓盛

极一时。武则天称帝时（684—705），曾"钦敕"龙多山寺僧建造放生池。于是龙多山与华山、嵩山、黄山、庐山、衡山等齐名天下，成为钦定佛山。

唐天宝十四年（755），唐玄宗避"安史之乱"来到四川，特遣大中大夫并授上柱国勋级的韦藏锋，到龙多山祈求神灵赐福消灾，其仪式被称作"醮祭"。此次"醮祭"大典是道场科仪中的帝王醮祭，为国家礼仪，是最重要的祭祀活动，由此可见龙多山当时在巴蜀地区崇高的宗教地位。

龙多山极盛时期，可谓风光无限。山中著名的寺庙道观有鹫台寺、佛惠寺、灵佛寺、龙凤寺、冯仙洞、至道观等。就摩崖造像而言，保存至今的就有包括中唐时期的千佛龛、弥勒佛龛在内的摩崖石刻76龛，造像1742尊，规模不可谓不宏大。

龙多山之名，名在它的美文碑刻

由唐至宋，频频到龙多山造访的名人很多，特别是在合州置赤水县后，因县治处龙多山南麓，龙多山被视为赤水县的靠山，故而山以县名，县以山贵，来登山观览的文人墨客就更多了。

他们中，有唐代散文家孙樵、文士李稽，有北宋诗人范成大、尚书驾部员外郎曹宪、推官彭应求、理学家周敦颐，南宋名臣冯时行、诗人刘望之、何师亮等。

每每登临，便有诗词歌赋留下，镌刻于山上四周悬崖峭壁处。其中，孙樵的《龙多山录》、李稽的《集圣院记》、冯时行的《龙多山鹫台院记》、刘望之的《龙多山》七言诗，是龙多山历史文化中最为重要的篇章。

这些题刻，无论是造像题记、培修题记，还是游记、颂词、碑文，其文章都千回百转、洋洋洒洒；其书法笔体多样，字字精美；其刻工深浅有度，鲜活灵动，真可谓文美、字美、刻工美，浓缩了龙多山的物华天宝、山川景秀。

论文，最值得一提的是孙樵的《龙多山录》。孙樵，晚唐著名的文学家，唐宋八大家之首韩愈的四传弟子，是坚持古文运动的代表人物。其所作古文，刻意求新。《龙多山录》讲究构思，注重词采，风格奇崛，以饱满的激情和犀利的笔触再现了龙多山雄伟而磅礴的立体画卷，堪称神来之笔。

论诗，最值得一提的是刘望之的《龙多山》七言诗。刘望之，字观堂，今四川泸州人，宋朝进士，官南平军教授，任期文化丕变，后迁秘书省正字，著有《观堂唱集》，名重一时。

龙多山之名，名在它是百姓的生活道场

就今天所见，龙多山两峰顶之上仍有一佛一道两庙宇群。佛道同处，共得一山，教义教规的不同不是划分人群的红线，反而是同渡人之精神困厄的一体两面。

龙佛寺，始建于唐，几经荒废重建，现有遗存为20世纪80年代在原址上由民间集资复建，主要由大雄宝殿、四面观音等组成，整个建筑群依山而建，规模宏大，错落有致，其地势走向，殿堂布局尚能显现当年古寺鼎盛时期的大致面貌。

太清宫，也是20世纪80年代在原有道观遗址上修建，其所居山峰与龙佛寺所在山顶遥相呼应，建筑形态秉持了道家所尊崇的朴素、自然和险峻。据有关资料记述，太清宫，始建于唐朝，为女皇武则天钦赐所建，距今已有1000多年的历史。

太清宫/刘勇摄

每年农历三月初一至三月初三，龙多山都有庙会。"三月三"，古称上巳节，是中国多个民族的传统节日。相传农历三月三是黄帝的诞辰日，有"二月二，龙抬头；三月三，生轩辕"的说法。农历三月三，也是道教神仙真武大帝的寿诞，为道教信众的一个重要祭祀日。

龙佛寺/李永光摄

古时以三月第一个巳日为"上巳"，汉代定为节日。魏晋以后，上巳节改为三月三节，后代沿袭，遂成为人们水边饮宴、郊外游春的佳节。

在龙多山，一年一度的三月三庙会是一个令人向往的节日。这一天，方圆百里，都有百姓前来焚香祈福，以求去灾避祸、扬善倡孝，盼能风调雨顺，人寿年丰。据说，在这三日当中，当地村民都会停耕一天，以行"大戊三月三，田不犁，土不翻"的习俗，目的便是过一天世俗信仰生活。这一天的龙多山也格外热闹，有敬香礼拜的，有摆地摊的，有售美食的，有表演的，有纯游玩的……总之，由今及古，千百年来，我们的先民们是最懂得来龙多山给心灵放个假的。

话题： 历史上的龙多山不乏对它的欣赏者、赞美者、开拓者，正是因为他们的加入，成就了龙多山的辉煌过往，为我们积淀了厚重的历史和文化。今天的龙多山同样不乏对它的欣赏者、追忆者、拥趸者。为此，期待能够通过挖掘、整理和利用龙多山的自然、人文资源，把它打造成为一个能够接纳八方游客的景区，以重整它当年"崛起中天"的历史雄风。

禅宗古镇涞滩镇（上）

涞滩镇地处合川东北部的渠江西岸，距城区32公里，因所在地渠江江心有险滩，故名涞滩。

涞滩古镇因有晚唐石刻、宋代古镇、明清建筑，文物古迹丰富，历史文化价值高，巴渝文化特色浓厚，传统风貌保存完整，而被命名为国家级历史文化名镇。古镇主要由三部分组成：二佛寺及附属古迹、古瓮城及城寨老街、下涞滩码头集市。

禅宗道场二佛寺

二佛寺，古名"鹫峰禅寺"。因其主佛雕像的尺度在当时蜀中同类雕像

涞滩二佛寺/朱美忠摄

涞滩二佛寺上殿/罗明均摄

中居第二，故称二佛，是有二佛寺之名。早在公元881年，唐僖宗避难于蜀时，适逢蜀中农民起义浪潮风起云涌，为祈祷政权稳定、国家安宁，曾遣重臣到鹫峰禅寺拜祭。这时的鹫峰禅寺已有相当规模并驰名巴蜀。由唐至宋，是该寺的极盛时期。据史载，南宋绍兴二十六年（1156）时，寺中已有殿楼九十九，寺僧九百九，借以形容其规模之宏大、香火之旺盛、影响力之广泛。

二佛寺分为上下两殿，占地9150平方米。上殿坐落在鹫峰山顶，殿宇庞大，殿堂雄伟，分别由大山门、玉皇殿、大雄宝殿及左右配殿及禅房组成。下殿为两楼一底的重檐歇山式建筑，依托两块分离的巨石形成自然的山门，柱、枋、檩子则完全以自然山岩的走势和岩体的布局，参差错落于跌宕起伏的山岩上，因势利导构成艺术造型，给人以檐拱翼翘、势若飞动的视觉冲击和美感。

涞滩二佛寺以禅宗为衣钵，弘扬禅理佛法，其摩崖造像是全国少有的禅宗聚点。

禅宗，佛教中国化后的宗派，主张修习禅定，因此而得名。

禅宗在很多方面恢复了原始佛教那种以人为根本的理念，反复强调"自性佛""自性法""自性僧",主张佛性人人皆有、人人能见。同时,禅宗又把佛教那些神化了的东西给人文化、人格化了,进而将佛法深入浅出地展现给了信众。

与佛教其他派别重视心性修持和经典教化不同,禅宗主张直指人心、不立文字。禅宗反对说教,废除坐禅,排斥名相辨析,否定绝对权威,反对偶像崇拜,提倡一切皆从本心出发,从当下的现实人心出发。

与佛教其他派别普遍排斥现实生活不同,禅宗主张成就理想,不离现实。禅宗认为,人们的日常生活是人的自然本性的表露,洋溢着禅意,人们要在平常的感性生活中去发现清净本性,体验佛性禅境,实现精神超越。

与佛教其他派别强调清规戒律、固守教条不同,禅宗主张心为法本、开拓创新。禅宗把印度佛教文化与中国固有文化相结合,把握住"识自本心、见自本性"这一根本,帮助众生"照空妄念成真念,转得凡心即佛心",从而成为最经典的中国化佛教宗派。

禅宗的上述思想特质,不仅主张人可以自我超越,成为自己理想中的佛菩萨,而且还使烦琐神秘的修持行为变得简易可及。禅宗也由此变得高度的理性化,几乎完全没有了神学气息。

禅宗的"自性说"大大深化了中国人的哲学思维。它直接造成儒学由外

鹫峰禅寺(二佛寺)全景/华长远摄

而内的转向，即转向重视心性的本体论。受禅宗的启发，道教也逐渐转向重视内在的清修。禅宗犹如催化剂，促成了儒释道三教的深度融合。

禅宗在长期发展过程中，形成了独特的禅文化，对我国文学艺术产生了重要影响。禅宗思想和禅诗的流行影响了王维、白居易、苏轼、黄庭坚等唐宋名家们的诗词创作。禅家空灵、脱俗的意境，大大丰富了我国的文学宝库。诸如王维的"行到水穷处，坐看云起时"、白居易的"蜗牛角上争何事？石火光中寄此身"、苏轼的"不识庐山真面目，只缘身在此山中"等，都是大家耳熟能详的禅意禅理诗句。

禅宗长期深入民间，又有众多文人的偏爱，对广大民众的人生态度和生活情趣、民风民俗，都有着广泛的影响。例如，所谓"以出世之心做入世之事"，所谓"随缘消旧业，任运着衣裳"，所谓"活在当下"，所谓"茶禅一味"，所谓"一日不作，一日不食"等，不一而足。在人们的日常用语中，很多禅宗的观念也不知不觉被使用，如"烦恼""世界""因缘""报应"等，一些禅宗的公案如"不可思议""刻不容缓""自家珍宝""不言之教"等也都成了人们的"口头禅"。

禅宗分南宗和北宗：北宗强调"拂尘看净"，主张通过打坐"息想"，起坐拘束其心，实现拂除客尘烦恼，清净自心的目的，被称为"渐悟"。

南宗，主张心性本净，觉悟不假外求，不重戒律，不拘坐作，不立文字，强调"即心是佛"，"见性成佛"，自称"顿门"，即"顿悟"。

二佛寺所尊禅宗，为南宗或称南禅，讲究的不仅是不立文字、教外别传，不仅是直指人心、见性成佛，更是不立佛殿、不塑佛像。

然而，涞滩石刻的雕塑家们却敢于大胆尝试，大胆突破，独辟蹊径、不落窠臼地镌造出了一个世所罕见的禅宗道场。

二佛寺有造像1670余尊，石刻面积700余平方米。雕刻大师们充分利用类似于天然巨型石窟三面岩石的地形，于北岩之上，迎面镌造了一尊高达13.7米的雄伟大佛——释迦牟尼佛，并以此为中心统揽南岩和西岩造像。造像以"释迦说法图"为标，在高大的主尊造像周围分别雕刻迦叶、阿南十地菩萨、六位禅宗祖师和众多的罗汉组像，使之形成强烈对比而又巧妙地融为一体，缔造了一个规模庞大、气势宏伟的禅宗场景，反映了禅宗的创立起始、传承脉络以及禅宗历史发展演变等题材内容。

涞滩石刻造像以其浓厚的世俗信仰、淳朴的生活气息，在石窟艺术中独树一帜，把石窟艺术世俗生活化推到了空前境地。从涞滩石刻众多的罗汉群像看，与其说他们是佛国中的罗汉，不如说是现实生活中的凡夫。他们或卧或站，或坐或立，或哭或笑，或悲或喜，几与人同。有的挑水砍柴，有的推车运物，有的与虎戏玩，有的抚琴自乐，有的憨厚诚实，有的狡黠老练，有的潇洒飘逸，有的沉默懒散……总之，人生百态，三教九流，人情世态，社会风俗，都一一展现在崖壁的画面中。这种富有浓郁生活气息的人生图景，恰是禅师们现实生活的真实写照。与其说是禅宗道场，莫若说是人生道场、世间道场。

在艺术手法上，石像分布的主次、多寡、轻重、虚实关系恰到好处，其龛与组之间形成了一个完整的体系，显示出古代匠师们高超的技术水平。石像画面的大小、高低、粗细的处理都给人一种生动活泼和错落有致的感觉，特别富有动感和美感。既有精雕细刻，又有大刀阔斧，人物神态自然逼真，呼之欲出。

如果要做文化研究，从石刻佛像中我们还能发现诸多中外交流的印证。

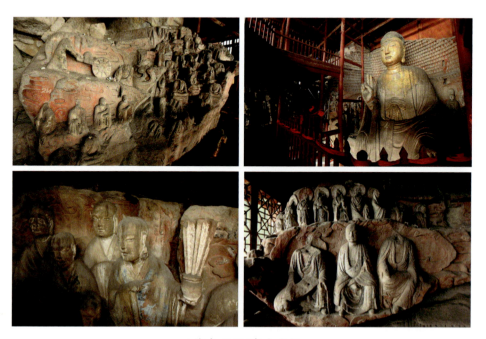

二佛寺石刻/李永光摄

佛像/唐瑞斌摄

不同地域的风土人情，不同国度的文明互鉴，是怎么在这些能工巧匠的手中催生出来的？在他们的脑海中曾经拥有过什么样的想象？不由得让人浮想联翩。

二佛寺的南宋石刻堪称一绝，石刻群雕是涞滩古镇人文景观的集中表现，同时又是中国佛教石窟摩崖造像重要组成部分。

从我国最早造石窟开始，佛教石刻经历了三个高潮时期：第一个高潮时期在北魏，代表作是山西大同石窟和河南洛阳龙门石窟中的北魏窟；第二次高潮时期是盛唐，以龙门石窟中的唐代龛窟为代表；第三个高潮时期为两宋，以重庆大足、合川石刻中的宋代造像为代表作。比较而言，合川石刻的最大特点在于它是我国规模最大的、罕见的佛教禅宗造像聚点，是宋代石刻中的精华。

话题：二佛寺作为全国重点文物保护单位，是学术界公认的世所罕见的佛教禅宗造像聚点，是著名的佛教禅宗道场。禅宗文化在我国的世俗信仰和文化艺术中曾有着十分广泛的影响。涞滩古镇区别于其他古镇，其最大的特点就在于它是一个禅宗古镇。如何给人们提供一个既可供禅修，于道场中习得文化审美，又能融入自然，在休闲中体会禅味意趣的环境条件，或许是涞滩古镇旅游开发的一个主要方面。

第三十期

禅宗古镇涞滩镇（下）

码头草市下涞滩

　　涞滩镇始建于宋乾德三年（965），距今已有千年的历史。先后经历了一个因市建场而后有镇的过程。"草市"，这种农村群众自发组织起来的市场，是其最初的形态。涞滩东临渠江，滔滔江水从鹫灵峰山脚蜿蜒而过，因有水码头与陆路连接，便自然成为当地商品的集散地，形成了涞滩场，场的商品交换产生了税收，便能设置为镇。

　　涞滩场分为上场和下场，上场即上涞滩，下场即下涞滩。上涞滩盘踞于

下涞滩/熊良伟摄

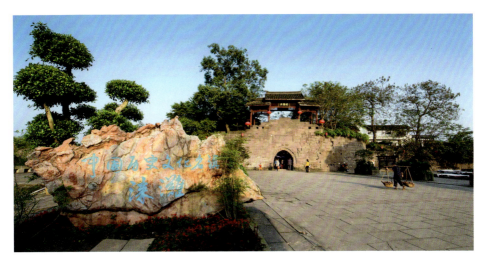

涞滩古镇/刘勇摄

高出渠江江面80多米的鹫灵峰上，东、南、北面为悬崖峭壁，西面连接广阔的平坝丘陵，承担着陆路货物交易功能。

下涞滩是最初的码头草市所在，是涞滩镇的起始，后来也一直承担着与码头货物运输和客流运输相符合的商业功能，是大宗货物的运输节点，有码头，有仓库，有商业居民和客栈。

上下涞滩有驿道相连。以前，纯粹是靠着搬运的脚力将两场的功能融为一体，因此这里曾是挑夫云集的地方。随着农业生产的发展和陆路交通的改善，加之为避匪患和战祸，上涞滩不断加固城寨，新修宫祠，规模日渐扩大，逐渐成为涞滩的场镇中心，下涞滩渐次沦为辅助性的码头集市和交通渡口。

不过，下涞滩在20世纪60年代后的计划经济时期又有过一次大的发展。作为合川地区渠江沿线粮食统购统销的集散地，下涞滩粮食和其他农副产品的运输规模巨大，曾是西南地区重要的农产品物流港场之一。

最美城寨上涞滩

上涞滩临崖观江，居山连水，环境清幽，风光秀丽，是不可多得的风水宝地——和平时期是极好的躬耕养心之地，战乱时期是绝好的安营扎寨之所。涞滩古镇其独特之处也正在于此，它以建城的方式建寨，以建寨的方式筑城，亦城亦乡，亦商亦农，体系完备，自成社会。

涞滩镇/辛刚摄

涞滩古城寨的独特之处在于它以条石建城。我国的古城古寨众多，但早期的城寨大多用泥土夯筑或用烧结砖铺砌，很少用石头筑城。唐宋时期，南方开始有了挑选的乱石垒筑的方式方法，但多限于地基、堡坎和部分关键墙体。直到明清时期，南方才大量采用条石修筑城寨。

涞滩古城寨始建于清嘉庆四年，至同治元年完成，历经60余年的经营，全部用经过精细加工的青条石砌成。整个城寨因地制宜，就地取材，坚实耐用，固若金汤，是防御性堡垒的标杆。

涞滩古城寨的独特之处在于它同时建有瓮城。纵观全国各地，保存下来的古城寨有瓮城的很少，特别是明清晚期的城寨更是少见。

涞滩古城寨南北长约330米，东西宽约260米，有出入城门三个，即西面大寨门、东面东水门、南面小寨门。城门间以高1~3米，宽约2.5米，全长1380多米的寨墙围绕城寨。寨内又设有太平池、马道子（练兵场），形成了极其完美的防御体系。

古瓮城呈半圆状，由坚硬的条石砌筑，共设城门8道，其中十字对称的四道城门为人行和车行道，其余四道为半封闭式，主要用于驻兵及兵器蓄藏等。整个建筑面积约400平方米，从实战的角度，精细化地阐释了瓮城之瓮中捉鳖功能，并由此成为石筑古瓮城的代表作，具有不可替代的军事、艺术、科学研究价值和观赏价值。

涞滩古城寨的独特之处还在于它"以耕助防"的规划建设理念。涞滩古镇内，其城墙在西面与寨内民宅相去有百来米，其间，水田、旱地、竹林、果园相错，若干井泉、水塘散布，保证了寨民退守之时的必要补给，以求久守。从交通来看，寨门出去向西与周边村落间有青石铺成1.5米左右的小道，向东与下涞滩有驿道和另外两条乡间道路相连。这就使城寨的功能得以放大：可耕种可防守，可快聚可快散，可暂时可长久，十分系统。

涞滩古城寨的独特还在于它的禅意生活。涞滩古镇占地2万多平方米，居民居住集中紧凑而又各得其所。在整个涞滩城寨中，顺城街是其主街，从西

雨中的小红伞/张东元摄

而东顺势而建，从大寨门到小寨门总长300多米，连接着诸多小巷，是场镇的主导空间。其临街建筑出檐深远，形成檐廊，既扩大了商业店铺的服务面，同时还可以挡雨遮阳，使顺城主街成为一个全天候的市场。这是劳动人民适应巴渝气候的匠心创造，在川东地区具有比较典型的代表性。

顺城街西侧民居大多采用前店后宅的方式，临街以商业活动为主，铺面为木铺板，简洁朴素。其后为一进或两进院落，为宅主提供了一个安静而又舒适的居住环境。

古镇内，明清古建筑保存完好，那狭窄弯曲但尺度宜人的青石板街巷，配合两侧内院，错落有致的穿斗式木结构小青瓦建筑群，古朴典雅，给人以亲切、宁静的山乡小镇之感。传统街区保存的风火墙、太平池是古代消防设施的典范。那明代石牌坊、清代戏楼，雕工细腻，层次深远，不失为古代雕刻艺术的杰作。

寨内所建回龙庙、桓侯宫、文昌宫等是民众议事聚会、集市贸易、文化活动的公共场所。

古镇狮舞/周利摄

瓮城光影/罗育华摄

古镇味道/周利摄

古镇美食/辛刚摄

涞滩二佛村/刘勇摄

回龙庙，为相关同业公会或帮会聚会议事之地，遇有赶场天则作为集贸市场之用。

桓侯宫，是镇内屠沽行业祭祀奉神的会馆，也是他们维护自己利益、决议重大事项的场所。

文昌宫，兼作镇内的学宫，供奉有掌管人间禄籍文运的文昌帝君及其化身魁星、瘟祖。文昌宫以其"崇文、重教、明理、修身、助人、行善"为价值取向，是镇上文化昌明之所，有戏台供民众开展文化活动。

话题：涞滩自然景观丰富绰约。古有涞滩八景之说：经盘霁日、渠江渔火、峡石迎风、层楼江声、佛岩仙迹、龙洞清泉、鹫岭云霞、字梁濯波。游古镇，读风景，怡心灵，不妨去做一番了解和体验。

第三十一期

宋代理学合州篇

宋代是中国儒学史上的高峰时期，其儒学主流学说——理学的发展辉煌夺目，影响深远广泛，在中国传统文化中占有十分重要的地位。

这一时期，以合州为中心的一支学术派别异军突起，所涉及的学者甚多，以至于影响到整个巴蜀乃至全国。

这里先介绍一下理学。魏晋时期的道教兴起和佛教传播冲击着儒学作为核心价值观念的地位。唐末五代之后，儒学的统治地位进一步被削弱。北宋士大夫们在唐代韩愈、李翱提出的复兴儒学的主张基础上，掀起了儒学复兴运动，并创立了理学。

理学是将儒学的忠、孝、节、义提升到"天理"的高度而形成的一整套囊括天人关系的严密思想体系。理学认为，"理"是产生世界万物的精神的东西。"天理"即天道，实际是一种道德神学。它从道德入手，先承认人是有道德的，然后这个道德从哪里来？只能推测它来自天理，由此奠定了神权和王权的合法依据。

理学在进一步强调君权神授的基础上，还强调儒家应有强烈的社会责任感；强调"三纲五常"（"三纲"即君为臣纲、父为子纲、夫为妻纲，"五常"即仁、义、礼、智、信）的社会实践；认为儒家拥有干预政治的天然权力，"以正君心"。这些思想作为官方正统儒学，影响后世达六七百年之久，对维护专制主义政治起到了重要作用。

理学的产生，出于儒学家革除时弊，拯救文化，整顿人心，重树人伦与儒家价值，重建儒学道德形而上学的主观努力，适应了唐末以来重

建伦理纲常的需要。

理学在世俗社会中，强化了人类社会的等级秩序和社会道德规范。它用忠君思想和"三纲五常"维系专制统治，倡导"存天理、灭人欲"，压抑扼杀人们的自然欲求，产生了消极影响。

但另一方面，理学重视人的主观意志力量，注重气节、品德，讲求以理统情、自我节制、发愤立志，强调人的社会责任感和历史使命，又凸显人性的庄严，对塑造中华民族性格起了积极作用。

合州与宋代理学的创立和发展有着特殊的渊源关系，并为之作出了重要贡献。

渊源之一，是周敦颐任合州通判四年。周敦颐，宋代理学思想家、文学家、哲学家，"北宋五子"之一，著有《爱莲说》《太极图说》《通书》等，他

学士山/刘勇摄

始建于北宋的养心亭/资料图片

将道家无为思想和儒家中庸思想以及佛家禁欲思想融合一体，阐述了理学的基本概念和体系，是理学的鼻祖。

在合州任职期间，他为合州众多从学士子讲授圣学之要，并为士子张宗范所居之亭题名、作说。其所作《养心亭说》（后世亦称《养心亭记》）成了理学思想的开宗名篇。

在这四年中，他还与前来求见的遂宁人傅耆等多人在易学研究上相互讨论，与左丞蒲宗孟"相与款语连三日夜"，探究儒学经典与创新。这些都为日后他的理学思想的建立和合州的理学研究埋下了伏笔、打下了基础。

周敦颐的学生程颐，同为北宋理学的主要奠基者，也是"北宋五子"之一。1097年，程颐被贬涪州，在今重庆涪陵区住了两年多，完成了《伊川易传》，并授学于当地学者谯定等人。其后，谯定授学于蜀人张浚、冯时行、张行成及闽人胡宪、刘勉之等人。胡宪、刘勉之又传朱熹，朱熹又传合州人度正。这便是合州理学与全国理学和蜀学的牵连。

1221年，合州学士山养心亭遗址出土了周敦颐所作《养心亭说》石碑。

正出使川东的南宋新一代理学名家魏了翁得知后，随即上疏朝廷，为周敦颐、程颐、程颢、张载加封谥号，促使理学成为"正学之宗"，这在理学发展史上具有重要意义。

作为南宋理学名家，魏了翁在程朱理学上有很高的造诣和学术地位。他反对佛、老"无欲之说"，认为圣贤只言"寡欲"，不言"无欲"，指出"虚无，道之害也"。在魏了翁的大力支持下，合州新建了瑞应山房作为祭祀周敦颐的祠堂；在原养心亭的遗址上建养心堂，用以教育生徒。

渊源之二，是合州人度正受学于朱熹。朱熹，南宋时期理学家、思想家、教育家、诗人，所立学说与"北宋五子"的程颢、程颐合称"程朱理学"，是理学集大成者，被后世尊称为朱子。其理学思想影响很大，成为元、明、清三朝官方哲学，著有《四书章句集注》《太极图说解》《楚辞集注》等，他是唯一非孔子亲传弟子而享祀孔庙，位列大成殿十二哲者。

合州人度正被称为是朱熹高徒第一人，著有《性善堂稿》《周子（敦颐）年谱》等。他受学于朱熹，着力宣扬朱熹之说，深刻阐发理学之功，受到时人重视，赞其"细大弗遗""精识博闻""守师道如守孤城"，名望甚高。他还培养出了不少理学门徒，如合州人黄西甫、阳枋，於潜（今浙江临安）人赵景伟等，从而使合州的学术思想得以发扬光大。

阳枋，南宋著名学者，合州巴川（今重庆市铜梁区）人。早年从度正游，

江上学士山/资料图片

旭日东升/张东元摄

学者称为大阳先生。阳枋毕生潜心治学，编有《伊洛心传录》《朱文公（易）问答语要》《九献图》《文公进学善言》《易学正说》等，后人则集有《易说图象讲义》《字溪文集》，著述堪称宏富，于宋代重庆推为第一。阳枋主张道德修养应先"立大本"，还强调阅读和"精究"儒学经典著作的必要性。阳枋之学在道德修养方法上似有"会同"朱（熹）、陆（九渊）的特色。他大力弘扬理学，培养出了一大批学者，其中陆学门人史蒙卿的学术影响最大。

此外，这时的合州，还有一些专力治经的著名学者。如罗志冲，潜心六经，最精于易，著有《易解》；陈用庚，研治《周礼》，功力深厚为合州第一，有《香炉集》30卷；李明复，一生致力于《春秋》经传研究，写成《春秋集义》50卷、《春秋纲领》3卷。这些著作深受时人赞许和推崇，对南宋理学产生了巨大的影响。

宋代合州的学术思想和学术文化，与当时全国的理学和重庆、四川的"蜀学"相互联系、相互影响，比肩而立，已成为一个派别和一个重要的组成部分。

话题：基于对宋代理学的贡献，合州的学术文化开创了一个鼎盛时期。在这一时期，合州一改过去单一的政治军事邑州的地位，跻身于全国文化城市的行列。这是一个具有里程碑意义的重大突破和转变。今天，在经济、政治、文化、社会和生态文明建设全面推进的"五位一体"的总体布局中，我们当如何续写合川文化城市的历史新篇呢？

世界级的历史文化贡献

第三十二期

钓鱼城的历史由来

风烟八百年，如歌钓鱼城。从1243年到1279年，在山环水绕、平地凸起的钓鱼山上，合州军民以2.5平方公里的弹丸之地，坚守36年，击退当时世界上最强大的军事集团——蒙古帝国的进攻，创造了"钓鱼城保卫战"这一战争史上的奇迹，一举改变了世界战场格局，其贡献为古今中外世所罕见。

钓鱼城之所在，原来是座山，一座并不知名的山，为什么要把一座山筑成一座城？其背景还得从宋朝的中央集权治国策略、巴蜀合治后的四川经济社会和宋蒙战争说起，具体来说，就是要回答三个历史之问。

第一，为什么繁荣富庶的两宋王朝总是处在被动挨打的状态，以至于后来不得不偏安一隅？

961年，后周大将赵匡胤发动陈桥兵变，黄袍加身，建立宋朝，从此中国历史进入两宋时期。

宋朝统治者为吸取中唐以来的"藩镇"割据和五代战乱的教训，进一步强化了中央集权制度，采取的治国策略就是崇文抑武、守内虚外。

所谓崇文抑武，就是在政治地位、俸爵利禄以及文化宣传上，抬举文官，贬低武将，将文人摆到了国家统治的金字塔顶端。所谓守内虚外，就是将防范可能出现危及政权的内部敌人、武将叛变等作为国家治理的重中之重，以至于为了达到内部的绝对安全，宁愿放松对外部敌人、外部侵略威胁的防范。

为此，宋朝统治者从一开始就通过"杯酒释兵权"等举措，将功臣宿将罢为闲职，将藩镇的军权予以剥夺，将一批资历较浅的将领提拔担任军队要职，借以消除军阀拥兵自重的局面；另一方面，又通过在朝中重用文臣、任用文官掌管地方、重视科举制度等，借以提高文臣地位和权力，以对武将群体构成制衡机制。

崇文抑武、守内虚外的治国之策是一把"双刃剑"，其积极影响和消极影响各占一半。

从积极影响来看，宋朝很少出现武将叛变的情况，王朝稳固，没有内乱，南方人民生活稳定，并带来了经济和文化的繁荣，使宋朝的国民生产总值在当时位居世界第一，并培养出了一大批对后世产生深远影响的文学家官员，如范仲淹、欧阳修、苏轼、司马光、王安石等。宋朝国无内乱，国祚绵延，是汉朝以后存续时间最长的王朝，统治时间长达320年。

从消极影响来看，为了分割相权、兵权，本来一个官职的权力分散给了三个官职来掌握，从而造成宋代冗官冗员冗兵现象严重，国家治理效率低下，国力长期不振，特别是在军事上，由于崇文抑武，军队缺乏战斗力，再加之全国精兵几乎都集中在首都，以致边境空虚，整个王朝一直处于被动挨打的局面，不得不以纳贡的方式换取土地的被掠。

钓鱼城/朱美忠摄

在秦、汉、晋、隋、唐、宋、元、明、清9个大一统王朝中，宋朝国土面积是最小的，到了南宋，更是以淮河—大散关为分界线，偏安一隅。

第二，为什么蒙古军攻宋要着力开辟四川战场，这到底是下的一盘什么棋?

宋朝建立后，对地方实行三级行政区划管理：一级行政区为路，二级行政区为府、州，三级行政区为县。

宋真宗咸平四年（1001），宋王朝对地方行政区划进行调整，将巴蜀之地分为益州路、梓州路、利州路、夔州路，合称川峡四路或四川路。其间，设四川置制使、四川宣抚使等官职。四川由此得名。这是巴蜀地区由过去的分治变为合治的开始，从此巴蜀融为一体，同为四川。

四川地处我国内陆西南地区。两宋时，因盆地之佑、山水之隔，这里极少受到战乱纷扰，呈现出了社会安定、民风淳朴、百姓富裕、经济繁荣的景象。直到宋蒙战争的爆发，四川的平静才被彻底打破，一跃而成为南宋抗击蒙元之师的主战场。

南宋时，四川人口占了全国的20％以上，是全国人口最多的地区；四川粮食产量，仅仅低于农业最发达的两浙地区，成为全国第二大粮食生产基地；四川的麻纺业和制糖业均居全国第一；四川的酒税占全国的一半；四川的茶叶产量，超过其他地区茶叶总产量的50％。此外，四川是全国三大雕版印刷中心之一，全国造纸业中心之一。

四川的商业尤其发达，很早便有商人发行纸币代替铁钱流通，被称作"交子"，为中国最早的纸币。

两宋时期的合州，属四川繁富之地，为四川纺织、造船、矿冶中心和联系外界的交通枢纽，以及粮食、井盐、瓷器等重要产地。坐拥三江的合州城则以城围16里2分的规模仅次于成都城，位居西南第二，同时也是巴蜀地区最发达的商业城市之一。

正因为四川在宋朝占有重要的经济地位，具有雄厚的经济实力，所以在两宋之交和南宋时期，四川以一隅之地负担起了整个川陕战场的全部军事费用，独撑西线抗金、抗蒙一百余年之久。也正因其富庶，在蒙古看来，可以

星耀钓鱼台/华长远摄

通过实施"优先攻蜀""重点攻蜀"的战略行动，达成"图蜀灭宋"的战略计划，从而以较小的代价达到快速实现灭宋的目的，因此四川也就成了蒙古灭宋的首攻之地。

事实上，在这之前蒙古军已攻灭了四川西面的吐蕃诸部和大理国，将其纳入了大蒙古国版图，这也为优先攻蜀创造了条件。

第三，为什么南宋抗蒙要选址钓鱼山筑城，其军事战略价值何在？

13世纪初，在中国大地上并存着南宋、金、蒙古、西辽、西夏、吐蕃、大理等汉族和少数民族建立的政权。

1115年，女真首领完颜阿骨打在今黑龙江阿城称帝建国，国号金。经过10年的努力，金灭辽，并于次年攻入汴梁，随后掳走宋徽宗、宋钦宗，致北宋灭亡。

1127年，宋高宗赵构在今河南商丘称帝，后迁都临安（今浙江杭州），史称南宋。公元1141年，南宋与金朝签订"绍兴和议"，双方以西至大散关、东至淮水为界，南宋向金称臣，形成南宋和金朝南北对峙局面。

1206年，经过十多年征战统一蒙古诸部的蒙古族首领铁木真在今蒙古鄂嫩河源头被尊为成吉思汗，建立大蒙古国。成吉思汗在建国后进行了大规模的军事扩张活动。1209年，他三征西夏，使其成为大蒙古国的附属国。1218年，他攻灭西辽。紧接着，他又大举西征，"灭国四十"，版图扩展到中亚地区和南俄。

1235年春，窝阔台汗在灭金之后正式发动了对南宋的战争，宋蒙战争爆发。窝阔台汗迅速集结蒙古、金国、西夏以及降附蒙古的汉军，分兵东、中、西三路，向南宋发起了大举进攻。由于蒙古三路大军的兵锋所指，分别是长江下游的淮南、中游的襄阳一线和上游的巴蜀，南宋对蒙古的正面作战也就分为两淮、荆湖、四川三大战区或者说是三大战场。四川是最早弥漫这场战争硝烟的主要战场。

这年，蒙古皇子阔端遣军相继攻破蜀边阶州、成州、凤州和沔州等南宋据点，次年攻入成都。很快，全川五十四州都被攻破，唯有夔州一路及泸州、果州、合州"数州仅存"。此后蒙古军对四川不断地采取破坏性的抄掠进攻，致使长江上游防线一片残破，整个四川战场岌岌可危。

正是在这样的背景下，四川的防御体系建设被急迫地推到了四川安抚制置使兼知重庆府余玠的面前。

余玠（1199—1253），字义夫，号樵隐，今浙江开化人。幼时家境贫困，曾在白鹿洞书院读书，后从军入淮东制置使赵葵麾下。1236年，蒙古军兵伐蕲州等地，余玠应蕲州守臣征召，协助组织军民守城，配合南宋援兵击退蒙古军。1237年，余玠在赵葵领导下率部应援安丰军（今安徽寿县）守将杜杲，

古城墙/袁万林摄

击溃蒙古军，使淮右地区得以保全。1238年，他率精兵应援滁州，大败蒙古大帅察罕。1239年，余玠率军远袭开封、河阴（今河南郑州西北）一带蒙古军，全师而还。1241年，余玠率舟师进击攻打安丰军的察罕蒙古军，激战40余日，大获全胜，凭军功拜大理少卿，升淮东制置副使。因与蒙古军多次交战而有胜绩，为南宋名将。

余玠画像/资料图片

1241年11月，蒙古窝阔台汗病死，内部为汗位发生了纷争，南宋得以暂时休整和调整防御部署。宋理宗命余玠为兵部侍郎、四川制置使兼知重庆府，全面负责四川防务。

次年，播州（今贵州遵义）贤士冉琎、冉璞兄弟，欣闻余玠是位贤能的将帅，便至重庆拜谒，献守西南之计，称"蜀口形胜之地莫若钓鱼山，请徙诸此，若任得其人，积粟以守之，贤于十万师远矣，巴蜀不足守也"。也就是说，守住了钓鱼山，就守住了四川战区的关键，守住了整个长江上游防线的关键，进而守住了南宋的西部腹地。

1243年，余玠采纳冉琎、冉璞兄弟建议，筑城于钓鱼山，并将合州及石照县治所移至城内，屯兵积粮，以作渝夔樊篱、全蜀屏障，全力抵御蒙古军队的进攻。这便是钓鱼城筑城的历史背景和由来。

话题：任何叙事都离不开它的背景，背景越宏大，折射的点越深远。钓鱼城作为一座震撼古今的城塞，伫立于三江之上，有其偶然，也有其必然，相信你也会有这样的看法。

第三十三期

山城防御体系的经典构建

　　贯穿两宋的"崇文抑武、守内虚外"治国策略，使偏安一隅的南宋王朝在军事上已无法同强悍的游牧之师抗衡。这时的蒙古大军既充分发挥了游牧民族的特长，又充分运用了中原先进的武器技术，出神入化地将军事艺术推向了冷兵器时代的最高峰，其战力可谓所向披靡、战无不胜、攻无不克。

　　面对来势凶猛，无法直接对阵抵抗的蒙古大军，天才般的军事谋略家冉琎、冉璞从坚持长期抗战出发，创造性地提出了城塞结合、耕战结合、军民

中国人民解放军军事博物馆古代战争馆特意制作了钓鱼城古战场的沙盘模型，以展示其在中国古代战争史上的重要地位/资料图片

"古钓鱼城"题刻/华长远摄　　　　　　　钓鱼城护国门/华长远摄

"独钓中原"牌坊/李文静摄　　　　　　　西门古城墙/官明英摄

结合的山城防御韬略。实践证明，这是解决抵御蒙古军队进攻难题的关键之举、根本之策。

冉琎、冉璞乃播州（今贵州遵义，南宋时属四川夔州路）贤士，因其献计有功，可堪大用，经奏请朝廷，前者被任命为承事郎，代理合州知州；后者被任命为承务郎，代理合州通判，在余玠的领导下，具体负责钓鱼城的修筑。钓鱼城成就了山城防御体系这一战略智慧，是其光辉的典范。

第一，钓鱼城是座"山"。山名钓鱼山，位于嘉陵江、渠江、涪江交汇处，海拔在186～391米。其山虽不高，但三面临崖、一面临沟、直立陡峭，有"倚天拔地，雄峙一方"的险峻气势。相传，远古时代，三江洪水泛滥，众多灾民纷纷逃奔到山上避难。由于天长日久，饥饿难熬，灾民们濒临死亡。忽有一位巨人从天而降，他手持长竿，立于山巅巨石之上，从滔滔江水中钓起无数鲜鱼赈济灾民，使之获得新生。后来，人们因感念他的救命之恩，称其立足钓鱼之处为钓鱼台，称其救民于此的山为钓鱼山。

第二，钓鱼城是座"城"。因城筑于钓鱼山上，故有其名。其特点在于因

钓鱼城/朱美忠摄

山而建，因势而筑，山与城融为一体，一切都顺应山体地形的自然造化。既然是城，自有城墙8公里、城门八座。八座城门依关隘设置，分别是护国门、青华门、镇西门、东新门、出奇门、奇胜门、小东门、始关门。城内建有合州官署、合州州学、石照县衙，建有东谷民居、西市民居，建有公馆、水阁、凉亭、庭榭、园地，还建有仓库、市场、监狱、粮食加工场等。总之，城的基本要素齐全，做到了"军有所守，民有所居，士有所学"。1276年，南宋都城临安（今浙江杭州）陷落后，张珏还在城中修筑了一座皇宫，以备二王（南宋末日王朝中的益王赵昰、广王赵昺）前来避难。

第三，钓鱼城是座"塞"，一座军事要塞。从1243年二冉筑城开始，到1254年王坚全面完成营建，再到1260年张珏维修南北外城的三次建设，钓鱼城已成为一座规模空前、攻守兼备、城塞一体的军事要塞。从长期抗战的需要出发，钓鱼城建设采取了江防与山防结合、内城与外城结合、垦田积粟与长期战守结合、补给通道与藏兵暗道结合的科学筑城方法。城中攻防设施齐备，生产、生活与军事区域分区井然，给养、给排水设施自成系统，是迄今研究和展示中国古代战区城塞筑城体系的杰出例证。

钓鱼城主城墙凭借陡峭山崖构筑而成，全部采用石材垒砌，构成了高20~30米的山险墙（又称劈山墙）。城墙之上除炮台、哨台外，还铺设有可供3马并进、5人并行，并与城中道路连接的跑马道，以便战时增援力量的快速运动。在城东、城西北区域，修筑有内外两道城墙，构成了双层防御。

为拒敌于城下，阻敌于江上，钓鱼城军民还在城南及江岸一带修筑了俗称"一字城"的南外城和水军码头，使其成为与山城紧密结合，攻防自如的江防要塞。

就在二冉修筑钓鱼城的同时，作为军事指挥家的余玠从整个四川战区设防的角度迅速完成了他的治蜀方略——《经理四蜀图》。"经理"是治理的意思，"四蜀"，即指四川地区的成都、夔州（今重庆奉节）、潼川（今四川三台）、利州（今四川广元）四部，总称四蜀。《经理四蜀图》实际就是一份用图的形式来显示四川布防情形的军事战略计划。

这份计划得到朝廷批准之后，余玠即令诸郡以合州钓鱼城为样板据险筑城，并任都统张实整治军旅，专门到各地去督饬筑城徙治之事。

　　1244年，宋理宗授以余玠华文阁制，依旧为四川安抚制置使、知重庆府兼四川总领财赋，兼四川屯田使，全面实施城塞结合、军民结合的山城防御计划。

　　当年5月，利阆城大获山、蓬州城运山、渠州城大良平、嘉定城旧治、泸州城神臂山相继建成，其后在全川又依山筑城20座。初步建立了制约蒙古骑兵行动，发挥宋军步兵近身搏杀特长，使蒙古军陷入冒险仰攻和被动挨打境地的四川战区山城防御体系。

　　四川战区山城防御体系，开古今中外战争史上战区防御的先河，是继我国春秋战国时期的城池筑城体系和秦汉时期的长城筑城体系之后的一种全新形式，城塞的构筑规模和所具备的军事功能，都远远超越了欧洲中世纪的贵族城堡和日本、阿拉伯地区的东方城堡，是中国古代军事防御设施建设史上的一次飞跃。

　　在四川战区山城防御体系中，钓鱼、云顶、运山、大获、得汉、白帝、青居、苦竹8座山城，被称为"四川八柱"，而钓鱼城则为"八柱"之根本，

钓鱼城范家堰遗址/朱美忠摄

古战遗址晨练图/杨萍摄

护国门/左清摄

镇西门/刘勇摄

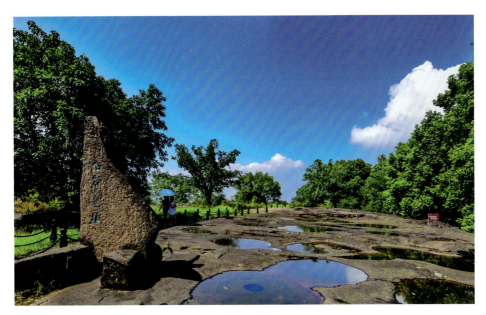

九口锅遗址/刘之华摄

是蒙古大军军事行动中决意要争夺的战略要地，是支撑四川抗蒙局面的"全蜀关键"。

在蒙古军队攻破蜀边多州，以及阆中、剑阁、潼川、成都之后，余玠放弃了从金堂峡至嘉定一线的龙泉山以外的川西平原。这时，钓鱼城处在四川战区的中心位置。当时，南宋四川前沿线上的苦竹、大获、运山、青居、多功、得汉、平梁、小宁、大良、铁峰、礼仪诸城，均分布在嘉陵江、渠江、涪江沿线，水流皆汇于合州钓鱼城下，从而形成了一道以钓鱼城为支柱的天然叉状防御网。网上各城，有水运可以沟通联系，整个防御体系通过钓鱼城，完全可以起到纲举目张、如臂使指的作用。正如前人所道："夫钓鱼山，西邻嘉定，可以召兵；北近阆、剑，可以乞援；南通滇、黔，可以聚货财；东达荆、襄，可以运谷粟。有高山峻岭可以据要害，有广土众民可以屯重兵。"钓鱼城又"三面临江，一面制敌"，"下负重庆，互为依托"，实为坚城。

以钓鱼城为中心的川东地区在将近半个世纪的宋蒙（元）战争中一直是蒙古军队面临的蜀中险阻。蒙古屯兵蜀中，由川东到夔门，其间只有两条道路可以通过：一是由峡谷路顺嘉陵江经钓鱼城而下重庆；二是经华蓥山口跨越渠江通于夔州和万州。而钓鱼城正面控扼三江，背依华蓥山脉，既可阻止南下蒙古军的长驱直入，以蔽重庆，也可以连接大良、礼义诸城，封锁渠江沿线，使蒙（元）军难以越过川东，打开通往夔门之路。若蒙古军置钓鱼城不顾，绕道攻袭重庆，则是孤军深入，钓鱼城守军却可以突破封锁，随时出兵应援，使其腹背受敌。这也正是后来元之东、西两川合兵远道攻围重庆，而累遭惨败的主要原因。

余玠所构建的"蜀赖以安"的四川战区山城防御体系，其特点有三：一是以险筑城，城塞一体。城中军事、生活设施兼备，既可以利用险要的山势防御，又可以依靠城中完善的设施和储备长期坚守，每一座城都是一个坚不可摧的堡垒。二是以城为点，以江为线。通过江河把每一座山城联系起来，构成点线结合、网状防御的系统化防御格局，遇有战事各城之间可以迅速支援，又可以层层阻击，滞留、延缓敌人的进攻。三是主辅有序，梯次配备。在各城中，以重庆为大本营，钓鱼城、青居城等八城为支柱，其他山城为支点，20余座山城顺次展布，既有重点部署，又有战略纵深。这一体系堪称中国古代筑城防御体系的奇迹之作，为世界军事文化作出了特别贡献。

　　话题：宋蒙战争中的四川山城防御体系，是堪比长城防御体系的一大军事创举，其规模之宏大、布局之严谨、建设之精妙足以震撼世界，充分体现了巴蜀人民的智慧和匠心，是我们引以为傲的宝贵文化遗产。对此，你有什么看法？

钓鱼城保卫战

1259年，钓鱼城迎来了筑城以来最大的一场战事。这一年，蒙哥汗决定亲征钓鱼城，用武力征服并彻底摧毁这一军事战略要塞。

蒙哥，全名孛儿只斤·蒙哥，成吉思汗第四子拖雷的长子，大蒙古国大汗，1251年继位，史称蒙哥汗。他是蒙古帝国成吉思汗后最重要的大汗。因为他的存在，蒙古帝国内部才和平了许多年，没有内斗，一致对外，且连年攻城略地，成就了帝国的巅峰时期。

蒙哥是一个极有作为的人。他性格内向、沉默寡言、生活俭朴，以狩猎

《钓鱼城》歌剧照/尹宏杰摄

为乐。他登基时已43岁。继位后,他首先整顿了朝内逐渐废弛的纲纪,强化了汗位权力和统治力。

在整顿内部乱局上,他颁布诏令:一是凡朝廷及诸王滥发牌印,尽皆收之;二是规定诸王驾乘驿马,疾行不得超过三马,远行不得超过四马;三是诸王不得擅招民户,诸官不得以朝觐为名赋敛民财。与此同时,他还颁旨减除筑和林城的夫役五千人,并依旧制,免耆民(年高有德者)及佛、道等教之丁税,改定西域税制——牛、马百税一,不及百者免。此外,他还代偿了定宗及皇后、皇子亏欠商货银两五十万锭。

在宗教管理上,他谨守成吉思汗遗训,对于任何宗教待遇同等,无所偏袒。他下令僧人海云掌佛教之事,道士李真常掌道教之事,并宽容不同的宗教存在。

卫我河山/王小燕摄

城墙/赵岚摄

在军事图谋上,他积极筹备推动了两大远征,即西征与南征。1252年7月,他命旭烈兀率军出发西征。旭烈兀先灭木制夷,后又灭阿拉伯帝国阿拔斯王朝,一直攻到地中海岸。同年秋,他又命忽必烈率军南征,攻大理,向南宋迂回包抄。忽必烈的进军,是蒙哥汗鉴于南宋长江防线不易突破所采取的大包围战略,即先进军西南,取得大理南夷(今云南)与吐蕃(今西藏)之地,再迂回到南宋后方,然后与自河南南下的蒙古军来攻南宋。

　　1257年6月，蒙哥汗谒拜成吉思汗行宫，祭旗誓师。之后，命皇弟阿里不哥守和林，自己则亲自率军伐宋。此后的两年中，蒙哥汗大军一路长驱直下，如入无人之境，直至攻破四川大部分地区。在这一过程中，除苦竹隘有宋军抵抗，征服其余各地都没有费上什么气力。宋军举降者如蒲择之、杨大渊、赵仲、王昕、张大悦、蒲元珪、赵顺、刘渊等，大至制置使，小至知县，他们或战败而屈服，或闻风而归附，或杀主将而献城。蒙古军的进攻宛若一派摧枯拉朽、风卷残云之势。

　　1259年春正月，蒙哥汗进驻距合州约百里的重贵山（今四川南充青居山），召开"置酒大会"，一面庆祝初征胜利、欢度新年，一面商讨进军策略。在蒙哥汗看来，合州的降伏已不是问题。只要合州一降，征蜀的各路大军就可以下重庆出夔门而与忽必烈及兀良合台会师鄂州而直捣南宋都城临安。

　　此时的蒙古大军由6部分组成：蒙哥汗亲自统领的蒙古征蜀大军4万人，原征蜀蒙军、汉军3万人，蜀边阶州、沔州及利州蒙古屯驻军2万人，应诏从征的各地镇戍之军10万人，宗王塔察儿攻两淮之兵1万人，新归附汉军数千人，总计20万人。其最高统帅为蒙哥汗，有各类战将70余人。

　　而此时的钓鱼城守军由3部分组成：属南宋"禁军"序列的兴戎司驻军4600人，属合州及属县统辖的士兵和武装弓手1万人，民间武装数千人，总计2万人。守城主帅为兴戎司都统制、合州知州王坚，主要战将仅有副将张珏，部将王安节、阮思聪，不足5人。

　　从军事力量对比来看，完全是敌强我弱、力量悬殊，是巨石对鹅卵。此时，全川军力大多已被蒙古兵摧毁，合州以上友军已变成敌军，下川东仅存的少数地方军，亦被蒙古军分别封锁，钓鱼城处在岌岌可危之中。然而，守将王坚和后来被称为"蜀中虎将"的张珏却意志坚定、泰然处之。他们自信有众多"能坚守力战，而效忠节"的合州民众为后盾，凭险而守，定能取得胜利。

　　王坚，河南邓州人，曾从余玠巡边，收复兴元。因战功而被提升为兴元都统制兼知合州。1254年到合州后，即遣州民增筑钓鱼城，同时筹谋策划，训练军民，妥善安置了秦蜀边境因蒙古军骚扰而流入的民众。针对蒙古军的进攻，在军事训练、战防工事、粮食储备、交通运输等各个方面，都做了精心部署。加之他曾屡与蒙古军打交道，知己知彼，敢于抵抗。

此次战事历时七个月，先后经历了劝降战、攻防战、袭扰战、驰援战、遭遇战、大决战等大大小小战斗数十起，堪称一部跌宕起伏、惊心动魄而又十分意外的大戏。

第一是劝降战。1259年春正月，蒙哥汗派遣南宋降人晋国宝到钓鱼城招降。晋国宝的使命是，如果招降成功，即按原路返回，然后随大军到钓鱼城受降。反之，则顺江而下，与已进军重庆的都元帅纽璘取得联系，传达蒙哥汗对钓鱼城实施合围的命令。当晋国宝到钓鱼城向守将王坚说明招降的来意后，立即遭到了王坚的严词拒绝。按照"两国交兵，不斩来使"的惯例，王坚先将晋国宝赶出城去，然后在其从峡口回蒙古军营时，将他追捕回来，以"南宋叛臣"的名义，斩首于钓鱼城练兵场，以此昭示钓鱼城军民守城抗战到底的决心。

钓鱼城遗址/合川区文化旅游委供图

　　第二是攻防战。2月，蒙哥汗率主力到钓鱼山下，亲自指挥进攻，先后攻打一字城、镇西门、东新门、奇胜门、护国门，虽然攻势很猛，但均被王坚的三千劲旅所阻。直到4月中旬，蒙古军攻城才稍微有点进展，一度乘夜攻上外城，但随即又被王坚、张珏等守城宋军打退。

　　第三是袭扰战。南宋朝廷因为得到了钓鱼城军民痛歼蒙古军的初期捷报，传诏嘉奖，赞王坚率军民守城，百战弥坚，节义为全川各城之冠。王坚趁此机会，号召军民再接再厉，誓与城塞共存亡，并以蒙古军之道，还治蒙古军之身。从5月起，王坚命军队轮番夜袭敌营，白天命军队在城墙堞垛上，摆开阵势，诱敌出战，敌人若战，则集众军歼于城下。敌人不出，就命军士喊话辱骂。于是，蒙古兵夜不安枕，昼不安营，疲劳万分，士气顿减。

　　第四是驰援战。6月，南宋四川制置副使吕文德兵入重庆，然后以战船千余艘，溯嘉陵江而上增援钓鱼城，由此展开了钓鱼城外围的驰援战。蒙哥汗命史天泽率军顺流纵击，并亲自督军于钓鱼城对岸的东山（今白塔坪）上。

宋蒙两军大战于嘉陵江畔的三槽山，蒙军获胜，夺得宋军战舰百余艘，并追至重庆而还，吕文德援合失败，退守重庆。

　　第五是遭遇战。击退吕文德的胜利，振奋了蒙古大军士气，加之此时通往钓鱼城西北外城之下的攻城地道已经贯通。蒙哥汗认为，集中兵力，尽快攻克钓鱼城的时机已经成熟。便令汪德臣率精锐由地道进攻西北外城。汪德臣在突破西北外城后，以马鞍山为桥头堡，向钓鱼城内城发起攻击。守将王坚一马当先，率城中军民与之逆战。战斗持续到天明，死伤无数，极为惨烈。也正是在这次战斗中，蒙军先锋将汪德臣贪功冒进，单骑逼至城下向王坚喊降，被流弹击伤，回营后不久死去，时年38岁。

　　自此，蒙哥汗围攻钓鱼城半年以来，已相继有御前翻译买哥、宿卫称海、前锋将马塔儿沙、万户达鲁花赤密力火者、万户海都、襄阳军万户李祯、千户囊加台、都总帅汪德臣等战将阵亡。当时又值酷暑，蒙古军中霍乱流行，战斗力急剧下降。

第六是大决战。重庆对钓鱼城的驰援、汪德臣的战死、疫病的流行，给蒙古军在军心和力量上以沉重打击。然而，作为"胜利之师"的指挥官，蒙哥汗在召开了前线军事会议之后，依然作出了继续猛攻钓鱼城的决策。钓鱼城保卫战也进入了决战时刻。

在各项决战准备基本就绪时，为了便于瞭望了解城内守军的虚实，蒙哥汗命令部下在钓鱼城马鞍山修筑了一座台楼，台楼上再竖以桅杆以便战时居高临下瞭望观察。

7月9日，蒙哥汗亲临马鞍山顶的瞭望台楼，他一面遣兵登高窥视城中，一面亲自擂鼓发起进攻，激战全面展开，战斗惨烈程度前所未有。一方面，蒙哥汗的攻城大军东西两面同时进攻，云梯一架接一架，士兵一队接一队蜂拥登城，准上不准下，准进不准退。另一方面，王坚的守城将士死战死守，寸步不让。一时间，城上城下杀声震天，滚木如雷，飞矢如织，飞石如雨，双方伤亡都十分惨重，尤其是蒙古士兵，接近城墙的纷纷被滚木刀箭打伤杀死坠于城下，未接近城墙的后队也一团团地被射死和弹伤。

钓鱼城守将王坚在此之前已"知其计，置炮于其所"，他在指挥将士奋起还击攻城之敌的同时，密切关注着马鞍山顶的敌情，见有人登上桅杆，探视城中情况，便立即命令发炮打击。身处瞭望台的蒙哥汗猝不及防，根本来不及反应，便被飞石击中。就这样，不可一世的一代天骄出乎意料地殒命在挥师攻城的前线。钓鱼城军民在决战中不经意地干成了一宗"斩首"行动，以神来之笔为这次保卫战的胜利画上了圆满的句号。

蒙哥汗的阵亡，直接导致了攻城蒙古大军的回撤，也宣告了蒙哥汗顺长江东下，与忽必烈、兀良合会师，直捣临安（今杭州）灭亡南宋的作战计划失败。

钓鱼城抗击蒙（元），前后36年，以此次战事为最大，胜利最为辉煌。

话题： 钓鱼城保卫战是世界战争史上的一个奇迹。如果历史可以穿越，战争可以复盘的话，相信它依然还是一个奇迹。因为这一奇迹的背后有战争的规律，而规律是不以人的意志为转移的。钓鱼城保卫战给了我们什么样的启示呢？

第三十五期

后蒙哥汗时期的蒙古帝国

13世纪被中外学界称为蒙古人世纪。由成吉思汗建立的大蒙古国，经过三次西征和数度南征，到1259年，已构建起了一个包括四大汗国在内的庞大的蒙古帝国体系。这个帝国体系的版图达到了空前的规模，它横跨亚欧大陆，面积达3450多万平方公里。此后，世界上再无一个陆地势力达到过如此规模，堪称地球人的历史之最。

然而，由于蒙哥汗在钓鱼城的战死，这一切都发生了改变，蒙古帝国开始走向了分崩离析和统一政权体系的瓦解。

首先，没有了蒙哥汗，蒙古帝国内部就没有了统一的政治权威，其直接后果就是忽必烈与诸王的分裂与争战。

蒙　哥

1260年，在荆湖一带攻打南宋的忽必烈北归，在其弟穆哥和塔察儿、合丹等王的拥戴下，宣布即大汗位，建年号为中统，并昭告中外。同年阿里不哥则在哈拉合林召集忽里勒台，亦称大汗，并起兵南下。这场兄弟拔刀相向，长达四年之久的内战最终以忽必烈的胜利告终，由此确立了他在蒙古贵族中的统治地位。

忽必烈

1265年窝阔台之孙、合失之子海都在今额敏河沿岸发展势力，拒绝入朝，逐渐成为忽必烈的对立派领袖人物。1276年，宗王昔里吉、脱脱木儿等反叛。1287年，宗王乃颜、哈丹等结盟反叛。忽必烈与诸王的争战，历时35年之久，直到1294年忽必烈死去，才终于巩固了统一的元朝政权。

其次，没有了蒙哥汗，蒙古帝国内部就没有了统一的战略军事行动，其直接后果就是进攻埃及的失败和从中欧战场的撤军。

先说旭烈兀进军埃及和北非的失败。1259年，旭烈兀兵分三路进入叙利亚，连破阿勒颇、大马士革等城，一举征服叙利亚。之后，便向埃及派出谕降使团，并做好了进攻准备。就在这时，因得知蒙哥汗的死讯，旭烈兀为支持其兄忽必烈问鼎大汗宝座，即留下前锋将怯的不花和2万蒙古军镇守叙利亚，便率10万大军东还。

1260年7月，埃及苏丹（君主）忽秃思杀蒙古使臣，誓师出征。9月，忽秃思率领埃及军队和叙利亚、阿拉伯、突厥曼、花剌子模等避难者共12万人，与怯的不花战于耶路撒冷附近的阿音·扎鲁特平原。由于蒙古大军已随旭烈兀回师，怯的不花仅以2万蒙古军与12万埃及大军交战，最终寡不敌众，怯的不花阵亡，蒙古军几乎全军覆没，埃及人乘胜进兵，将叙利亚的蒙古驻军赶走。

元上都遗址/资料图片

元中都遗址/资料图片

大蒙古国进军埃及及北非的梦想破灭。

再说别儿哥从中欧战场的撤军。1255年拔都去世后，其弟别儿哥继承钦察汗位。在旭烈兀西征大军驰骋西亚的同时，别儿哥屡次出兵征伐波兰和匈牙利。1259年，别儿哥再次出兵立陶宛，随后攻入波兰境内。他先是攻陷并焚毁了孛烈儿都城克剌可洼（今波兰第三大城市克拉科夫市），后是洗劫了波兰西南部奥得河畔的弗洛茨拉夫（今波兰第四大城市弗罗茨瓦夫市）等城，挺进今捷克西部地区的波希米亚，满载掳获而还。同年，蒙古军入侵匈牙利，匈牙利王别剌被迫接受"蒙古汗之同盟建议"。1260年春，原本打算再次出兵侵入中欧，因蒙哥汗的去世，别儿哥匆忙撤军，欧洲战局得以缓解。

再次，没有了蒙哥汗，蒙古帝国内部就没有了统一的政治、宗教和文化的控制力和影响力，其直接后果就是四大汗国的各自独立与衰亡。

蒙古国在逐次西征的过程中，按照传统分封制形成了若干封地，这些封地又因不断地扩张逐渐转化为"四个汗国"，即钦察汗国、察合台汗国、窝阔台汗国和伊尔汗国。1259年蒙哥汗战死后，各封国宗王为争夺大汗之位，矛盾越发尖锐。1260年，忽必烈即大汗位后，大汗只在形式上保留了宗主地位，而无法统一施号令于天下。在被征服地区建立起来的四大汗国实际上成了四个独立国家。

《蜀捷》诗石刻/廖国伟摄

钦察汗国，为拔都在西北建立的汗国，亦称金帐汗国，原为成吉思汗长子术赤的封地，主要辖东起额尔齐斯河，西至多瑙河，南起高加索山的地区。1313年，月即伯即位时钦察汗国达到极盛时期，与伊尔汗国和埃及通好，对外贸易比较发达。月即伯汗奉伊斯兰教为国教，属下蒙古人亦随之信奉伊斯兰教。1502年，金帐汗国被俄罗斯所灭。

察合台汗国，最初为成吉思汗次子察合台的封地。其最盛时期疆域东至吐鲁番、哈密、罗布泊，西至阿姆河，北至塔尔巴哈台山，南越兴都库什山。1331年，答儿麻失里汗时，将伊斯兰教定为察合台汗国国教。1340年，合赞汗时汗国分裂为东西两部。1348年，秃黑鲁帖木儿在阿克苏被拥立为汗，史称东察合台汗国。秃黑鲁帖木儿是第一个信奉伊斯兰教的蒙古大汗，他用强制手段，迫使天山以北16万蒙古人改信伊斯兰教。1370年，西察合台汗国为帖木儿帝国所灭，东察合台汗国维持到16世纪。

伊尔汗国，为成吉思汗孙子旭烈兀西征后建立，是东滨阿姆河，西临地中海，北界里海、黑海、高加索，南至波斯湾的大国。既为欧、亚两洲文化荟萃之地，又是重要交通枢纽，与元朝关系一直很好。1295年，合赞汗继位，他率领将士改宗伊斯兰教，奉什叶派伊斯兰教为国教，把伊尔汗国组建成一个伊斯兰国家。同时，他还废除"大汗"称号而改称苏丹，从而加速了蒙古贵族与伊朗贵族的合流。1388年，为帖木儿帝国所灭。

窝阔台汗国，初为成吉思汗第三子窝阔台的封地。海都汗时窝阔台汗国兴盛起来，其地域西至可失哈耳（今新疆喀什）与答剌速（今哈萨克斯坦塔拉斯）河谷，南至天山南坡诸城，东抵哈剌火州，北有也儿的石河上游之地，以伊犁河与答剌速河流域为中心。1309年，察八儿汗参与察合台汗国内部争端，被击败，逃到元朝，约有一半属民随其归附元朝，其余属民和领地被察合台汗国兼并，窝阔台汗国消亡。

最后，没有了蒙哥汗，自然就有了蒙哥汗的继承者，那便是一代雄主忽必烈；没有了蒙古帝国的统一和存续，却也有了蒙古帝国最大的历史遗产，那便是元朝政权统一中国。

元世祖忽必烈在平定阿里不哥之乱后，政权得以巩固。1268年，经过一系列的准备，发起了攻灭南宋的战争。在总结窝阔台攻宋及蒙哥汗攻宋得失的基础上，制定了先取襄樊（今属湖北），实施中间突破，沿汉入江，直取临安（今浙江杭州）的灭宋方略。

1274年，元军攻下襄阳，宋将吕文焕投降，随后中书丞相史天泽和枢密院使伯颜率军顺汉水南下长江，目标建康（今江苏南京）。1275年降将吕文焕率元水陆联军于芜湖击溃贾似道的南宋水军，史称丁家洲之战。隔年元军攻陷临安（今浙江杭州），谢太后与宋恭帝投降。然而陆秀夫等拥立7岁的宋端宗在福州即位，文天祥、张世杰等大臣持续在江西、福建、广东等地抗元。1278年南宋朝廷退至广东崖山。1279年，陆秀夫挟8岁的小皇帝赵昺投海而死，南宋亡。

至此，元朝结束了自北宋灭亡后150多年来的南北对峙局面，国家由分裂走向统一，形成了我国历史上第七个统一的多民族的封建国家政权，在中国历史上占有重要地位。

话题：历史是没有假设的。如果有人一定要问：假如蒙哥汗没有战死在钓鱼城下，世界又会是个什么样的情形呢？那真是当时世界要认真面对和思考的重大问题了。若是把问题放在今天，你认为呢？

第三十六期

钓鱼城之战的历史影响

以蒙哥汗战死于攻城前线为标志事件的钓鱼城之战，不仅再次书写了人类战争史上以少胜多、以弱胜强的经典案例，而且还对欧亚、对世界、对中华民族产生了直接、广泛而深远的历史影响，是中西方文明进程中不得不提及的大事。

对宋蒙战事来讲——

张珏塑像

1259年钓鱼城保卫战的胜利，是南宋四川战区的胜利，也是整个南宋王朝的胜利，它直接宣告了蒙古帝国进攻南宋的阶段性失利，宋蒙之间由刀光剑影的战争状态变为局势相对缓和的休战状态，南宋政权得以继续维持统治至1276年。这之后的南方地区生产秩序逐渐恢复，人民生活较为安定，文化交流依旧活跃。

此间的钓鱼城，一方面，因战事的胜利而声名鹊起，光芒万丈；另一方面，又因整体的战区防御被攻破而独撑局面，备受压力。在这随后的20年中，钓鱼城进入了一个拼意志、拼韧劲的攻守相持阶段。1260年，王坚调离合州。1263年，宋理宗下诏，以张珏为合州知州，取代有意投降的马千，成为钓鱼城主将。

　　张珏，字君玉，陕西凤州人，18岁从军钓鱼山，因战斗英勇，才智突出，很快成长为王坚的得力副手。张珏魁雄有谋，善用兵，"出奇设伏，算无遗策"，被称为"四川虓（xiāo）将"。他通过以兵护耕、教民垦田积粟，在不到两年时间内，彻底改变了钓鱼城自"开庆受兵，民凋敝甚"的不利局面。

　　在张珏驻守钓鱼城的13年中，且耕且战，亦军亦民，与多支蒙元军队展开了旷日持久的激战，并长途奔袭周边各城以支援重庆、涪州、夔州等地的抗战。

　　1279年，在南宋灭亡后的第3年，已是孤城坚守、孤军奋战的钓鱼城守将王立，以保全城中军民性命为条件开城投降。值此，长达36年的钓鱼城之战才全面结束。

对全球战局来讲——

　　蒙哥汗亲征钓鱼城，战死前线之时，正值蒙古帝国在欧亚非开启第三次西征，全面推进领土扩张的时期。攻打钓鱼城的失败，疾速改变了当时的世界战局。首先是西亚战火的熄灭。旭烈兀的撤军不仅使得进军北非的计划破灭，还让埃及打了个措手不及。其次是对中欧的血腥掠夺戛然而止。此前，被罗马教皇称作"上帝罚罪之鞭"的蒙古大军，让整个欧洲成了惊弓之鸟。正当人们以为蒙古铁蹄不日将会深入西欧、南欧，一场巨大的灾难将不可避免时，这一切却因蒙哥汗的死去，在世界惊恐的目光中突然结束。虽然此后别儿哥的钦察汗国仍有出兵中欧之举，但是在大蒙古国内部纷争不断影响下，已成了强弩之末。

　　钓鱼城之战的历史，是世界中古历史的重要组成部分。在这场伟大的战争中，合州军民用生命和鲜血赢得了一场特别的胜利，为改变世界战场格局，避免世界更多的国家和地区受到蒙古帝国的暴力征掠作出了巨大贡献。

　　蒙哥汗之死，破灭了蒙古帝国称霸世界的梦想。蒙古全体宗王的联军扩业已不复存在，大蒙古国自身已走向分崩离析。此后，各汗国独自进行征伐，在各国人民的抵抗下收效甚微。蒙古征服欧洲、进军非洲的计划彻底失败。

元大都复原图/资料图片

对世界文明来讲——

蒙哥汗之死，加速了蒙古贵族集团的分裂。蒙古内部的汗位之争，分化了强大的军事力量，形成了两个大汗并存的局面。从此，蒙古帝国集团已无统一的号令、统一的征战、统一的宗教和文化政策。虽然四大汗国的统治者在血统上均出自成吉思汗"黄金家族"，彼此血脉相连，因而同奉入主中原的元朝为宗主国，与元朝驿路相通，但实际上又各自独立，还经常爆发边界冲突。这样的结果，使被他们征服和统治的亚欧各国的文明得到了保护和传承，并产生交流与融合。很难设想，蒙古帝国还再持续数年或数十载的暴力征战、掠夺、杀戮会给欧亚非国家的文明带来怎样的灭顶之灾；也很难设想蒙古帝国要是还能凭借暴力，在所征服地区强力推行一种宗教、一种文化的后果是什么。可以肯定的是，落后的游牧民族文化注定会阻碍先进的农耕民族文化发展；一种宗教文化的暴力推广，注定会带来更加血腥的宗教战争。在"黄金家族"的成员中，各自的封地不同，所信仰的宗教也不同，有原始宗教，有佛教，有伊斯兰教，有基督教，因军事冲突而变为了宗教冲突，那将是一场旷日持久的文明灾难。幸好，后来的一切均未向着这个方向发展。

实际上，在大蒙古国分裂后，各亚欧领地上的蒙古可汗已逐渐改变了传统的屠掠政策，开始接受农耕民族国家文化的影响，采用了比他们更先进的属国语言、宗教信仰和社会文化，走向了与当地贵族相融的"通化"道路。

仅在宗教方面，各汗国便一改之前的"萨满教"（长生天）信仰。地处中亚南部至西亚一带的伊尔汗国尊伊斯兰教为国教；地处西北亚和东欧的钦察汗国接受了当地东正教文化和伊斯兰教教义影响；地处中亚的窝阔台汗国和察合台汗国也改信了伊斯兰教，并积极主张突厥化。

成吉思汗的子孙们还努力学习被征服国先进的生产技术和文明的生活方式，甚至和当地人通婚、繁衍后代。他们通过吸收当地民族的文化，以当地民族的文明来建立和巩固自己的统治，并与之全面通化合流。

对民族融合来讲——

蒙哥汗亲征钓鱼城的失败，让当时在鄂州荆湖战区的忽必烈看到了南宋并非一战可灭，抑或是单靠军事手段可灭，加之内部矛盾尖锐，于是在与南宋达成和议之后，便行北撤。回到漠北的忽必烈，重点经略了两件事：一是平定内乱；二是做足灭宋的准备。而贯穿其中的则是如何通过向汉文化学习，与先进的汉民族融合，以此来建构一套对一个政治、经济、文化、社会、民族差异巨大的多元一体国家的治理体系。

忽必烈即位后便推行汉法。他以儒家的语气昭示自己政权的属性和纲纪原则。他接受汉族幕僚的建议，在中原采用传统的封建统治方式，任用儒臣和汉族世袭，建立中书省、十路宣抚司等机构。凭借中原雄厚的财力和物力，他打败了阿里不哥，平定了山东李璮叛乱。接着，忽必烈因势利导，罢世侯，置牧守，实行兵民分治，罢州郡官世袭，实行迁转法，剥夺了汉族世侯掌握私人军队和专制一方的权力，加强了中央集权，以避免割据势力再度产生。

1267年，忽必烈迁都大都（今北京）。1271年，忽必烈将国号由"大蒙古国"改为"大元"，标志着游牧民族的大蒙古国历史的终结，也标志着中国第一个由少数民族建立并统治全境的封建王朝——元朝历史的开始。

元朝实现了中国历史上前所未有的大一统，形成了统一的多民族国家，为中华民族大家庭的发展写下了独有的篇章。也正是靠着民族间的学习互鉴、交流融合、多元一体，一个文化上相对落后的草原民族统治了中国近百年。

钓鱼城石刻/王志航摄

对民族精神来讲——

自1243年钓鱼城筑城起，到1279年开城投降止，钓鱼城军民以惊天地、泣鬼神的英雄气概，坚持抗战36年，经历了从最初的山城防御体系抗敌到最后的"独钓中原"，从起始的干戈相向到最后的玉帛相投的艰难过程，以极其有限的条件，创造了战争史上的神话和奇迹。这其中，虽有地利之便，亦有天时之功，但人的因素才是最为关键和靠得住的因素。

从余玠、冉琎、冉璞到王坚、张珏，再到王立；从钓鱼城守军到合州城内城外民众，再到山寨义军，无不团结一心、众志成城，以充满智慧的军事谋划、家国一体的赤胆忠心、军民为本的战略战术、坚忍不拔的意志品质，展现了合州军民不畏困难、敢于胜利的斗争精神。作为民族大家庭来说，历史的过往，不管谁胜谁负，这些都是最可宝贵的民族精神。钓鱼城，一座英雄之城，一座历史之城，为中华民族所铭记，为人类世界所铭记。

话题： 不论从哪个角度讲，钓鱼城申报世界文化遗产都是我们乐见其成的事。"申遗"的意义，不仅是为了铭记这段历史，还享受它带给我们的荣耀和辉煌，根本的是要找寻我们身为合川人的那份历史自信与精神原动力。

qiduhechuan

被低估了的史家之绝唱

青年才俊张森楷

　　读合川，不论是以快进的方式读，还是以慢进的方式读，我们都会读到一个人或一部他写的书。这个人便是我们既熟悉又陌生的近代史学家、实业家、教育家、社会活动家张森楷。我们熟悉他，是因为他为我们留下了一部堪称典范的《合川县志》；我们不熟悉他，是因为他当时的作为和成就鲜为世人所知，未曾出名或者说未曾出大名而低估了他。

　　张森楷（1858—1928），原名张家楷，字元翰，号式卿，后改名石亲。1858年10月14日出生于今合川区狮滩镇。祖辈为合州经营工矿业的大户，到

张森楷出生地狮滩镇地貌景观/陈明摄

其祖父张震川时破产，从此家道中落。张森楷父亲张兴仁工于小楷，写得一手好字，人称"张印刷"，靠佃耕和给乡里筹办红白喜事、抄经写联养家糊口。

张森楷从小深受父母勤于劳作、诗书传家的影响。5岁时，进入富室张家骏家读私塾。由于天资聪慧、勤奋好学，又有过目不忘的非凡记忆力，深得私塾老师和学童的喜爱，有"神童"之称。

8岁时，张森楷父亲因积劳成疾，不幸亡卒。弥留之际，曾有所嘱咐，称张森楷为张氏家的"大器"，成龙可上天，成蛇可钻草，"若日后无钱读书，亦当习医济世，不可作市井小民"。由于家中有三个幼童需要抚养，经济拮据，失去顶梁柱的一家人日食维艰，其母只得将其送至其叔曾祖父张庭宣家，以便他继续完成学业。

张庭宣家居合州城区，家中办有私塾，对张森楷的学业也特别上心。据说10岁那年，张庭宣想要试一试曾孙的学问，此时天空乌云密布，山雨欲来，张庭宣便来了一句："雨罩群山小。"也许是天公作美，上苍有意，没过一会儿，云开雨停，丽日当空，这让张森楷灵光乍现，迅速对出："日出村树高。"张庭宣抚摸着他的小脑袋称赞道："孺子可教也！"于是，延聘了当时的名师——合州人汤博宇、赵资生及丰都人徐琴舫为教习，对他勤加培养，耐心指导，从而为童年的张森楷在修身、立品、做学问方面打下了良好的基础。

1870年，13岁的张森楷被合州学正选中去重庆府参加童子试，返程前夕于过街楼书摊购得《史记菁华录》与《日知录》。回合州后，他反复学习这两本书，由此树立了治学经世之志。

我们知道，《史记》不但是我国历代正史的鼻祖，而且是一部文学巨著。但《史记》的卷帙庞大，内容广泛，遍及天文、地理、术算等各方面，一般人若要全读，时间和精力往往是不够的。《史记菁华录》就是在清康熙时，一个叫姚祖恩的人经过删除赘文、撷取菁华、精心剪裁、编辑点评，写出的一本既可作初学《史记》者的入门书，又可作《史记》研究者的参考书，还可作一般古典文学爱好者的学习读本。

《日知录》是明末清初著名学者、大思想家顾炎武的代表作。该书是一经年累月、雕金琢玉撰成的大型学术札记。它以明道、救世为宗旨，囊括了作者全部学术、政治思想，有着丰富的经世、警世内涵，其中不少名言警句，传诵千古，如"礼义廉耻，是谓四维"，如"保天下者，匹夫之贱，与有责焉耳矣"，"国家兴亡，匹夫有责"的慷慨激昂，更是激励着一代代中国读书人。

锦江书院/资料图片

张森楷就读其叔曾祖父家，前后8年，学业大进。此时，清王朝派大员张之洞出任四川学政，为推行新政选拔人才。1876年4月，合州学官推举当时小有学名的张森楷前往重庆参加院试。院试由朝廷特派大员主持，对于读书人来讲，是一种荣誉。19岁的张森楷以优异的成绩博得了张之洞的赞许，被录取为州学生，定为秀才，并且获张之洞签名赠书。张之洞所赠之书，一本是供研习方言用的《輶轩语》，一本是习读经史用的《书目问答》，这两本书均系其本人所撰，在当时曾风行一时。

张之洞的赠书，对张森楷既是奖励又是促进，不但扩大了他的知识天地，也引导了他去遨游书的海洋，获取更多的知识。1877年，通过再次考试，张森楷又深得新的学政赏识，顺利地通过选拔，进入成都尊经书院学习。

成都尊经书院，成立于1874年，是在近代中国大变革的格局下，由川籍洋务派官僚薛焕等15人倡议，四川总督吴棠与四川学政张之洞筹划修建

尊经书院遗址，张之洞《四川省城尊经书院记》刻石/曾勋摄

的一所新式的书院，是当时四川的最高学府，也是四川近代高等学校的源头之一。书院不志科举，放弃八股文，倡导经世致用思想，除了国学，还教授西方科学知识。

张森楷在尊经书院的学习特别用功，他的勤奋刻苦精神和严谨求实的治学态度，不仅博得了精于《诗》《礼》《春秋》之学的院长王壬秋的赏识，同时也与同院学习的高才生合州人丁治棠、戴子和、彭耀卿共称"合州四俊"（或"合阳四俊"）。丁治棠长于经学、戴子和长于词赋、彭耀卿长于文章，而张森楷则长于史学，他们各居其首席之位。

正当张森楷学业有所建树，志向有所明了，特长有所展现的时候，由于他淡泊科举，不愿出仕；由于他在习读典籍后提出了"《周礼》不可信，《论语》正误各半，史书记事真伪掺混，制义之学束缚人"的言论；由于他在求取功名中表现出来的"乡试于我只是应命差事"的傲气，遂被同院忌妒者引申为离经叛道行为，随后告到了主持院长那里，被院长当即除名，削去学籍，开除出院。这个突如其来的变故迫使张森楷不得不离开尊经书院，旋即进入锦江书院就读。

锦江书院，成立于1704年，是当时研习八股文的最高学府，人称"举人预备学堂"。教学要求"先经义而后时文，先行谊而后进取"。比较重视经史、治术课程，除《古文辞》、"十三经"、《资治通鉴纲目》外，《御纂经解》《性理》《历代名臣奏议》《文章正宗》、五言八韵诗等，均为主要学习内容。

张森楷入锦江书院后，被安排为书院都讲（书院中协助讲经的儒生），兼管图书典籍事宜。自此，他感激奋发，志存高远，自立禁约3条："不为经学词章，不应岁科优拔试，不事书画诗词应酬"，决意专攻史学。同时，他还自刻8字图章"一生谨慎 小事糊涂"来警醒自己。

长达8年的书院学习，张森楷慢慢地由"学子"变成了"学人"，尚未到而立之年，他便在经学和史学上都取得了良好成绩。特别是在史学方面，他撰成了当世绝学《通史人表》296卷，又在精读深研二十四史的基础上，撰写了《读史质疑》300多卷，同时还完成了《通鉴校字质疑附胡注正讹》2卷，校正胡三省注的讹误820多条。年方29，史海深究的张森楷赫然成了合州人民引以为傲的青年才俊。

话题：清代200多年间合州人考为进士的只有10人，可谓凤毛麟角，他们被统称为"清代合州十进士"。若能于科场中来个金榜题名，当是光宗耀祖的稀罕事。凭张森楷的天赋异禀和勤奋刻苦，中个进士之类的应该不是什么问题，然而他却作出了应付科举、全心治史的人生选择。对此你怎么看？

一生的家国情怀

张森楷生活在晚清到民国新旧两个时代交汇之际，国家适逢多事之秋，人民生活更是困苦不堪。他一方面立志于史，做自己的学问；另一方面又以极大的热情关心着国家，情系着乡里。他的人生经历没有什么特别的仕途追求和政治目标，却总是能走在爱国救国、爱民为民的行动当中，表现出了浓厚的家国情怀。

七年桑梓育人生活

1887年，29岁的张森楷应老母的要求，结束了在成都的书院生活，回到合州。第二年，受聘出任振东乡校主讲。振东乡校位于原双凤场上下云峰寺之间，是其叔高曾祖张琦淮与刘仕钦创办，当时已有90多年的历史了。为使家乡的下一代强大起来，他向政府提出，乡学育人要跟上形势所需、地方所用，故请改校名为"时中小学堂"。

为办好时中小学堂，把学校教育与社会教育融为一体，张森楷深入田间院坝，遍访农家老人小孩，深入了解农村社会对学校的需求，从而确立了"因材设教、因材施教"的办学原则。

他认为，前人对学童的

清末小学堂/资料图片

启蒙方法不可取。为此，他亲自编写了《文字类要》4卷作启蒙课本。这本书分人、物、地、天4门，每门300行，每行1句，每句4字，每个字均注上切音，下面注篆、籀、古文及字的本义，每个字的注最多不超过30个字。这个课本最大的特点在于，它既能使学童记字，又能使学童通过识字同步对社会的过去和现在有粗浅的认识。

此外，张森楷为在校读书的不同年龄、不同程度的学童编写了《同声字谱》10卷、《迭韵无双谱》106卷、《声律典丽》4卷、《六书半解》3卷等作课本，有效地解决了学童从识字到写文章作诗词的知识求索与联系。

张森楷主教的"时中小学堂"日益兴旺，不仅引来许多外县的学生，还引来了不少当地村民在课堂外旁听。于是，他为了满足乡里成人对知识的渴求，连夜编写了《通俗正名杂字》1卷，内容分身体、亲戚、伦常、人事、物品、天时、地理7类，每类最多20句，每句6个字，押韵上口，便于记忆。该书深得大人小孩的喜欢，用于日常生活又成了一种传统文化的普及和教化。

十年实业救国实践

1893年，张森楷曾赴省城参加乡试，中举人。1894年，他离开合川，赴京参加会试。此时，正值甲午海战爆发，北洋水师败北，朝野震惊。目睹国力衰弱，张森楷认为，洋务派鼓吹推行的"学西法，办洋务，以之富国裕民"均为幻想。为探究国弱民贫的真正缘由，他先后在北京、上海、杭州各地进行了广泛的社会调查，得出"富强之道首在提高国力，只有创实业以生财，财增才力强"的救国道理。

至此，张森楷除了以治史促民众觉醒之外，开始探求如何创办实业、办什么实业的问题。通过在上海的考察，他发现江苏、浙江、湖北、广东各省的蚕业十分兴盛，而号称"蚕丛之国"的蜀地川丝，由于品质低下，难以匹敌，于是产生了发展蚕桑、改良川丝的想法。他认为，发展蚕桑事业，乃实业进化的阶梯，实为当世富国裕民可行之业。

经张森楷的多方奔走，1901年，四川第一个蚕业公社在今合川太和镇大河坝创立。第二年，"四川民立蚕桑公社"开社，张森楷任社长。

为使蚕桑公社这粒"实业救国"抱负的种子能尽快抽芽、开花、结果，张森楷又亲往江、浙揽聘蚕桑技术人员和师资，又东渡日本考察蚕桑事业的新技术和新成果，然后在合州境内推广引进良桑和新法育蚕、缫丝，开创了"改一年一次养蚕为两次养蚕"的先河，开拓了缫丝、纺织、印染等全产业发展的经济路径。

新创的蚕桑公社，经过几年的艰苦努力，到1909年，合州的蚕桑事业迅速发展起来，省内各地纷纷前来参观学习。由于合州所创蚕桑实业的成功，四川各地竞相发展，以至于出现了全省"桑舍如笋，桑株如荠，丝厂如林，岁进千余万"的局面。1905年，四川生丝出口产值约10万两白银，三年后猛增到4000万两白银。张森楷因此获得"川东蚕桑之父"的美称。为褒奖其功，朝廷特赐张森楷三等商爵勋章。

两年保路运动斗争

20世纪初，辛亥革命的暴风雨冲涤着中华大地，发生在成都的铁路风潮把张森楷推向了社会斗争的前沿，使他从一个书斋里的学者成为一个社会活动家，一个民主斗士。

1904年，四川人民在成都组建了自办的"川汉铁路公司"，规定"不招外股，不借外债"。1909年，川汉铁路公司在宜昌设工程局，正式动工修建铁路，这是中国人民在路权问题上反对帝国主义侵略的标志性斗争。然而，就在这之后的1911年，腐败无能的清政府却在各帝国主义列强的胁迫下出卖了主权，与之签订合同，把川汉、粤汉铁路修筑权出卖给了英、法、德、美四国银行团，这一丧权辱国的行为激起了全国人民的无比愤怒和群起反对。1911年6月，四川人民首先起来奋力抗争，成立了"四川保路同

保路运动纪念碑/资料图片

张森楷故居及陵园/合川区文化旅游委供图

志会"，决定以"破约保路"为斗争目的，以光绪皇帝上谕中的"铁路准归商办"为行动口号。一场轰轰烈烈的反帝爱国保路运动在四川展开起来。

此时，年已54岁的张森楷，基于强烈的爱国热情，毅然暂置在成都府中学堂的教席，加入了保路运动的斗争行列。他在群众中发表慷慨激昂的讲演，公开指责清王朝宣布的"铁路国有政策"是"祸国殃民的误国政策、卖国政策"，提出要救国弭祸，只有坚持"破约保路"。

1911年9月，四川总督赵尔丰为平息事件，大开杀戒，先是诱捕了蒲殿俊、张澜、罗纶等保路同志会的仁人志士，后又向手无寸铁的请愿群众开枪，当场打死群众32人，致伤群众无数，造成了震骇全国的"成都血案"。

为救援被捕的"保路同志会"同志，作为干事长的张森楷不顾个人安危，连夜给督署衙门和将军府递写呈文，为被捕同志辩冤。同时，还冒死闯衙与当局谈判，以营救被捕同志。人们交口称赞他"忠于国家，义于宾朋"的壮举。

"保路运动"结束后，张森楷于1912年被推举为川汉铁路公司总理。上任后，他见路局奢靡之风盛行、贪污腐化严重，便开始进行了大刀阔斧的内部整饬，不断强化纪律，清理债务，严管人事，严查账目。此举为大多数人所拥护，却触动了少数人的利益，使工作受阻，难施抱负。1913年春，张森楷辞去总理职务，返回成都府中学堂任教，并继续从事史学研究。

话题：一个读书人，因为迫于世事参加科举的缘故，进了一次京，由此便想到了创办实业，并成为一个实业家，对于一般人来讲，这的确是一个奇幻而不可思议的事，但搁在张森楷那里，却由于他笃定报国的情感和志向，真就做出了一番事业来，践行了他实业救国的初心和探索。你的看法呢？

第三十九期

举世的史学大家

1879年，张森楷由尊经书院转锦江书院后，即开始从事史学著述。此后，不论是任官府幕僚还是在学堂任教，都以研究史学进而著书立说为己任，一直到1928年手握书稿、病殁榻上、以身殉学。在长达50年的漫长岁月中，始终笔耕不辍，上下求索，特别是在他的晚年，更是每天伏案18个小时，累计完成著作27种，计1134卷，令人叹为观止。

其史学巨著主要有《通史人表》296卷、《二十四史校勘记》337卷、《史记新校注》133卷、《历史邦交录》100卷、《合川县志》83卷。

《通史人表》

张森楷治史，以人物为纲，并把人物作为着手史籍校勘的基础，其所著《通史人表》，注重探讨历史人物的功过得失及其社会影响，希望以翔实的资料、实事求是的科学态度还历史本来面目。张森楷为此书殚精竭虑、费尽心思，正如他自己所说，"所采书不下数千种，盖平生精力尽此书矣"。《通史人表》一书在学界享有很高的声誉，罗振玉等视之为"独创""孤学"之作。清末著名文史学家李慈铭评价此书，"体大思精，诚为读史者之权舆，古无此作，足称伟业"。

《二十四史校勘记》

二十四史是中国古代各朝撰写的二十四部正史的总称。它上起传说中的黄帝时期（约前2550），下至明朝崇祯十七年（1644），涵盖中国古代政治、经济、军事、思想、文化、天文、地理等各方面内容，共计3213卷，约4000万字。它反映了中国错综复杂的历史进程，连贯、完整、全面地论述了我们国家和民族的历史，是中华民族引以为荣的宝贵的历史文化遗产。

由于史部浩繁，或因援引的芜杂，或因记载的疏略，或因流传抄印的乖谬，以致错误百出，给我们学习研讨二十四史带来了障碍。

《二十四史校勘记》，就是针对二十四史的错误、不实、漏洞给予校正、补遗和注释，以还全史本来面目，增强其可信度和真实性；以便条目编排有序，克服过去前后矛盾的混乱现象；以便于方便后人查阅，增强实用性。这就是张森楷50年苦心孤诣为后来学者勤勤恳恳所做的惊人的整理工作。

在此之前，还没有人以一手一足之烈，把整个二十四史像他那样逐字逐句反复检查校勘过。正如福建名士林万里所说：《二十四史校勘记》是"国史研究的伟业"。近代史学家罗振玉、李慈铭也高度评价张森楷，称其所著为鸿篇巨制，前无古人。

1978年5月24日，《人民日报》报道称，中华书局发行点校本二十四史，点校中采用了张森楷《二十四史校勘记》未刊稿，其精心遗著终得重见天日，其心血因而璀璨于二十四史卷帙中。

《史记新校注》

《史记》乃"二十四史"之首，它不仅为历代正史立宗，也被认为是一部优秀的文学巨著，在中国文学史上具有重要地位，被鲁迅誉为"史家之绝唱，无韵之《离骚》"。

《史记新校注》/资料图片

《史记新校注》集中了张森楷50年潜心国史的大半功力，可以说是寒暑无间，其死生以从之者亦在此。他甚至以70岁的高龄，只身作万里行，历天津的严寒、北京的溽暑，病泻而殁，亦即为此。《史记》，自"三家注"以后一千多年来，就只有他才将该书的130卷全部句栉字比地全盘梳理过。所谓"三家注"，即南朝宋裴骃《史记集解》、唐司马贞《史记索隐》、唐张守节《史记正义》的合称，这是我们今天所能见到的关于《史记》的最早注本。

张森楷在校注《史记》的同时，也把"三家注"中舛误不实的地方一并给疏证了出来。他据以校勘的国内和日本的旧本、孤本、影本、写本等《史记》将近30种，引用经纬、雅言、子集、故训，由唐至清诸家旧说，在200种以上，可以说做到了精密研索，严格考校，十易其稿，确可无疑地传信于后人，有助益于后学，其功在"三家注"之上。

《历史邦交录》

甲午战争失败后，国势衰危，江河日下，有识之士都为国家存亡担忧。地处海防前沿的两江总督张之洞为了不蹈"甲午海战"的覆辙，想物色一个人写一部《历史邦交录》以资借鉴，于是托人征求张森楷的意见，张森楷义不容辞地接受了任务。

张森楷修史十分注重总结历史治、乱、兴、衰的经验教训，国与国交往总是以实力为后盾，落后总是要吃亏挨打，所以应该追求民富国强。他把这些理论始终贯穿于所写的书里。在《历史邦交录》中，他提出了一整套富国强兵的谋略、治国安邦的主张。张之洞看后拍案叫绝："好一个张森楷，奇人也！"这是张森楷所做的以史治国的探索。

《合川县志》

1918年，四川军阀混战暂时平息下来，熊克武依靠孙中山的力量，统一了四川，同盟会在四川的负责人杨沧白出任四川省长。杨沧白很想有一番作为，他想到的一件事便是修志。于是，他聘请了曾任国史馆编修、成都尊经书院院长的宋育仁担任总裁，开始编纂《四川通志》，随后又通令全川各县重修地方志。

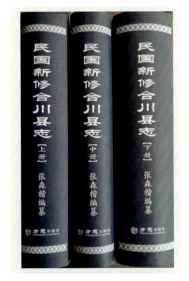

《民国新修合川县志》

《张森楷史学遗著辑略》/资料图片

　　同年，张森楷应合川知事郑贤书之请，主修《合川县志》。在十分艰苦的条件下，张森楷历时5年，完成了一部上自西魏，下至民国九年（1920），长达1300多年历史，共83卷230多万字的新编《合川县志》。这本志书是张森楷60岁时，积累毕生学问和多年著述的经验，以老练的才华笔力写成。其内容、体例、手法等多有创新，特别是在内容上突破了历代志书重政治轻经济的弊端，列入了合川当地资源、商贸、生产状况等。该书以章学诚的方志学理论为依据，取法《史记》《汉书》，把合州的政治、经济、人文、地理等重大事件以表、考、图、记、传等不同形式给予展示，体例完备，详略允当，考证准确，令人耳目一新，一洗俗尘。例如，正史上有传的，文字就比较简略；而正史上无传或语焉不详的，他就详写，很多地方甚至可补国史之缺。又如在合川山水名胜的论述方面，他并不满足于历史文献资料，而是走遍了合川的山山水水，亲临实地考察，文字既生动流畅又给人以身临其境之感。

　　该书一经问世，便震动了全国学术界，大家公认新修合川县志是"史学界的最大成果"，是张森楷的心血。按梁启超的说法，《合川县志》是康熙以来新修县志之难得佳作。由此也确立了他作为近代方志学奠基人的地位。特别值得肯定的是，近百年来，它一直为家乡人民所认可、所接受和欢迎。

张森楷遗稿散失之谜

抗日战争期间，中国辞典馆内迁至重庆北碚，馆长杨家骆热心著述，在得知张森楷遗稿亟待出版一事后，便向合川图书馆借走了全部遗稿，说是为了把它写成副本以做出版的准备。

1945年，抗战胜利，中国辞典馆回迁，杨家骆则将张森楷的各种遗稿带至南京。此后，出版一事和遗稿的存留便不得而知，不知所踪。

直到1978年8月，方知其遗稿存于南京图书馆（根据全国图书馆古籍藏书普查资料信息，张森楷《二十四史校勘记》手稿现藏于北京师范大学图书馆）。然而，整个《二十四史校勘记》原稿已失去了《汉书》校勘记、《旧五代史》校勘记和宋、辽、金、元、明史校勘记，散失的遗稿与去到台湾的杨家骆有直接关系，从台湾出版的《史记新校注》来看，杨家骆带走遗稿的可能性极大，只是世事变化、人事更迭，尚不知《通史人表》及所缺失的《二十四史校勘记》原稿等是否还能找到？若能找到，则是一个被低估了的史家之绝唱的完美回响。

话题：张森楷是郭沫若史学研究的启蒙老师。中学时期的郭沫若心高气傲，曾认为张森楷只不过是个"史料篓子"，为史料所征服，却不曾征服史料，等到他自己成了历史学家、考据学家，则又发自内心地称赞张森楷是近代屈指可数的治史专家。这充分说明，史学虽有新旧之分，但这种新旧的关系却是一种继承与发展的关系。因此，对张森楷治史的价值我们万不可低估，特别是他面对浩瀚史料所做的基础性研究。不是吗？

第四十期

合川的骨鲠之气

张森楷像

郭沫若在评价张森楷时，曾称他"很有骨鲠之气"。

骨鲠之气，即刚直之气，是浩然之气的内核。一个人有骨鲠之气，不但不畏生死、无所惧怕，亦能明辨是非、从属正义，使死生都有价值，进退都有意义。因而可以说，它是中国传统文化中的高贵精神。

在我看来，张森楷的骨鲠之气，从某种意义上讲，代表的是他生于斯长于斯成于斯的三江大地——合川的骨鲠之气。合川，初有土著濮人从远古走来，战洪荒斗险途，茹毛饮血，开拓进取；后有内迁巴人建都于铜梁山下，且战且守，一面开疆拓土，一面抵御楚蜀；再后来，又有合州军民筑城于钓鱼山上，抗击蒙元大军，保家卫国，轰轰烈烈，其至大至刚、不屈不挠、忠勇坚贞、凛然豪迈的精神早已升腾为一种弥漫世间、充盈天地的骨鲠之气、浩然之气。

具体到张森楷来说，其骨鲠之气，突出表现在他：于功名能淡然处之，于历史能秉笔直书，于学有坚守，于国有义举，于民有善为。他一生行事光明正大，疾恶如仇，不苟安现状，不追名逐利。

早在青年求学时期，张森楷便养成了在待人接物上虚心诚恳，不说假话，不以权势者的喜恶改变自己对是非曲直的判断。

他在成都尊经书院求学时，书院规定学生不得疑经，而且必须参加省里的科举考试。但他却有自己的认知和看法，在同窗学友中公开指出经书典籍确有错漏谬误之处，必须纠正不可信的地方。

他对参加科举考试不感兴趣，不愿入仕，便公开宣称："年力有限，载籍无穷，不致志专精以从事学问，徒敝敝焉科举之是务"，又引宋人语："早知穷达有命，悔不十年读书"。他前后两次参加科举考试，全是应付了事。由于他这种有话直说、敢说真话的性情，与院规背道而驰，被视为离经叛道行为，最后遭到书院的除名，而他却得其心安。

他在治学过程中，既不迷信权威，又不任意妄断，而要反复推敲，务求其审，就正有道。据说，他的《史记新校注》修改310次，《通史人表》大约重写了5次，《二十四史校勘记》中前四史拉通修改过4次，其他许多著述也是反复修改了多次。张森楷研究学问的细致，可以从一件小事看出：他在国立成都大学任教时，经常到一个叫李铁桥的地方去，从他宿舍到李铁桥，一共转多少个弯、走多少步路，他都一一清楚。有这种细大不捐的精神治学，自然会有许多过人的特识。

他在合川从事蚕桑实业的10年中，民众受益丰厚，同时增加了四川财政收入，而他自己却常年身居蚕社，不领薪酬，生活躬行节约。家居或在蚕桑社工作，他都主张晚上喝稀饭，被大家戏称"张稀饭"。

后来，蚕桑实业的兴旺发达，为贪婪官吏垂涎。合州知州杨体仁，伙同豪绅张骏骧凭手中权势，诬告张森楷贪污侵吞公社资产，让他吃官司，个人赔偿股款，并强夺蚕桑实利。为此，张森楷上控辩诬，经数年官司，侵蚀罪被否定，但重振蚕桑实业却为官府所不许。

虽然"实业救国"的努力失败了，但张森楷却矢志不移，不忘初心。无论在什么情形下，凡是对民众和社会有益的事，他总是不计个人安危得失，奋力去做。

1912年，他在任职川汉铁路公司总理期间，为使铁路真正成为利国利民的产业，不顾来自各方面的压力和威胁，全力整顿路政，严查历年经费账款，揭露以铁路谋取私利者的丑行，最后遭到免职、通缉等迫害。他本人也不得

记录着中华民族屈辱和抗争精神的川汉铁路/资料图片

不由成都回到合川，再由合川连夜离家，乘船前往重庆，再至宜昌，一路逃难一般。即便如此，他仍不改初衷，为阻止众军阀强行从铁路项目中提款，他专门潜往当时的北京，向最高检察厅提出申诉，要求传讯诬告者进行审讯，以便核实，从而表明真相。经过长达10个月的努力，才终于撤销了对他本人的通缉令。

在他主持编纂《合川县志》时，正值军阀出身的川军二师秘书长陈世虞任合川知事。陈世虞想借张森楷声誉欺瞒百姓，以达到他扩军、敛财的目的，但张森楷却坚决不为其利用，大胆揭露其在请拨修志常款时，强增附加费一事，使其骗局不能得逞。由此得罪了官府，官府对他恨之入骨。后来，因县议员戴崇德检举县财政收支有假账一事，官府借题发挥，诬赖是受张森楷唆使，以"损伤二师名誉"为词，将张森楷拘捕下狱。张森楷在狱中，愤然写下一首诗，名为《后正气歌》，颇有文天祥《正气歌》的风骨，读之，让人感愤，同时又激起无限的斗争精神，正如诗的末句所写："养兹浩然气，赓歌无愧色。"张森楷冤狱获释后，通过夜以继日地工作，加快了总撰、刻板、印书的速度，确保了《合川县志》的如期问世。

及至晚年，张森楷虽身处乱世，却依旧凛然卓立，不临官场，不畏权阀，一生急公好义，与民同命。四川军阀割据时，陈书农师驻合川，向民众征收军费，每人银洋半元。张森楷为此事亲往师部理论并指出，此乃害人之举，若不停止，将组织县人群起反对这次扰民的人头税。他亲笔写了《抗御横征宣言》在全县城乡张贴，号召驱陈出境。宣言中明确指出要"再接再厉，除死方休，前赴后继，有加无已"。又亲手举起"抗御横征决死团"大旗，鼓动全县民众斗争到底。

由于张森楷挺身而出，不但取得了抗征人头税的胜利，还取得了抗粮斗争的胜利。过去军阀一年中征粮七八次，数年内即预征粮几十年，民众不堪其苦，通过张森楷的首倡抗粮和"决死团"的武装拒征，最后迫使陈师农签署协议：年征不得超过三次。

然而，就是这样一个爱憎分明、至刚至烈的人，平日里，在家乡人的印象中，他却是一个"体短微胖、光着头顶、未留髭须、语言温和，常于暮色中散步田间，与农夫共话桑麻盐米，温存欢洽"的人，足见其大爱胸怀、人格品界。

话题：什么是张森楷的骨鲠之气？什么是合川的骨鲠之气？不妨读读他的《后正气歌》。

第四十一期

巴蜀的人文遗产

巴蜀之地，自古便是物华天宝、人杰地灵、文化繁荣。汉之司马相如、扬雄名重一时；唐之陈子昂、李白、李商隐誉满天下；宋之苏洵、苏轼、苏辙古今超群。到了近代，张森楷、郭沫若更是一代治史良才。放眼巴蜀文化的历史长廊，合川人张森楷，往来于巴蜀之间，秉承乾嘉考据之学风，坚持以史治国的探索，发扬无畏的学人精神，实为巴蜀文化的重要遗产。

在推动巴蜀文化的发展和繁荣方面，张森楷的贡献是巨大的，也是多方面的。

史学研究方面

他一生为学术研究而努力，其学术成就超然卓绝，被认为是"过去七百年间四川最有贡献的史学家"。

首先，他治史内容丰富，不断开拓。除前述的鸿篇巨制，他还编有《通鉴校字质疑》2卷、《华夏史要》32卷、《姓目方言类编》48卷、《纪元韵谱四编》3卷、《职官勋爵进退表》4卷、《三国音注》20卷、《历代艺文经籍异同出入存佚表》10卷、《通史舆地形势沿革表》等。其内容除传统的政治、军事、文化等论述外，还丰富了经济、外交、地方文化、人民生活等传统治史的薄弱环节和空白。

其次，他主张经世致用，以史治国。他在修史撰志的同时，特别注重秉承经世致用之风，撰写的《历史邦交录》《华夏史要》《经子时务杂钞》《人格商权书》《通史六鉴》《合川县志》等历史著述，无不充分体现了他"以史治国"的主张和济世救国的衷心。

最后，他重考证而不废行思。他对史志的校勘，深受乾嘉学派的影响，堪称国史研究与校勘学的典范。所谓乾嘉学派，又称"乾嘉之学"，是清朝前期的一个学术流派，以对于中国古代社会历史各方面的考据而著称。由于学派在乾隆、嘉庆两朝达到了鼎盛，故得名。其代表人物主要有顾炎武、阎若璩、钱大昕、段玉裁等。他们刻苦钻研中国传统文化，对于研究、总结、保存传统典籍起到了非常积极的作用。

张森楷秉持了乾嘉学派的学风，又加以了发扬：立义必凭证据，援据以古为尚，孤证不为定说，隐匿或曲解证据为不德，剿袭旧说为不德，文体贵朴实简洁，辩诘不避本师，词旨务笃实温厚。

教育文化方面

他是中国近代职业教育和新史学教育的重要奠基人和主要开拓者。他在创办四川蚕桑公社时所开设的四川民立实业中堂，是一所读书与实践相结合

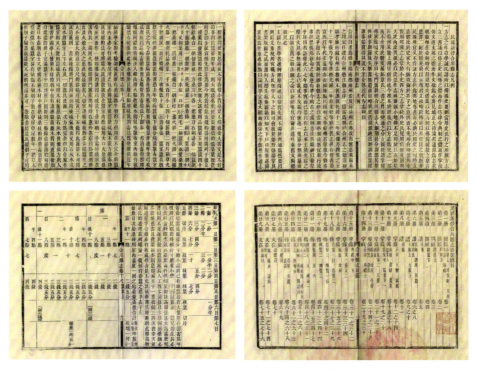

《民国新修合川县志》1922年初刻本书影/国家图书馆藏

张森楷墓园落成仪式/资料图片

的新型学校，学生在课堂学习文化和技术知识的同时，还可以把学到的知识在蚕桑公社实践。

在课程设置上，几乎都是近代农工商业的科学技术，是对传统教育的实质性改造。从课程表图的编制看，有通选课、专业分化课及专业核心主干课，且遵循教学原理、循序渐进，各学期的课程部分交叉联系，程度及水平逐渐提高。注重实习课的安排，更体现了近现代职业教育强化训练学生职业技能及操作能力的实际需要。

在教学方法上，张森楷大胆起用新秀，将头班毕业的优等生提为教习，采用复式教学方法，既节约了师资、校舍，又加快了人才培养。新生第一学年进蚕室，只能做班副，一切听从头年学生指挥，而且只能养普蚕。第二年，头年学生升为高等班，饲养种蚕，做班副的学生即升为班长，又指导新生养普蚕。

对成绩优良的学生，张森楷还将他们保送到日本留学深造，先后留学日本的学生有：秀山教习韩兴佑、巴县教习汤君弼、阆中教习吴德一等28人。这些有知识、有技术的蚕桑新秀分赴巴蜀各地，为振兴四川的职业教育，为巴蜀蚕桑事业的发展作出了巨大的贡献，所有这些都代表了教育由传统向近现代的转型。

1900年，张森楷在成都府学堂任教时，发现现行通用的国史教材内容干涩、枯燥、肤浅、平庸，而且与现实脱节，就决定把历史上的人和事结合国情与当前形势，编写一部科学的实用教材，这就是32卷的《华夏史要》。在这部教科书中，张森楷首先把中国历史分为政治、经济两大类，并诠释了先进技术对发展生产力的重要作用。这部教材受到学生及教育界改良派的欢迎。新教材启用后，一扫先前历史课教学的沉闷气氛，加之张森楷声情并茂富于哲理的讲授，收到了事半功倍的效果。在他众多的学生中，就有后来著名的文学家、史学家、社会活动家郭沫若。

除史学、教育外，张森楷还著有《周礼名义道释》4卷、《缜密斋治经偶得》1卷。这些著作是他早年在尊经书院读书时，按照当时每个学生须专研一经的规定所写。虽然张森楷的学术兴趣不在于"四书""五经"，但他却很有心得，特别是他的研究方法，有别于其他学子，从而显示出了他的独有价值，那便是他以治史的方法治经，以治经的方法治史，将经史的研究加以融通。

治学精神方面

张森楷一生辛勤耕耘、兢兢业业，其严谨务实、精益求精的治学作风和崇高的奉献精神，当为后世学人楷模。

自青年时代立志史学开始，他便严格地鞭策自己和要求自己。他曾亲笔写下一副对联警语："十二时中莫欺自己，廿四史内当比何人"，以此为自己的座右铭。

张森楷在述及他的治学态度时，曾提道：遇疑事、误文，必反复推勘，务求其确切允当。偶有所得，怕已为前人谈过，或见有逸闻别解，不敢凭己意定夺，便随笔札记为《读史质疑》，以就正于通才卓识之士。

在治学中，凡所揭举，必自己出，绝不拾取古人一字一句，以避免因袭雷同。凡文献涉及的人文地理，务必求得依据，翔实甄录其出处，以期信而有证。往往一人的身世，一地的疆域，要上溯《虞书》，下翻《明史》，旁及编年纪事，诸子百家，以及文集类书，钟鼎碑版，而所得者少如麟角，扬弃者多如牛毛，以致有经年累月不能完成一卷的情形。他曾将自己的书斋题名为"缜密堂"，足可见其治学作风之一斑。

为求得名家对他治史的意见，1893年，他就利用入京会试的机会，将其各史校勘记连同《通史人表》带到北京，遍访当时学者盛昱、翁同龢、李慈铭、缪荃孙、王懿荣、康有为等人，并把征得的意见辑成《师友赠言录》，作为自己治学的参考资料。

后来，他又前往苏州拜访俞樾，前往湖州拜访陆**心源**，前往钱塘（浙江杭州）拜访丁丙，尽量翻览他们的藏书。到1901年《通史人表》和《二十四史校勘记》定稿，他专注于此已长达23年。1928年，已达古稀之年的张森楷，不顾羸弱多病之躯，毅然再上京津，寻求善本，不久卒于北京，可谓以身殉学，耗尽平生最后一丝精力。

话题：张森楷是史学家，也是实业家、教育家、社会活动家，他的事迹和他留下的著作，不论从历史影响还是从精神层面，都值得我们珍视，是一笔宝贵的文化遗产。在加快推进成渝双城经济圈建设的新发展进程中，如何推动巴蜀文化的同荣共建，或许可以从回眸张森楷的学术生涯中得到诸多启示。你若有兴趣，不妨做些研究。

baduhechuan

民族实业不能忘记的人

合川之子卢作孚

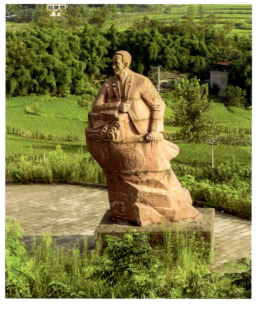

卢作孚塑像/刘勇摄

20世纪50年代，毛泽东曾讲道，中国的民族工业，有四个人不能忘记：讲到重工业，不能忘记张之洞；讲到轻工业，不能忘记张謇；讲到化学工业，不能忘记范旭东；讲到交通运输业，不能忘记卢作孚。

在中国近代史上，张之洞、张謇都是赫赫有名的人物。他们不仅在工业领域作出了巨大贡献，在其他方面也颇有建树，其名声和政治影响都很大。与之比肩，卢作孚于国家于民族，其贡献毫不逊色，甚至在一些方面有过之而无不及。

合川是卢作孚的故乡。他在这里出生、成长，并从这里走上探索救国救民的道路。他对故乡始终充满着深厚的感情。为了家乡的发展和人民的幸福，他自力更生，艰苦创业，在这里办交通、办实业、办教育，推动社会改革试验，以实现他的救国、富国、强国理想。

1893年4月14日，卢作孚出生在合川城关北门外杨柳街，原名卢魁先，后改名卢思，字作孚。兄、弟、妹6人，卢作孚排行老二，长兄卢魁铨，三弟卢魁甲，四弟卢魁群，五弟卢魁杰，小妹卢魁秀。他们都是在合川城关长大。

作孚之名，出自《诗经·大雅·文王》："仪刑（型）文王，万邦作孚。"孚者，信用也，引意为让人信服、信从，以此为名，蕴含有深孚众望之作为的意思

卢作孚祖居，位于合川县城百里以外的肖家场（今合川肖家镇）。肖家场地处合川北端，分属合川、岳池两县。合川的杨家、岳池的周家，是当时两县的大地主。其祖父卢仲义，是肖家场的一个佃农，为人老实厚道，几经地主盘剥，家境十分穷困。其父卢茂林，从五六岁起就在地主家当放牛娃，借以混口饭吃。

卢仲义死后，卢茂林到了合川县城，先是在一家裁缝铺当伙计、学手艺，后替一些贩卖麻布的商人当雇工、做运力，工钱收入相对较高。于是，他放弃了裁缝行活儿，专门往返于合川、荣昌和隆昌，帮人做麻布生意。

在这过程中，他摸清了做麻布生意的一些规律：一是包装布匹的粗麻布，运到商店成了废物，一般布商不要，他则从布商手中贱价买来，拿回家稍做洗涤和修理，转卖给贫苦人家，从中可获取微利；二是挑运麻布之外，自己也捎带少许麻布，回来后分卖给四邻，卖价比市场价低，既方便了邻里，又增加了收入。由于他的老实厚道、乐于助人，人称"卢麻布"，在当地人群中小有名气。

随着家庭经济的好转，卢家开始在合川县城外定居下来，卢作孚及其兄弟姊妹们，才有条件入学读书。这对他们开辟新的人生道路、创造新的事业起到了很大的作用。

卢作孚从小爱劳动，尚节俭，珍惜来之不易的学习机会。童年的卢作孚十分孝顺体贴父母，每天帮母亲砍柴、挑水、扫屋子，从不让父母操心。尽管过着吃不饱、穿不暖的艰辛生活，但却秉性善良、勤俭节约、谦逊质朴。

1899年，卢作孚与大哥一同到一家私塾读书。每天鸡鸣起床，一早就到城门口等候，如城门未开，便借城门口点的灯笼透出的光线读书。由于聪明

《应用数题新解》/卢作孚
纪念馆供图

过人，加之自己的勤奋努力，很快便学完了私塾老师教的全部课本。1901年，兄弟二人一起转入瑞山书院学习。

就在这一年，卢作孚得了一场重病，上吐下泻，高烧不止。因无钱请医买药，以致一段时间成了哑人。幸亏哑而不聋，加之他意志坚强，每天仍然坚持劳动，坚持学习。不能说话，他就以笔代言，通过书写的方式研讨课业。1903年春节，母亲带他到舅舅家拜年，忽遇一只燕子从屋内飞向屋外。在他兴奋地追逐燕子时，嘴里居然情不自禁地喊出了"燕子、燕子"，当此，奇迹出现了，他恢复了自己的语言能力。

关于瑞山书院，其历史源头之渊薮可追溯到南宋淳祐三年（1243）为纪念北宋理学家周敦颐而创办的"养心堂书馆"。清乾隆年间置义学，初称"接龙义学"（1780），后谓"瑞山义学"（1785），及至清光绪二十五年（1899），改名"瑞山书院"。1904年瑞山书院开办新学，始称"瑞山小学"。

1907年，卢作孚以优异成绩从瑞山小学毕业，结束了自己的求学生涯，自此再也没有上过任何正规学校。这也是多年后中央大学校长罗家伦誉称他为"小学博士"的原因。

1908年，年仅15岁的卢作孚跟随一群商人，只身步行到成都，住在成都的合川会馆。当时的成都有很多高级学校，虽然都是公费，但与其志趣不合。因此，他选了几个收费低廉的补习学校，加紧各种基础学科的学习。补习班的学习，课程内容一般比较肤浅。于是，卢作孚便开始了他似有神助的天才般的自学。

由于他对数学有浓厚的兴趣，加之他才思敏捷、反应快，一年之内便开始研究高等数学了。他广泛搜寻所有的数学教科书和著作，还买了一些英文版本，对照学习。其间，他解了大量的数学难题，并把学习心得编辑成书，著有《应用数题新解》和相关几何、代数、三角、解析几何等教科书和习题

卢作孚祖屋/资料图片

明明小学落成纪念碑/谢婧摄

详解。因无资金，只印了《应用数题新解》一书。

　　除数学外，卢作孚还倾力学习英语、古文、历史、地理、物理和化学。他自学英语，从未间断，后来在民生公司当总经理时，还经常修改英文秘书起草的文稿。他自学古文，花了3年时间逐字逐句研究韩愈著作，逐段逐章批注，这对他后来讲话、写文章产生了重要的影响。

　　1910年，卢作孚开始对时事产生了兴趣，深入地研读了有关国内外进步的社会科学和自然科学理论，如卢梭的《民约论》（即《社会契约论》）、达尔文的《进化论》、赫胥黎的《天演论》，以及孙中山先生的著作。

　　我们知道，卢梭的核心思想是"主权在民"而非"朕即国家"；达尔文、赫胥黎的基本理论是"物竞天择，适者生存"；孙中山的政治主张是"驱除鞑虏，恢复中华，创立民国，平均地权"，即"三民主义"，这些在当时的中国都是前所未闻、极具划时代意义的政治思想主张，是对中国社会变革与社会革命的思想启蒙和教育推动。

通过对这些著作的学习，卢作孚不仅丰富了知识、开阔了眼界、拓展了思维，还对如何帮助自己国家和民族摆脱帝国主义和封建主义的压迫、剥削，摆脱贫穷落后的状况，有了深刻的认识，为日后他的革命救国、教育救国、实业救国的人生经历打下了坚实的基础。

话题：作为合川之子，卢作孚是合川人民的骄傲。2023年4月14日是卢作孚先生诞辰130周年。通过纪念卢作孚先生，再来看看合川的百年沧桑巨变，再来感受一番合川的人文精神，必将激励我们更加凝心聚力，谱写现代化建设的新篇章。为此，让我们再一次走进卢作孚，走进他的人生旅途和精神世界。

第四十三期

少年中国志

在成都求学的过程中，卢作孚深受孙中山先生著作的影响，信服"三民主义"（民族、民权、民生）学说。他一边阅读，一边思考，还经常把学习的心得体会写成文章，在报刊上发表。正是这些文章，引起了成都同盟会会员的注意，他们从写稿人留下的通信地址找到了卢作孚。他们惊奇于卢作孚的思想深度和年轻有为，引荐他加入同盟会。

1910年，年仅17岁的卢作孚已对当时的社会革命十分关心。他见清王朝

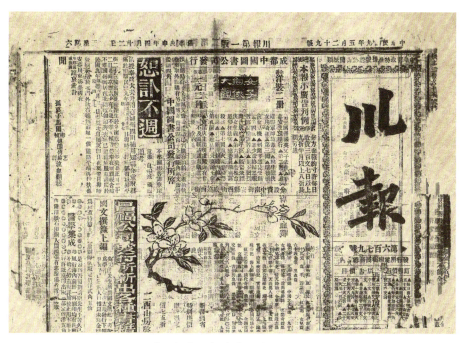

《川报》/卢作孚纪念馆供图

腐朽不堪，外侮日亟，工业衰微，农村凋敝，到处是民不聊生的景象，便有了救国救民之志。于是，秘密参加了孙中山先生领导的同盟会，并积极投身于当年发生在四川的"保路运动"。

1911年，辛亥革命爆发后，卢作孚四处活动，奔走呼号，与成都的广大民众一道投身到这场轰轰烈烈推翻清王朝统治的民主革命中。

清王朝被推翻后，当时的四川政府曾要委任他做夔关监督。夔关，长江上游的重要关口，设在昔时的四川夔州，即今天的重庆奉节，主要负责对过往川江的商船征收商税。然而，对于这样的美差，卢作孚却不为心动。在他看来，革命不是要做官，于是便辞绝了这一职务。这时，为了扩大革命宣传，他又积极向成都各报馆写稿，倡导民族和民主革命思想，以此提高民众对革命的认识，鼓舞革命斗志。

1912至1914年，时局多变，四川都督、军阀胡文澜大肆搜捕和迫害革命党人，卢作孚不得不离开成都，后经朋友介绍，他去了川南的江安中学任教员。

1919年春，卢作孚受李劼人之邀第三次赴成都，任《川报》主笔。《川报》是成都一家民办报纸。"五四"运动爆发后，他满怀热情地投入爱国运动的洪流中。他借报纸这一宣传工具，发表了许多反对帝国主义、反对卖国政府的社论和系列文章，全面详细报道全国各地学生罢课、工人罢工、商人罢市的消息。同时，他还身着灰麻色学生服，与学生、青年们上街游行和宣传。

关于李劼人，这里顺便介绍一下：他是中国现代著名文学家，著有《死水微澜》《暴风雨前》《大波》等带有历史意味的多卷本连续性长篇巨著，其"大河小说"被誉为小说的《华阳国志》，郭沫若称他为"中国的左拉"，曹聚仁（民国记者、作家）赞他是"东方的福楼拜"。他同时也是著名的社会活动家、影响广泛的法国文学翻译家、卓有成效的民族实业家。当然，这些都是后来的事，彼时的李劼人为《川报》总编（社长）。

这年秋天，李劼人去法国留学，卢作孚接任其职，继续以满腔热情，利用《川报》宣传民主、科学和新文化运动，提倡新思想、新道德、新文化，反对旧思想、旧道德、旧文化。他用白话文代替文言文，刊载了两类为社会所瞩目的文章：一是《省议会旁听录》，对省议会提出的一切违背民众意愿、损害民众利益的行政措施和议会提案，撰文予以批判。由于如实地报道了会议的争辩情况，强烈地反映了民意，为群众所乐于阅读，政治影响力很大。二是《西藏往事谈话》和《西藏边政录》。该系列文章是卢作孚根据西藏拉萨经商回到成都的商人秦君安口述而撰写的。这些充满了爱国热情的文章，向广大群众揭露了英帝国主义利用印度作为跳板，侵入我国西藏地区，收买藏传佛教僧侣和贵族，挑拨民族关系，妄图分裂我国领土的图谋，引起社会各界人士对西藏事务的广泛关注。

卢作孚在成都舆论界的影响力，引起了当权人物和省议会的注意，督军熊克武拟委任他兼任督军署的委员，省议会拟聘任他担任议会秘书，然而都被他拒绝了。

1920年，卢作孚加入了少年中国学会。少年中国学会，系五四运动前后的进步社团，由李大钊、王光祈等经过一年多的酝酿筹备，于1919年7月正式成立。

该学会的宗旨是："本科学的精神，为社会的活动，以创造少年中国。"要求会员恪守"奋斗、实践、坚忍、俭朴"的信条。学会设总会于北京，在

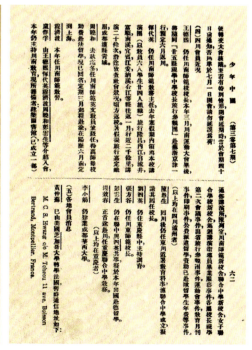

《少年中国》第三卷第七期/卢作孚纪念馆供图

南京、成都、巴黎设分会，会员遍布全国各地以及法国、美国、英国、日本和南洋等地，并创有机关刊物《少年中国》，影响很大。毛泽东、邓中夏、张闻天、恽代英、萧楚女、高君宇、赵世炎、曾琦、李瑛、左舜生、许德珩等均加入了该会。

少年中国学会仅存7年，但它网罗的几乎都是中国当时的青年精英。在这些精英中走出了民国时期中国三个大党派（中国共产党、中国青年党、九三学社）的直接创始人和创立民盟的一部分人。

少年中国学会之所以用"少年中国"作为会名，实际上是受了梁启超《少年中国说》的影响。在当时，"少年中国"既是一种精神意象，更是一种国家理想。那种"少年智则国智，少年富则国富，少年强则国强，少年独立则国独立，少年自由则国自由，少年进步则国进步……"的豪情壮志，无时无刻不在激励着追求进步的热血青年。

卢作孚的一生深受少年中国学会崇尚科学与民主，为改造、建设中国而奋斗的思想影响，一生都在为中国的现代化、为中国的富强而努力拼搏。少年中国学会的理想之火，成为他一生奋斗的动力，也照亮了他一生前进的方向。

卢作孚从热心追求革命到参加带有革命性质的社会活动，一直都在寻求怎样救中国的路径。他和中国共产党人共同探讨国家的出路及社会变革，是他生活中重要的一页。他与萧楚女、恽代英等中国共产党早期青年运动领导人共过事，并经常在一起研究探讨有关革命问题。一次，他们为革命的方式问题，争得面红耳赤。恽代英主张成立组织，彻底改革，卢作孚主张潜移默化、扩大影响，避免过大牺牲。张从吾（现代藏书家、北碚图书馆创办人之

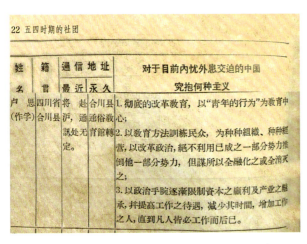

1925年，卢作孚在"少年中国学会改组委员会调查表"中提出了自己的思想主张/卢作孚纪念馆供图

一）对他们各自的主张有赞同，也有不同看法。最后，他们都能求大同、存小异。在此后的1923年，卢作孚、恽代英、萧楚女等还经常会面，多次探讨革命问题。

1925年10月，卢作孚在《少年中国学会改组委员会调查表》中关于"对于目前内忧外患交迫的中国究抱何种主义"的问题，曾表达了他的革命认识：一是彻底的改革教育，以"青年的行为"为教育中心。二是以教育方法训练民众，为种种组织、种种经营，以改革政治，绝不利用已成之一部分势力推到他一部分势力，但谋所以全融化之或全消灭之。三是以政治手腕逐渐限制资本之赢利及产业之继承，并提高工作之待遇，减少其时间，增加工作之人，直到凡人皆必工作而后已。

由此可以看出，卢作孚十分重视教育在推动社会变革和革命中的不可替代作用。同时，他提出要以政治的手段来限制资本之赢利，要减少工作时间，提高职工待遇的主张，实属难能可贵，充分体现了少年中国学会的精神。

话题：革命家和实业家似乎是两个不搭界的身份。卢作孚一生以实业活动闻名，可他也曾积极投身革命活动抑或说是社会活动。他笃定"奋斗、实践、坚忍、俭朴"的信条，目的在于"本科学的精神，为社会的活动，以创造少年中国"。对此，不知你怎么看？

教育救国梦

1914年夏，为寻求救国之路，卢作孚独自一人出游上海。他先到重庆，乘"蜀通"轮顺江而下。在上海，他结识了职业教育家黄炎培等人，与他们成了"忘年交"。在他们的介绍下，卢作孚有机会考察了上海的学校和民众教育设施。这次上海之行使卢作孚认识到，振兴国家的首要大事是培养人，由此萌发了从事教育以启迪民智的想法，从而开启了他教育救国理想的航船。

泸州白塔/卢作孚纪念馆供图

传奇的从教经历

卢作孚虽然只是小学毕业，却收教过补习生，当过小学老师、中学老师和师范学校老师，教学经历丰富。1909年，卢作孚在成都求学时，一边自学一边开办补习班收教中学补习生。1913年，他到川南担任县立江安中学国文教员。1916年，他回合川任福音堂小学数学教师。1917年，他转到合川县立中学当数学老师兼监学。1923年，他出任四川省立第二女子师范学校国文教员并兼校副董事长。

卢作孚的教学方法十分独特。在教国文时，他"让学生自己选文读，自己讲"，他只是听和问。他自称这是把教师、学生的关系"颠倒过来了"。他认为学生真比先生讲得好，因为先生是马马虎虎的，而学生则是下过一番功夫的。

更出人意料的是，卢作孚教学生写作文从来不出题目，而是让学生按自己的心意将作文写好了交给他，他最后才给加上题目。他的道理是："富有天才的好文章，就是一个人把自己想说的话，恰如其分地写出来"，"必须自己有想说的话，自己有深刻的体会或感动，然后才能写得出很深刻、很生动的文章"。他的体会是，最好的教师，是帮助学生自己学习，是帮助学生自己解决实际问题。

他曾教过中学的算术，用的却是学生自学的方式去教，最初教得很慢，整整一个学期，才教完"基本四法"。不过因为学得扎实、灵活，那个班的学生拿他们学的问题去考高年级的学生，高年级的学生却回答不出来。在卢作孚看来，"唯一的施教方法，就是教学生如何去思想，并且如何把思想活用到数学上去"。

川南新教育试验

1921年初，卢作孚应川军九师师长兼永宁道尹杨森之邀，出任教育科长，帮助杨森在川南泸州推行新政，建设"新川南"。

卢作孚到泸州拜会杨森时提出，要打破几千年的旧思想、旧道德、旧文化，需要着手在泸州办两件事：一是以开展民众教育为中心，创办通俗教育会，以继续推进五四运动开始的爱国运动和新文化运动；二是以整顿川南师范学堂为中心，进行新教育试验。

卢作孚首先在城中的白塔寺创办了通俗教育会，以之为中心，在泸州地区广泛开展各种形式的民众教育活动。由于杨森的支持，很快便建起了图书馆、阅览室，吸引城内外有志青年前来读书学习。与此同时，他还邀请北大教授陈启修和《小说月报》编辑茅盾等前来演讲，并定期组织各种时事讨论与辩论，以此传播改造社会和反对帝国主义、封建主义的思想，使泸州成为新思想、新文化、新道德的前沿阵地。

通过通俗教育会，卢作孚还开展了声势浩大的移风易俗活动，特别是要破除妇女所受的封建束缚，宣传放脚、剪短发、实行男女同校读书等。此外，还大力开展了卫生运动，为中小学生普种牛痘等。

1921年10月，在卢作孚的操持下，恽代英来到泸州川南师范学堂任教务主任。他对教材进行改革，将国文课改为语体文，选五四运动以来的进步文章作教材。教学方法采用讨论式，由教员提出问题，学生开展讨论，教员再加以总结，使教学生动活泼，激发了学生对科学的兴趣。

恽代英在川南师范学堂成立了马克思主义读书小组，建立社会主义青年团组织。寒假期间组成演讲团，到10多个县巡回讲演，在川南播下革命火种。恽代英、萧楚女、李求实、刘慧庵等一批学者成为通俗讲习所、平民夜校的老师。卢作孚还在《川南师范月刊》《教育月刊》以及新创办的《新川南日报》上发表文章，探讨教育和社会的改造问题。一时间，其影响远达成都、重庆两地，新川南、新教育、新风尚的叫好声，传播了整个四川。

创办成都通俗教育馆

1924年，杨森被北洋政府委任为四川军务督理兼摄民政。一直怀存"教育救国"理想的卢作孚，在拒绝了杨森委任他做教育厅长后，提出在成都创办一个通俗教育馆的请求，得到了杨森的支持。

成都通俗教育馆/卢作孚纪念馆供图

兼善中学校舍"红楼"/卢作孚纪念馆供图

卢作孚将成都通俗教育馆选址在当时已损毁破败的少城公园（今成都市人民公园）内。通俗教育馆包括6部分：一个博物馆，其中分自然、历史、农业、工业、教育、卫生、武器、金石8个陈列室；一个图书馆，其中分成人、儿童两个分馆；一个讲演厅，其中有中西音乐及京剧、川剧演唱组；一个动物园；一个游艺场。此外，还开辟有一个公共体育场，设有足球、篮球、排球、网球、田径等竞赛场地。这里既是市民参观、学习、休闲和开展体育文化活动的场所，也是相关团体单位召开会议和组织集会的场所。

通俗教育馆是卢作孚社会改革三大试验之一，目的在于推进民众教育，是建立新的集团生活的一次重要尝试。他把通俗教育馆办成了一个活跃的、生机勃勃的政治、科学、文化、艺术和游览中心，丰富了人们的生活，增长了人们的知识，陶冶了人们的情操，改变了人们的思想观念。

可以说，当时世界上没有任何一个通俗教育馆在名副其实地完成自己的宗旨方面，比他做得更好。在这一年里，卢作孚还在成都西较场亲自主持了四川省第一个大型运动会，开了历史之先河。

推动大规模办学

随着实业的开启和发展，卢作孚开始了他的大规模办学实践。1925年，他创办了北碚实用小学。1927年，他接办合川瑞山小学（后来发展为瑞山中学），出任校董事长。1929年，他是新成立的重庆大学校董。1930年，他又创办了兼善中学。1933年，他作为巴蜀学校开办校董，亲自出面找黄炎培为学校推荐校长。

据资料记载，卢作孚在北碚从事乡村建设的短时期内，就使该地区的普及教育形成规模。其中，小学由18所发展到70所，小学适龄儿童入学率由21％提高到80％。

同时他还办起了形式不一、为数众多的"民众学校"，进而形成"挨户教育"，如在茶馆办"力夫教育"，在囤船上办"船夫教育"等。当时从民教班毕业的人数累计达30144人，占失学民众的60％。

在教育救国理想的指引下，卢作孚倡导和躬行的教育实践主要有以下几个特点：

一是强调教育的普及性。他对传统教育作了深刻的批判，指出："人人皆有天赋之本能，即人人应有受教育的机会。""在今天以前，读书是种专业，只需有一小部分读书。今天以后，农人、工人、商人和一切有职业的人，都须有知识、有能力，读书便须普及。"他十分重视初级教育和教育运动，以此作为唤醒民众的前提。

20世纪40年代，卢作孚陪同中外人士参观中国西部科学院/资料图片

二是强调教育的时代性。在国家处于积贫积弱的情况下，教育就是要培养能够担当建设富强国家责任的人。他办兼善中学时，把学校的宗旨确定为：从农村建立一个符合时代的中学，训练出来的学生是生产的而不是享受的，是平民的而不是特殊的，是前进的而不是保守的，是强有力的而不是懦弱的。换言之，就是要为教育寻求一条正确的道路，为国家训练无数的建设人才。

三是强调教育的实践性。他指出："教育的意义，是在教人学习，教人从实际生活中去学习。我们知道学骑马，要在马上学；学游泳，要在水上学；学机器，要在机器前面学。"

四是强调职业教育的重要性。他说："中国缺乏技术人才，尤其缺乏管理人才，如果这个根本问题不解决，则所有社会的一切问题都不能解决。"企业即学校，且是最实际的学校。职业教育的主要途径须放到企业中去。

五是强调爱国和民主的原则。他指出："学校培育人才，不是培养他个人成功，而是培养他做社会运动，使社会成功。""中国没有出路、社会没有出路，青年哪有出路？"他所创办的学校始终充满着爱国、民主、团结、活泼的新风气。

话题：教育始终承载着卢作孚的救国理想。及至后来，卢作孚办实业，按他的话说，"我是办实业的，但实际是一个办教育的"，"办实业，也等于是在办教育。"可以看出，他始终坚守着教育救国的理想。因为在他看来，要达到救国的目的，必须使广大民众觉醒；要使民众觉醒，就必须兴办教育；要兴办教育，就必须有实业作支撑。简言之，就是实业兴教，教育救国。这与其他知识分子所提的教育救国思想有什么不同呢？欢迎讨论。

第四十五期

民族实业奇迹

由于军阀势力的争斗和此消彼长，"你方唱罢我登场"，卢作孚在川南进行的新教育实验和在成都创办的通俗教育馆都没有取得最后的成功。这让卢作孚悟出了一个道理："纷乱的政治不可凭依""每每随军事上的成败，而使事业共沉浮"。从那时起，卢作孚就有了兴办实业的想法，他认为要进行社会改革实验，必须首先兴办实业。

白手起家创立民生公司

1925年，卢作孚返回合川，开始了他一生中的第二个社会改革试验——创办民生公司。民生公司首选航运业为开端，这是因为：在卢作孚看来，四川经济不发达，科学文化落后，交通闭塞是一个重要原因。要改变四川的落后面貌，必须先交通，后实业，再文化教育。而四川的交通在没有铁路和好的公路的情况下，唯有通过长江及其支流与外省

民生实业股份有限公司重庆总公司大楼(1935年)/
卢作孚纪念馆供图

民生轮/卢作孚纪念馆供图

发生交往和联系。

民生公司的创办，一开始并不顺利。十多个发起人本就没有钱，虽向老师、同学、朋友劝募，也只能几个人合起来为一股，为数极其有限。后来通过向县里的士绅募集，也因大多数人不看好川江航运而持观望态度，最终认股不到2万元，与公司所定股本5万元的目标差距甚大。更糟糕的是，认股者不愿交付股金，实际收到的股金仅有8000元。到后来还是卢作孚的老师、合川县教育局长陈伯遵出面担保，通过借贷教育基金才解决了最困难的资金问题。

作为公推的民生公司筹备处主任，卢作孚一面收集股金，一面亲赴上海订造轮船和购买发电设备。由于筹备处无钱支付旅费，卢作孚还是向他人借了500元才得以动身前往。

1926年6月10日，卢作孚召开公司创立会，确定公司名称为"民生实业股份公司"。公司以"服务社会、便利人群、开发产业、富强国家"为宗旨，鲜明地体现了卢作孚实业救国的思想。这是他一生中的一个大转折。

民生公司成立于合川，起步于重庆到合川的嘉陵江短途航运。1926年7月，经过艰辛的筹备和艰难的试航，民生公司第一艘轮船"民生"号从重庆起航，满载乘客顺利到达合川，从此民生轮每天航行于合川到重庆的航线上，开始了川江航运史上从未有过的定期客运航行。

为经营好民生轮的航运业务，卢作孚废除了买办制，代之以经理负责制，革除了三包制，代之以四统制，即四个统一管理：经理统一管理船上事务、公司统一管理船上人员任用、统一管理船上财务核算、统一管理船上油料核发。这在中国所有的江轮、海轮上，都是破天荒的第一次。

与此同时，民生公司在合川岸上的发电厂、碾米厂、自来水厂等实业也都获得了迅速发展。

化零为整统一川江航运

川江自古有船行。卢作孚开辟嘉陵江航道时，整个川江航业竞争十分激烈，甚至可以说是十分残酷。先是外国轮船公司企图垄断，后是多个私家轮船公司尔虞我诈，互相杀价，争夺运务，以致各家公司都陷入不能维持日常开支的困境。卢作孚为了改变这种局面，及时增加资金，于1929年将总公司由合川迁到重庆，向川江各家公司提出以收购轮船或合资的方式走联合经营之路。

其联合的原则是"四个凡"：凡愿出售的轮船，无论好坏，民生公司一律照价收买。凡愿意与民生公司合并的公司，无论其负债多少，民生公司都一律尽力照顾，帮助他们偿清债务，需要多少现金即交付多少现金，其余作为加入民生公司的股本。凡卖给民生公司的轮船和并入民生公司的公司，其全部船员一律转入民生公司，由民生公司安排工作，不使一个人失业。凡接收一只轮船，即废除一只轮船上的一切腐朽的管理办法和陈规恶习，代之以民生公司自己创立的一套新的管理制度和良好的服务作风。

在卢作孚坚持不懈地努力下，到1935年，重庆下游至宜昌一线的所有中国轮船公司都并入民生公司。这样，整个长江上游的几十家中国轮船公司终于以民生公司为中心联合起来，形成一个整体。

川江航运的统一，不仅为同帝国主义航运势力进行斗争打下了坚实的基础，还为日后抗战期间的战时运输准备了良好的条件。1935年底，经过一场残酷的竞争和斗争，卢作孚一举粉碎了以日商日清、英商太古和怡和为首的帝国主义轮船公司的联合围攻，维护了长江上游的内河航行权。此后的一年半内，民生公司又在上海订造了新船达21艘，至抗战全面爆发，民生公司已有船只46艘。

抗战英雄与救国公司

1937年7月7日，抗战全面爆发。日本法西斯狂妄宣称要在三个月内灭亡中国。7月底，北京、天津相继陷落。8月，日军进攻上海，3个月后上海被占领。1937年11月，日军进攻南京，国民政府宣布迁都重庆，并确定四川为战时大后方。

当时入川，少有公路，更没有铁路，唯有长江水路可走。而宜昌以上的三峡航道狭窄，弯曲复杂，滩多浪急，险象环生，有的地方仅容一船通过。1500吨以上的轮船不能溯江而上直达重庆，所有乘客和货物都必须在宜昌下船，换乘能行长江上游的大马力小船。

随着战事的继续，南京、武汉相继失守，之后长沙、广州也被侵占。从1937年7月到1938年10月的一年零三个月时间里，华北、华中、华南共13省100多万平方公里的土地和300多座城市沦于敌手。

这时，宜昌情况十分危急。从上海、南京、南通、苏州、无锡、常州、武汉匆忙撤出的工业设备已陆续集中于此，从南京撤出的政府机关、事业单位和各地要撤到后方的学校也集中于此。也就是说，"全中国的兵工工业、航空工业、重工业、轻工业的生命，完全交付在这里了"。从各地撤下来准备入川的中国各界的精英也都交付在这里，他们中有教师、医生、工程师、商人、公务人员等，一共3万多人。

而此时，运输船只奇缺，能够穿行三峡的只有卢作孚的民生公司22艘轮船和2艘外国轮船。更为要命的是，当时距川江每年的枯水期只有40天，枯水

大量人员和物资撤退到宜昌/卢作孚纪念馆供图

拥挤在宜昌街头的难民/卢作孚纪念馆供图

大量人员和撤退物资由民生公司运送到重庆/
卢作孚纪念馆供图

期一到，水位下降，运载大型机器设备的船只根本无法开航。依当年的运力计算，这么多物资和人员要全部运抵重庆，至少需要一整年的时间。

历史的责任就这样落在了卢作孚的身上，同时考验着他的智慧和勇气。为了国家和民族的利益，他必须把这些人员和物资在有限的40天内撤出宜昌，运抵重庆。因为他掌管着民生公司，他还是国民政府的交通部常务次长。

卢作孚火速赶往宜昌，面对人心极度惊恐、秩序极度混乱的局面，他亲赴各轮船公司和码头视察，并登上轮船，检查各轮船的性能、运载量、运行状况，一面安抚人心，一面寻求良策，制订出40天内运完撤退人员和物资的详细计划和具体措施。他首先统一指挥，统配船只，统一调度，然后再以惊心动魄的"三段式航行"展开运输。

所谓"三段式航行"，就是将长江上游宜昌至重庆来回一共6天的航程截为三段，宜昌至三斗坪为第一段，三斗坪至万县为第二段，万县至重庆为第三段，每段根据不同的水位、流速、地形来调配马力、船型、速度适合的轮船分段运输。除最重要的和最不容易装卸的大件设备由宜昌直运重庆外，次要的、易装卸的只运到万县即卸下，待日后转运；更次要和不特别急的，则只运到奉节、巫山或巴东即卸下，待日后转运；还有的甚至运进三峡，脱离危险区即卸下，让轮船当天即开回宜昌。这样，每天必有5~7艘装满物资、人员的轮船从宜昌开出；每天下午，必有同样数量的空船开回宜昌，充分利用枯水期前后40天的中水位，最大限度地增加运输能力。

据有关资料显示，到宜昌沦陷前，民生公司运送部队、伤兵、难民等各类人员总计达150万人，叶圣陶、徐悲鸿、吴作人、张善孖、张伯堂、老舍、郭沫若、陶行知、晏阳初、胡风、吴祖光、沈钧儒、史良、沙千里、黄炎培、梁实秋等中国文化界、知识界名人都与这场大撤退结下生死之缘。运送货物达100余万吨。那些抢运入川的物资很快在西南建立了一系列新的工业区，尤其是以重庆为中心的兵工、炼钢等行业的综合性工业区，构成了抗战时期中国的工业命脉，为抗战的最后胜利提供了有力的保证。

在整个大撤退运输中，民生公司损失轮船16艘，116名公司船员牺牲，61人受伤致残。

宜昌大撤退，被称为中国实业史上的"敦刻尔克"，然而它却有着敦刻尔克大撤退不可比拟的个人英雄主义色彩。前者依靠的是一个国家的力量，是由一个军事部门指挥完成，后者则完全依靠的是卢作孚本人和他的民生公司，在中外战争史上，这样的撤退只此一例。卢作孚是抗战英雄，民生公司是救国公司。

中国船王和他的船队

为适应战时运输持续不断的需要，民生公司承担着巨大的损失和亏损。在完成宜昌大撤退后续运输后，卢作孚辞去了交通部次长职务，倾注全力于自己所创办的事业，使之在无数的牺牲和困难中能够继续为抗日战争和战后的国家经济社会恢复贡献力量。

1946年，卢作孚亲赴加拿大、美国参观考察，商谈借款和造船，总计在美国、加拿大购置船舶20多艘，近3万吨位，使民生公司船舶总吨位达到了空前的高峰。

同年，民生公司与金城银行达成协议，联合成立民生公司海航部，即太平洋轮船公司。随后开辟了上海到青岛、天津的北洋航线和上海到基隆、福州、汕头、广州、香港的南洋航线。

虎门轮从香港归来/卢作孚纪念馆供图

1947年7月，基隆分公司成立，陆续开辟了基隆到天津、海口、汕头、厦门的航线。

1947年12月，民生公司沿海航线已经全部建立起来，紧接着就是开辟东南亚和日本的海洋航线。1948年4月，民生公司南海轮首航日本，标志着民生公司的远洋航运从此开始。

民生公司就是这样无畏地从一艘70吨的小轮船起家，由合川冲向嘉陵江、冲向长江、冲向沿海、冲向远洋，不断发展和壮大。

到20世纪40年代末，民生公司已拥有轮船148艘，船队布满长江，通到海外。卢作孚无疑成了近代中国船王。

1949年，国民政府撤往台湾。卢作孚当时在香港，虽受到多方诱迫，但他不愿意放弃他惨淡经营的民生公司，"要为新中国的航运工业尽绵薄之力"，毅然回到祖国，并将停留在香港的18艘轮船全部驶回。

1952年9月，民生公司实行了公私合营，成为全国私营企业公私合营的一面旗帜，为1955年在全国范围内对资本主义工商业实行社会主义改造创造了范例。

话题：在卢作孚身上，始终透着一种精神，有人把它概括为"富强国家、民生为本"的爱国精神，"公而忘私、服务社会"的奉献精神，"富于理想、勇于实行"的实践精神，"勤俭敬业、耐苦耐劳"的朴素精神。不知你怎么看？

第四十六期

北碚之父

卢作孚被称为"北碚之父"，是北碚的开拓者。这与20世纪初全国掀起的那场涉及面广、影响深远的乡村建设运动有关。

20世纪二三十年代，国家政治秩序动荡，军阀战乱频繁，地方匪患遍地，又遇自然灾害不断，再加之世界经济危机深度波及中国，以致小农经济为主体的农村社会濒于"破产"。

农村"破产"，是朝野上下、社会各界的共同结论。这种破产，表现为大量农业人口流离失所，农产品价格惨跌，农村金融枯竭，农民负债上升，土地抛荒现象严重等。与经济落后相伴而生的，是文盲充斥、科学落后、卫生不良、陋习盛行、公德不修等不良现象。

北川铁路沿途文星场旧景／卢作孚纪念馆供图

在当时知识界的普遍认知中，农村对国家的经济、政治、文化具有决定性意义。因此，农村破产即国家破产，农村复兴才是民族复兴。

正是在这样的背景下，救济农村、改造农村逐渐汇集成了一股强大的时代潮流。据统计，到20世纪30年代中期，乡村建设运动在山东、山西、河北、河南、江苏等东部和中部地区10余个省的几十个县和成千个乡、村展开，参加团体达600余个，试验点达1000余处。最主要的有黄炎培领导的中华职业教育会在江苏昆山徐公桥、晏阳初领导的中华平民教育会在河北定县、陶行知领导的晓庄师范学校在南京晓庄、梁漱溟领导的山东乡村建设研究院在山东邹平进行的乡村建设实验。

乡村建设运动本质上是一群忧国忧民、富于社会责任感和历史使命感的知识分子发起的一场爱国救国运动。

卢作孚的乡村建设运动独处西部，以嘉陵江三峡地区为依托。嘉陵江三峡地区地跨当时的江北、巴县、璧山、合川4县的39个乡镇。这里山岭重叠、

北川铁路/卢作孚纪念馆供图

三峡染织厂/卢作孚纪念馆供图

地势险要、交通不便，主要依靠嘉陵江水路与外界相连。由于四川军阀割据，内战不断，兵痞盗匪趁机作乱，致使商旅难行，峡中民众苦不堪言。

北碚是这里的水路要冲，属巴县管辖。1927年以前的北碚，是一个偏僻的小乡场。场镇不大，街道狭窄，房屋低矮简陋，更主要的是垃圾满地，污水横流，缺乏秩序，除有一些茶馆、酒肆、饮食铺外，就是土庙、烟馆和赌场。

1927年2月，卢作孚被举荐为江巴璧合四县特组峡防团务局局长，由此来到北碚，开始了他的乡村建设运动。卢作孚是个理想家，更是一个实干家，他说："远在天下，近在此乡，我们应赶快将北碚乡现代化起来。"对于大家的疑问，卢作孚

相信，只要大家不怕困难，齐心努力，"定能从北碚的乡村建设开始，影响到四周的嘉陵江三峡地区，逐渐经营起来，都能建设成为美好的乐园"。

卢作孚提出了"打破苟安的现局，建设理想的社会"口号。他首先从地方治安入手，整顿社会秩序。通过采取"以匪治匪，分化瓦解"和"鼓励自新，化匪为民"的策略，在较短时期内肃清了匪患。通过帮助辖区周围几百里无业贫民务农做工，使之能自食其力。通过在地方上厉行新生活，严禁烟、酒、嫖、赌，杜绝了产生匪患的土壤。

在剿匪取得成功之后，卢作孚便全面地推进北碚乡村建设运动。他指出，"建设是破坏的先锋，建设到何处，便破坏到何处"。同时他又指出"造公众福、急公众难"，决心把嘉陵江三峡建成生产的区域、文化的区域、游览的区域。此外，凡有市场必有公园，凡有山水雄胜的地方必有公园，凡有茂林修竹的地方必有公园。这便是卢作孚开始建设北碚时的理想，建设一个现代社会的理想。

在实业发展方面，他组织修建了北川铁路，创办了三峡染织厂，成立了天府煤矿股份有限公司，创办了辖区农民银行和川康殖业银行。这里，值得特别一提的是北川铁路。

嘉陵江三峡地区煤炭资源丰富，山间有许多小煤厂。为便于煤炭运输，1925年，由江北、合川士绅提议，修建轻便铁路，用火车代替人力挑运。因拟建铁路地处江北、合川两县辖区，原计划要从江北修入合川，故名北川铁路。1927年，卢作孚组建北川铁路公司，并聘请原胶济铁路总工程师丹麦人守尔慈主持修建。

整个工程分三期进行，建成一段通车一段。1929年11月，水岚垭至土地垭段，全长8.7公里建成通车；1931年5月，水岚垭至白庙子和土地垭至戴家沟两段共4公里建成通车；1934年3月，戴家沟至大田坎全长4.1公里建成通车，至此全长16.8公里的北川铁路全线通车。这可是四川的第一条铁路。

在文教科学方面，他创办了图书馆，兴建了公共运动所，创办了嘉陵江报馆，建立了中国西部科学院，开办了一系列中小学校，设立了嘉陵文化基金会。其中，中国西部科学院推动了全国的科学发展。

1930年9月，卢作孚在今北碚区创建了中国西部科学院。这是四川的第一个科学研究院，也是中国西部地区的第一个科学研究院。在当时，从全国来讲，包括中国西部科学院、中央研究院和北平静生生物研究所在内的科研机构都才刚刚建起来。

西部科学院的建立源自卢作孚在五四运动时期所受到的影响。卢作孚很早便认识到了科学对于社会进步和发展的极大推动作用。为此，他给科学院规定的工作方向，就是为开发四川服务，为促进四川的工业和农业发展服务。

西部科学院下设四个研究所，即生物研究所、理化研究所、农业研究所和地质研究所。

在卫生事业方面，他建立了地方医院，为远近的群众免费治病，免费打预防针，到峡区各乡村送种牛痘，在江边设立饮水消毒站。

在城市环境方面，他号召清理垃圾，整顿市容，完善城市基础设施，修建街心花园、温泉公园和平民公园。特别是温泉公园的建设，开了旅游景区的先河。

温泉公园，北濒嘉陵江，南倚缙云山。其前身为温泉寺，初建于南朝，改建于明朝。1927年，卢作孚在此创办嘉陵江温泉公园，增建温泉游泳池与浴室、餐厅等旅游设施，后更名为重庆北温泉公园。它是中国最早的平民公园和旅游公园。1925年5月建成后的温泉公园，有绿草如茵的草坪和乳花洞可供游玩、观赏，有温泉设施可供沐浴养身，有餐饮住宿设施可以接待团体游客。另外还有社会名人和军政要员捐赠建设的琴庐、农庄、数帆楼等。其中数帆楼是全国最好的馆舍，全由石块修筑，又称石屋，接待过许多著名人物。黄炎培

中国西部科学院"惠宇"楼/卢作孚纪念馆供图

在此写下"数帆楼外数风帆，峡过观音见两山。未必中有名利客，清幽我亦泛烟岚"。

在社会管理方面，他激发民众参与公共事务的兴趣，训练大众管理公共事务的能力，逐步建立新的社会生活，从而使公共秩序得以维持、公共事务得以解决、民众活动得以开展、民众精神面貌得以改善。

短短几年下来，以北碚为中心的嘉陵江三峡地区乡村建设运动成绩斐然，影响巨大。各界人士纷纷前来参观学习，他们都惊叹于它的建设成就。

按黄炎培的说法，"那时从普通地图上找北碚两个字，怕找遍四川全省还找不到，可见这小小地方，还没有资格接受地图编辑专家的注意"，可此时，仿佛一夜之间，北碚却已成为海内外知名的美丽小城，成了"重庆的一颗明珠"。一家外国报纸更是惊呼北碚是迄今中国城市规划最杰出的例子，是"平地涌现出来的现代市镇"。

正因为有了这样一个建设和发展过程，北碚的经济、社会和文化面貌得到了彻底的改变。1948年11月，晏阳初重到北碚，写道："昨天我在北碚看见从前不识字的农民现在识字了；从前没有组织的，现在有组织了；从前没有饭吃的，现在收入也增加了。一个个地对着我们发笑，使我们获得无限的兴奋和愉快。"

黄炎培、晏阳初、陶行知、梁漱溟都是民国时期乡村建设运动的倡导者。卢作孚还与晏阳初、梁漱溟并称"民国乡建三杰"。与晏阳初"推行平民教育，启发民智为主，带动整个乡村建设"和梁漱溟"从建立村学乡学，实行政教合一，从改变乡村政体着手进行乡村建设"不同，卢作孚则是把重点放在经济建设上，以"乡村现代化"为乡村建设的目标，成绩更加突出。

话题： 卢作孚用毕生的精力推动了三大社会改革试验——第一个社会改革试验，是创办通俗教育馆，践行"教育救国"的理想；第二个社会改革试验，是创办民生公司，探索"实业救国"之路；第三个社会改革试验，是开展北碚乡村建设，筑梦中国现代化起步。他的每个试验在那个年代都是为着国家、民族的前途命运，其事迹着实令人敬佩，永载史册。卢作孚不愧为爱国企业家的典范，永远值得我们大家记起和学习。

第四十七期

卢作孚的伟大人格

　　读罢卢作孚的传奇经历和沧桑人事，总有一段什么旋律像颂歌一样余音绕梁，也总有一个什么问题像哑谜一样未得其解。那就是：卢作孚为什么能？他的成功基于什么？怎么会有那么多人愿意与他为朋为友，愿意与他携手合作、共襄宏业，在他去世后又有那么多人记住他、怀念他，甚至顶礼膜拜他？

　　有人称他是"名垂青史的民族英雄"，有人称他是"中国现代化思维和实践的不朽先驱"，有人说他是"一个具有高思想起点的商人"，还有人说他是20世纪中国的圣贤。这些评价无疑都对，但终究不是谜底。

1938年9月24日，卢作孚在交通部汉口航政局改良木船试航典礼上发表演讲/卢作孚纪念馆供图

　　"卢先生既不是一般的民族资本家，一般的近代企业家，一般的爱国实业家；也不是一般的经济学家，一般的经济管理学家，一般的政论家或学者；而是中国近代史上英雄人物中一个具有伟大人格的革命实干家！"这恐怕是我们听到的最独特的一个评价了。

　　"卢先生的伟大人格，既来源于他爱国家、爱社会、爱人民的拳拳赤诚；又来源于中华民族五千年来的优秀传统和世界现代文化的精华。""卢先生的伟大人格具有巨大魅力、凝聚力和吸引力，所到之处，金石为开，成为卢先生事业赖以成功的基石。"

的确，也只有伟大人格才是谜底，才是解读卢作孚传奇的真正钥匙。

中华优秀传统文化源远流长、博大精深，是中华文明的智慧结晶，其中所蕴含的哲人精神撑起了整个民族的脊梁。中华哲人讲天下为公、世界大同，讲寡欲知

1950年6月15日，卢作孚作为特邀代表出席全国政协一届二次会议/卢作孚纪念馆供图

足、自强不息，讲爱人如己、敏事慎言，讲克己内省、文武兼修，无不体现一种大国民的风度和美德。

所有这些反映在卢作孚身上，都成了他事业与人品俱进的巨大推动力量，形成了一种伟大的人格。

卢作孚的一生，与刘湘、杨森、刘文辉等众军阀打过交道，与黄炎培、晏阳初、梁漱溟等民国文化大家是朋友，与当时的中央研究院、中国科学社有过深度合作。他是实业巨擘，也是民族英雄，更是国共两党都十分认可的人物。说到这一切，想来也只有基于中华优秀传统文化和中华哲人精神的伟大人格，才有这般的吸引力、影响力和创造力。

关于卢作孚的伟大人格，梁漱溟称他"公而忘私，为而不有"，可谓点到了核心。他胸怀高远，忘我忘家。他是一代船王，却没有自己的万贯家财，甚至可以说是一贫如洗；他是一个现代企业家，却没有个人的奢侈享受，甚至可以说是一个虔诚的修行者。

卢作孚一生几十年，尽管环境在变、地位在变，但生活却很少变。他从不讲究穿，他在当成都通俗教育馆馆长时，经常穿的是两件褪了色的中山服。

青年會是幫助青年的團
體尤其是幫助社會的團
體尤其是幫助青年去幫
助社會的團體。每一个青年
都得認清自己的責任
是如何去幫助社會，不要誤
認為社會抵是幫助自己的！

盧作孚 頁三三四

卢作孚手迹/民生公司供图

到了峡防局当局长以后，他常穿的是三峡布学生服。这种学生服，在民生公司船员中几乎人人都穿，社会上也有人模仿，于是有人把它叫作"作孚服"。为穿这种服装，他还闹过笑话，有人把他当成他的副官，把他的副官当成他——国民政府的交通次长。

卢作孚平日里的饮食十分简单，青菜萝卜是常馔，有一碗豆腐汤就算是丰盛的了。他招待远道而来的贵宾，吃的是南瓜焖饭，一小碟肉末咸青菜，一小碗豆花，再加一小碗粉蒸肉，便代替了满汉全席。他招待国民政府主席林森就是这些菜。

卢作孚在合川是租屋而居，在北碚也始终没有一座房屋。卢作孚出行只要不远他便走路，以步行代替滑竿、马匹、汽车。

从小的地方看人，是最容易看出人的本来面目。卢作孚的衣食住行如此节省，非有超旷不凡的精神志趣不能为之，装是装不出来的。

卢作孚的伟大人格植根于中华优秀传统文化的沃土，他不仅有自己牢固坚守的精神，还能海纳百川，不断吸取诸如民主和科学这样的域外文化，从而构建了自己的现代化思维。

1934年8月，他同陈立夫曾有过关于"礼义廉耻"的一番讨论，很是耐人寻味。

当时，正值国民党掀起"新生活运动"热潮，两人的话题便从桌上的两杯茶水说起，陈立夫以茶作喻道：有两杯茶，多的一杯让给你吃，我吃少的一杯，此之谓"礼"；只有一杯茶，不够两人分，但你口渴了，我不吃，请你吃，此之谓"义"；有两杯茶，每人一杯，你吃你的，我吃我的，此之谓"廉"；假设我多吃了你那一杯，便算是"耻"。

卢作孚则指出，要是更进一步，把新生活运动从只注意对人的方面的改变，转到同时对事的方面的改变上来；把礼义廉耻从只运用在日常应酬上，转到同时运用在现代国家建设上来，才更有意义。

如何解释？也可以假设几个例子来说。好比一桩经济事业，赚了钱，大多数归公有，用作扩大再生产，个人则只取最低限度的生活费，此之谓"礼"。又好比一桩公共的事业，经营过程中遇到困难，缺钱，我们毁家纾难（意指献出全部家产，帮助国家减轻困难），枵腹从公（意指空着肚子办理公务），此之谓"义"。凡是公众的财富，我们绝不苟且贪婪一点，此之谓"廉"。同时做一桩公众的事情，假如我所做出来的成绩不如别人的好，此之谓"耻"。

在卢作孚看来，只发扬中国的固有文化还不够，还须尽量运用世界现代科学技术和管理方式，才能完成一个现代国家的物质建设和社会建设。

卢作孚的伟大人格还突出地表现在他行胜于言的坚毅果敢和悲天悯人的大爱情怀。

在国家贫弱、民不聊生的旧社会，卢作孚依然对国家和民族怀有梦想。他没有染上文人的那种伤感，而是一个思想者、力行者。为了实现这些梦想，他既高瞻远瞩又躬行实践，从而完美地融合了理想主义与现实主义这两种人生观。面对不堪的命运，他没有丝毫抱怨，而是以精卫填海的精神实现了对命运的抗争，完成了时代的重托。

他说："民生公司的最后意义不是帮助本身，而是帮助社会。""作息均有人群至乐，梦寐不忘国家大难。"他的实业在于民生公司，他的事业却在于民族、国家和人民。

有人问他关于要他出任国民

身为民生公司总经理的卢作孚常年身着麻布服/卢作孚纪念馆供图

党政府交通部长一事时，他说："我从来不想过官瘾。他们要我当官，还不是打这几条船的主意。""他们与其说用我卢某人，倒不如说是用我那几条船。"在谈到为什么没去台湾时，他说："过去和国民党那些人相处了几十年，他们那种用得着你时，奉之若宝；不用你时，弃之如敝屣的作风，我早已领教过了。""……最后还是决心回大陆。因为我舍不得离开脚下这块土地。大陆有我的家，有我相处多年的同事，有我惨淡经营起来的公司，还有那些——叫得出名字的船……"

我们很难想象，一个没有大爱情怀的人，一个不爱国家、不爱社会、不爱人民的人，能像他那么隐忍负重、忘我奋斗，更不用说要像古之圣贤那样去立德立功立言了。

话题：我们讲卢作孚的精神、卢作孚的智慧、卢作孚的才干、卢作孚的功绩，真正起基石作用的还是他的伟大人格。唯有如此人格，才有如此精神，才有如此智慧，才有如此才干，才有如此功绩，这是卢作孚留给后世最根本的启示。

中国教育史上的不朽乐章

合川兴学史略

　　在合川，单就教育而言，要说具有广泛社会影响、深远历史影响和重大国际影响的人和事，当数人民教育家陶行知和他所创办的育才学校。从1939年3月选址合川办学到1946年4月育才学校绘画组迁往重庆，陶行知在合川七年多，于中华民族遭受危难之际，开辟一块先进教育思想试验田，集毕生思想之大成，在中国教育史上矗立起了一座崭新丰碑。

　　陶行知选择合川办学，除去抗战的大背景，看似是因为受邀而来，是一次选址的偶然事件，但深究起来，却也有它相应的人物关系和事件发生渊源。

油画《孔子杏坛讲学》/孔奇作

这渊源是卢作孚，更是卢作孚背后积淀千年的合川教育土壤。合川教育不但传统底蕴深厚，而且在陶行知来合办学之前，已全面开启了近代化的转型升级，旧式教育全面退出历史舞台，新式教育初步覆盖城乡。这里，不妨顺着中国教育的大线索，让我们先来回眸一下合川的兴学史略。

我们知道，中华文化博大精深，中国教育源远流长。早在商周时期，我国的官学便已昌明，到汉代有所谓"立太学以教于国，设庠序以化于邑"的传统。庠序是古代最早的学校，商代叫庠，周代叫序，后来泛称学校和教育事业。

公元前520年前后，孔子"杏下设坛"，开始以私人身份从事讲学活动，打破了"学在官府""教育有类"的格局。从此接受教育的权利不再把持在少数贵族手里，教育开始步入民间。私人讲学的兴起，受教育范围的扩大，是孔子对我国文化教育的一大贡献。

西汉景帝时（前156—前141），蜀郡太守文翁为了兴学治蜀，启迪民智，一方面从郡县小吏中选派聪敏有才者进京师太学学习，学成后委托他们担任郡中高级职务；另一方面，他又在成都城南修建一所郡学，设礼殿，招收所属各县子弟学习，并形成制度。由此中央太学开始向地方官学延伸，地方兴学逐渐延展开来。

隋朝大业元年（605），国家开始以科举考试的方式选拔人才，任用官吏。科举考试通常分为地方上的乡试、中央的省试与殿试，从而扩展了封建国家招揽人才的社会层面，吸收了大量出身中下层社会的人士进入统治集团。科举考试制度沿袭1500年，有力地推动了地方官学和民间私学的发展。

作为州一级行政区，合州不论是地方官学还是民间私学，都很兴盛。

从官学体系来看，北宋景祐三年（1036），先于宋仁宗下诏"建学于天下"20年，合州知州徐舜俞便创建了合州州学于涪江之南，这在巴渝地区同类官立学堂中是最早的。1065年，除州学外，合州所辖石照、铜梁、巴川、汉初、赤水5县均有县学。南宋时期，合州的文化教育很是发达，属于官立学堂的州学和5县的县学已具有一定规模。各官立学校相继建立孔庙（又称文庙），实行庙学合一，体现了崇儒尊孔的文教政策，使学校成为地方官员和学校祭祀先贤的场所，有着深刻的教化作用。

有超过500年文脉传承的今日合川中学/刘勇摄

元朝时期，在州学、县学的基础之上，又推行"社学"。"社"是元朝城乡的基层单位，通常以50户为一社。社学，即设在社上的小学。社学的设立，对于普及城乡教育，起到了重要作用，对后世产生了重大影响，一直传留到了明、清两代。

到清代，随着"捐资兴学，相习成风"，开始有了乡学。合州乡学的兴起，促进了普及教育的发展，堪称清代合州学校教育史上的一大亮点。

从私学体系来看，在州、县学兴起之前，合州私人讲学授徒之风已十分盛行。

到明代，合川的民间教育更为兴盛，多层次办学、多形式兴教已成体系。私塾、家馆已遍布城乡，义学、族学也广泛兴起，并且形成了一套约定俗成的程式，即从学生入学拜师到授课，从教授的内容到考试方法，都有固定的规矩。这类民间教育属于启蒙教育，所学习的内容也都是从识字开始。

民间教育的高层次办学主要体现为书院形式。"书院"之名起于唐代，有官办和私办之分。最初官办的书院是藏书和修书的地方，并非讲学的地方。至宋代，书院聚徒讲学，其教育的功能得以充分显示。书院的教学内容高于一般启蒙教育，以传习儒学为主，同时教授学生学习时文，兼有学术传播和学术探讨教育功能。宋代合州有名的私家书院有石照县的清湘书院、铜梁县的度子书院和巴岳精舍等。

官办书院则当属合宗书院。合宗书院，又称濂溪书院、周子书院，是明朝嘉靖年间为纪念宋朝理学大师周敦颐（号濂溪）所建。1460年，知州唐珣建周子书院，书院内建有濂溪祠，故有濂溪书院之称。1531年，御史邱道隆按原规制，重建书院于今南津街，取名合宗书院，塑濂溪像奉祀其中，尊其为合州学术之宗。1904年，清政府实行新政，合宗书院随即更名为"合州学堂"，1906年，合州学堂又改名为合州中学堂，为合川中学的前身。

19世纪60年代，洋务运动的兴起启动了中国近代教育的进程。洋务教育的兴办，首次改革了中国传统教育体制，培养了一批新型人才，推动了中国传统教育向近代新式教育的转变。1898年，倡导学习西方，提倡科学文化，主张改革政治、教育制度和发展农工商业的"百日维新"运动虽然失败了，但教育近代化进程却得以全面开启。

正是在这一进程中，合川也推进了教育的变革并开了向近代教育转型的先河。特别值得骄傲的是出了两位教育家：一个是张森楷；另一个是卢作孚。前者被后者尊奉为老师，后者还参加过前者主持的《合川县志》编修。

由卢作孚创办的瑞山中学今日校景/资料图片

　　张森楷不仅是史学家、实业家，也是教育家。他对教育的贡献是多方面的，既有传统的方面，也有创新的方面。他把学校教育与社会教育融为一体，在学生中倡导独立思考、理论联系实际的学风。他的实业教育代表了教育由传统向近代的转型。他兴办实业学堂，走教学与实践相结合的道路，所开设课程以理工课程为主，兼容部分文科课程，他还组织学生赴日本留学。

　　而卢作孚所办教育，则是完完全全的新式教育。他始终秉承教育救国的理念，汇通百家、博采众长而又独树一帜。卢作孚在学校教育、职业教育、民众教育、师资教育、乡村教育、环境教育等教育内容、教育方法和教育行政方面都有所涉猎，他是新文化的传播者、杰出的教育改革家、教育现代化先驱，在中国教育史上有着十分重要的地位。

　　作为与陶行知同时代的教育家，卢作孚对陶行知十分推崇，尤其欣赏陶行知发明的小先生制。早在1934年，卢作孚与其弟卢子英就参观过陶行知兴办的山海工学团，对陶行知十分敬重。1938年，陶行知在武汉拜会卢作孚时，正值嘉陵江三峡地区乡村建设处于朝气蓬勃、欣欣向荣的时期。经卢作孚的邀请，陶行知便来到重庆，在看了卢作孚乡村建设试验区后，他便决定在这里办学。

　　至此，合川的学校教育在张森楷和卢作孚的基础上，又迎来了陶行知先进教育思想的推动。合川来了个"陶夫子"，这不仅给合川的教育，更是给整个中国的教育注入了新的活力，引发了整个教育界和社会的关注。

　　话题：合川是教育之乡、教育大区。如今，除基础教育外，已有高等院校6所、在校大学生11万人，这是合川教育的一大历史性突破。如何推进校地合作，让合川的高等教育更好地为合川经济社会发展服务，让更多的大学毕业生留在合川就业创业呢？相信你一定有很多话要说。

第四十九期

吾爱"陶夫子"

陶行知（1891—1946），伟大的人民教育家、思想家，伟大的民主主义战士、爱国者，中国人民救国会和中国民主同盟的主要领导人之一。

陶行知先生一生致力于在中国推动乡村教育，促进中国教育改革。他以"捧着一颗心来，不带半根草去"的奉献精神，躬身实践为人民，被合川群众和学校师生称为"陶夫子"。"夫子"本是对年长而有学问的人的尊称，在教育文化界则特指孔子。上有"孔夫子"，下有"陶夫子"，足见合川人民对他的尊敬和爱戴。

为了全面推行普及教育，陶行知号召"全国小学生总动员做小先生"，提倡"小先生制"。图为陶行知在山海小先生总动员大会上讲话。

在来合川开办育才学校之前，陶行知先生已经历了一个立志求学报国、探索教育革新、创办平民学校、投身民主革命、助力全面抗战的人生旅程。爱国、救国、强国是他一生的追求。

立志求学报国

1891年10月18日，陶行知生于安徽歙县西乡黄潭源村一个贫寒的教师之家。6岁时，因在邻居家厅堂玩耍，见厅堂上挂着对联，便坐在地上临摹起来，被邻村方庶咸秀才看见，免费为其开蒙。后入家乡蒙童馆就读。

1905年，他进入歙县基督教内地会所创办的崇一学堂读书。一天，他在宿舍墙上，挥笔写下了"我是一个中国人，应该为中国做出一些贡献来"的豪言壮语，抒发自己的满腔热情和爱国志向。

1908年，17岁时的他考入了杭州广济医学堂，想通过学医来服务广大劳动人民和报效国家。因这所教会学校歧视非入教的学生，于是他愤而退学，转而考入南京汇文书院，后又转入南京金陵大学文科学习。读大学期间，受辛亥革命影响，积极参加爱国活动，开始投身革命运动。

1914年，他以总分第一名的成绩毕业，并赴美留学。在美国哥伦比亚大学，陶行知师从大名鼎鼎的杜威先生，研究教育。

约翰·杜威（1859—1952），是美国著名的哲学家、教育家、心理学家，实用主义的集大成者，也是现代教育学的创始人之一。杜威一生推崇民主制度，强调科学和民主的互补性。与此同时，他也被视为20世纪最伟大的教育改革者之一。在芝加哥大学任教期间，他还创立了芝加哥大学附属实验学校。

杜威的思想曾对20世纪前期的中国教育界、思想界产生过重大影响，也曾到访过中国，见证了五四运动，并与孙中山会过面，培养了包括胡适、冯友兰、陶行知、郭秉文、张伯苓、蒋梦麟等一批中国的国学大师、学者和教育家。

发起平民教育运动

从国外回来的陶行知，先后担任南京高等师范学校、国立东南大学教授、教务主任职务。从此，开始了他富于创意而又充满艰辛的教育生涯。他特别重视农村教育，认

崇一学堂旧址/展陈资料图

为在3亿多农民中普及教育至关重要。

1923年，他与晏阳初等人发起成立中华平民教育促进会，后赴各地开办平民识字读书处和平民学校，推动平民教育运动。

平民教育运动，是五四时期，一部分青年知识分子为探寻改造中国道路而开展的一项社会运动。他们认为，中国的腐败落后是因为教育落后造成的，要拯救中国必须首先改良和革新教育，而改变教育的方向就是使全体人民都受到民主与科学的熏陶，尤其要使目不识丁的工农群众受到教育。

晏阳初被称为平民教育运动之父，与陶行知先生并称"南陶北晏"。他们在各地的实验，一时间极大地推动了农村文化、教育、卫生状况的改变和发展，启迪了民众的思想。一些探索对后世的乡村建设也有着十分重要的借鉴作用，如20世纪70年代新中国在农村推行的"赤脚医生"以及相关的培养计划，90年代后推行的村官直选等基层民主政治改革等，在那时都进行过启蒙和探索。

创办晓庄师范学校

1927年，陶行知创办了晓庄试验乡村师范学校（简称晓庄师范学校），将他用了10年时间思考、酝酿的中国教育改造主张付诸实践。

晓庄师范学校坐落在六朝古都南京北部，是陶行知办的第一所学校。他将学校的大礼堂命名为"犁宫"，并亲自写了一副对联贴在"犁宫"两旁："和马牛羊鸡犬豕做朋友"，"对稻粱菽麦黍稷下功夫"（马牛羊、鸡犬豕、稻粱菽、麦黍稷，均出自《三字经》，这副对联所蕴含的意思应该非常好理解）。学校创办后，陶行知先生便以教、学、做合一指导学校实践。蔡元培先生称赞其为"现代教育方法中最好的一种"，并亲书"教学做合一"校训匾额，供师生观摩践行。

这一时期，陶行知写过一篇题为《传统教育与生活教育有什么区别》的文章，鲜明地指出，传统教育是"吃人"的教育，要改革"吃人"的教育，就必须推行生活教育。生活教育不是教学生自己"吃"自己，而是教学生做人。生活教育反对"吃人"的种种考试，教人读活书、活读书。生活教育也不教学生"吃人"，不教人升官发财，生活教育只教中国的民众起来做自己的主人。

晓庄师范学校"犁宫"/展陈资料图

创办山海工学团

1932年10月，陶行知在上海宝山大场创建山海工学团。山海工学团实际是一个儿童工学团。由于大场地区处于宝山县和上海市的交界处，所以陶先生将这个工学团取名为"山海工学团"。这个名称还有另一层含义：九一八事变后日本军国主义侵占东北，天下第一关——山海关已经关不住了，敌人即将进关侵占华北、侵占中国。将中国第一个儿童工学团取名"山海"，语义双关，意在实施国难教育，唤醒中国人民，要收复一切失地，要日寇还我河山。

山海工学团的办学宗旨概括起来就是12个字：工以养生，学以明生，团以保生。工以养生，就是以大众的工作养活大众的生命；学以明生，就是以大众的科学明了大众的生命；团以保生，就是以大众的团体力量保护大众的生命。

山海工学团推行的是一种全新的教育形式。它将工场、学校、社会打成一片，既是一个工场，也是一个学校，更是一个团体。它对学生实行"六大教育训练"：普遍的军事训练，使人人成为保家卫国的健儿；普遍的生产训练，使人人成为造富的工人；普遍的科学训练，使人人能在劳力上劳心；普遍的识字训练，使人人获得传达思想的符号；普遍的民权训练，使人人成为中华民族的主人；普遍的生育训练，使人人到了生育年龄可以生得少、生得好，以再造未来更优良的民族。

山海工学团首创"小先生制"。陶行知先生依据"即知即传"的原则，倡导并推广实施"小孩教小孩""小孩教大人"的教育组织形式。这一教学制度，在普及教育运动中效果十分明显，迅速影响普及到了全国乃至东南亚地区。

何谓"小先生"？陶行知认为："生是生活。先过哪一种生活的便是哪一种生活的先生，后过哪一种生活的便是哪一种生活的后生，学生便是学过生活的人，先生的职务是教人过生活。小孩子先过了这种生活，又肯教导前辈和同辈的人过同样的生活，是一名实相符的小先生了。"他还强调，"小孩子最好的先生，不是我，也不是你，是小孩子队伍里最进步的小孩子！"从他的话中我们不难理解的就是，学生也可以做教师，可以教同辈，还可以教大人。"小先生制"是陶行知普及教育方法的一个重大发展。

第二次改名

1934年，陶行知在《生活教育》上发表《行知行》一文，认为"行是知之始，知是行之成"，并改名为陶行知。这次改名是他认识论的一次飞跃。

陶行知，原名陶文濬，他一生之中有过两次改名。在金陵大学读书期间，他深受明代思想家王阳明"知行合一"学说的影响，认为这是改革中国传统教育的良方，于是，在19岁时给自己改名"陶知行"，认为"知是行之始"，认识先于实践。

之后，他逐渐认识到"行"的重要性，提出"行是知之始"，突出了实践的意义和作用。于是，43岁时，又改名"陶行知"。

再之后，陶行知又认识到"从行到知"只是认识的第一阶段，再由知到行又是认识的一个阶段，于是写了一首小诗：行动是老子，知识是儿子，创造是孙子。这就是他的"行—知—行"的创造教育理论。

为了在名字中反映这一思想，他创造了一个字。这个字既像"行知"，又像"知

陶行知创造的"行知行"字，从字形上看，也可理解为"知在行中，行在知中"的辩证一体

行"，代表"行知行"的意思。有人认为这是他的第三次改名。

投身民族救亡活动

1935年，陶行知在中国共产党《八一宣言》的感召下积极投身抗日救亡运动。一二·九运动后，与宋庆龄、马相伯、沈钧儒、胡愈之、邹韬奋、李公朴等发起组织"上海文化界救国会"。1936年，成立国难教育社，被推为社长，拟订《国难教育方案》，把生活教育和民族民主革命斗争结合起来。

1936年5月，他当选为全国各界救国会执委和常委。与沈钧儒、章乃器、邹韬奋等联名发表《团结御侮》宣言，主张停止内战，共同抗日，得到毛泽东复信支持。同年，受救国会派遣，出访欧、美、亚、非28个国家，宣传抗日救国，介绍中国大众教育运动。在布鲁塞尔参加世界和平大会，他当选为中国执委会委员。

全国各界救国联合会成立后，积极呼应中共关于停止内战、组成抗日民族统一战线的主张，要求国民党停止"剿共"，并为之做了大量卓有成就的工作，成为抗战全面爆发前夕国民党统治区抗日运动的一面旗帜，但也因此而引起国民党政府的恐慌。1936年11月，国民党政府以"危害民国"罪将在上海的全国救国会领导人沈钧儒、章乃器、邹韬奋、史良、李公朴、王造时、沙千里七名著名抗日民主人士逮捕入狱，制造了震惊全国的"七君子"事件。

救国会"七君子"/资料图片

当得知沈钧儒等"七君子"被捕的消息，陶行知十分气愤，立即联络杜威、爱因斯坦、罗素等世界著名人士联名通电蒋介石，营救七君子。为此，他也成了被国民党政府通缉的对象。

1938年，他参加国民参政会，致力于抗战期间的教育活动。积极响应中国共产党提出的全面抗战的号召，成立了中国战时教育协会。

同年10月，陶行知来到重庆，到了卢作孚主持的嘉陵江三峡乡村建设实验区，受到时任实验区区长卢子英（卢作孚四弟）和北碚人民的热烈欢迎，各团体争相邀请他做演讲，卢子英也请他宣讲生活教育理论，帮助实验区推广小先生制，以促进北碚事业建设。

1939年2月，陶行知着手筹备创办一所难童学校，以"选拔有特殊才干之难童，作人才幼苗之培养"，这便是后来的育才学校。不久，陶行知来到了合川，开启了他创办育才学校的艰难而辉煌的历程。

　　话题：吾爱陶夫子，教育为人民。我们讲"忠诚党的教育事业"，我们讲"办人民满意的教育"，从陶行知身上，我们可以得到什么样的启示呢？

第五十期

育才学校记述

陶行知原计划在云南、四川两省的某地中择一地创办育才学校。到了卢作孚主持的嘉陵江三峡乡村建设试验区后，便决定将育才学校办在重庆。1939年3月，经过多处寻访比较，最终将校址确定在合川草街子古圣寺。

草街子，合川县辖的一个乡，乡场为水码头所在，隔温塘峡与北碚场相邻。从草街子乘船沿嘉陵江而下，直达北碚；沿嘉陵江而上，直通合川。这里山峦起伏，道路崎岖，森林茂密，安全隐蔽。

古圣寺，距草街子5华里，地处凤凰山顶。凤凰山因地形似凤凰而得名，两旁小丘是凤凰的翅膀，寺庙背后顺着山势延伸至山沟有凤凰长长的脖子和低俯的头颅，酷似凤凰饮水。山顶地势平整，西北是深陷的谷槽，东面是起

凤凰山古圣寺育才学校/资料图片

古圣寺内/唐瑞彬摄

伏很小的丘陵，南面是向下倾斜的梯形山田。

　　古圣寺始建于明朝隆庆年间（1567—1572），经康熙、乾隆、雍正、咸丰时期的几次大规模修建，总占地面积达4390平方米，总建筑面积达2419平方米。寺庙围墙外有大片开阔地。寺内建筑有五级台阶，分为五部分，在中轴线上分别有山门、钟鼓楼、牛王殿、大雄宝殿、观音阁殿，两旁均有厢房、回廊、天井、花坛、石阶。其布局一层比一层高，层层叠叠；其建筑金碧辉煌，雄伟壮观。

　　当时，寺庙里驻扎着集中整训的国民政府所属川军，这批军人即将出川奔赴抗日前线。陶行知受邀为他们作了深刻的抗日救国宣传演讲，勉励他们奋勇杀敌，捷报早传。

　　得古圣寺住持隆树法师的支持，陶行知将古圣寺租了下来，用于创办育才学校。这在当时的情况下，算是最理想的办学之地了。

　　"陶行知生活教育的奇迹就发生在这古老的寺院之中，使人的奇迹代替了神的奇迹，现在……古圣寺已经冷落了，但这座古旧的寺院，在我的头脑中永远不会磨灭，假如有一天，我能三访古圣寺，而我又有权更改这座寺院的名字，我一定把她改名为'陶圣寺'，以纪念（陶行知）这位'孔子之后的孔子'。"这是著名历史学家翦伯赞后来在《记古圣寺》中所描述到的。

　　1939年5月，育才学校在古圣寺挂牌，7月，第一批学生71人，借北温泉小学举行了开学典礼，8月，迁入古圣寺，正式行课。

学生来源

育才学校的学生，主要是来自各保育院的难童，这也是陶行知先生创办育才学校的初衷。这类学生是育才学校学生的主体，他们是从众多的难童中脱颖而出，经过了智力和能力测试选拔出来的，天分资质都很高。这类学生的保育费由各保育院转拨给育才学校，育才学校招收这类学生具有较为稳定的经费来源。

除择优录取各保育院的难童外，育才学校的学生还有几个方面的来源。一是革命烈士遗孤。这类学生不多，但往往是由中共南方局领导特别拜托给陶行知的，陶行知对这类学生特别关爱。他们大多提前离开育才，奔赴了延安，如后来成为共和国总理的李鹏，就是由当时的中共四川省委书记吴玉章向陶行知先生推荐的。二是文化名流推荐来的。这类学生大都是些向往革命、追求进步的青少年，他们有着开明的父母和家庭。如知名人士金仲华（现代著名国际问题专家、社会活动家，抗战时期任《世界知识》主编）、田汉（中国现代戏剧三大奠基人之一，国歌《义勇军进行曲》的词作者）、萨空了（新闻学家、报刊主编，1940年任重庆《新蜀报》总经理）、王昆仑（著名政治活动家、红学家）等，纷纷将自己的子女介绍到育才学校读书。三是社会进步学生。这类学生主要由中共方面的党员教师推荐。如后来就义于重庆渣滓洞，成为著名烈士的陈尧仑、游宗相等就是经党组织介绍进入育才学校学习的。四是贫穷有为青年。比如甘烈君，出身于草街一个贫苦家庭，为了生活，幼小的年纪，便拾过煤渣，做过跑街小贩，当过苦力。但他9岁时上过私塾、练过书法，为解决他的学费问题，陶行知便安排他做工读生，为陶行知抄写稿件，然后陶行知拿稿费给甘烈君，作为在育才学校读书的学费。新中国成立后，甘烈君先

育才学校校牌和两个小学生/资料图片

后在浙江、东北、上海交通大学任教，成为知名学者。

为防止国民党特务混进育才学校，育才学校从来就不公开对外招生。

执教师资

育才学校是一所私立学校，为陶行知所创办，但陶行知的政治倾向十分明显，因此，与其说是共产党帮助了陶行知办学，还不如说是共产党通过陶行知办了学。在这里，国民党、三青团渗透不进来，而教师、学生中的共产党员成了实质的领导力量。陶行知日夜操劳，把很多精力花在学校的经费募捐上和教育思想的研究上，经常往返于重庆、合川，育才学校的日常工作实质由中共育才学校支部主持。育才学校既不设训育课，也不用国民党政府审定的教科书，实为国统区内的一个特殊存在，从某种意义上说，育才学校无形中成了抗日大后方的"小延安"。

这样的学校，其教师的来源要么是革命者，要么是爱国民主人士，要么是进步知识青年。具体来说主要有四个方面：一是由中共中央南方局派到育才学校来的；二是由各个可靠的进步人士介绍到育才来的；三是陶行知先生亲自出面聘请来工作或讲学的；四是皖南事变后，大批教师转移，育才学校从自己培养的学生中脱颖而出产生的。

在育才学校各个部门和各个专业组的负责人中，绝大多数都是共产党员。

育才学校的物质生活非常艰苦，在校工作的教师除由学校供给食宿外，没有工资，每月只有几块钱的零用钱，到学校讲学的专家学者则完全是尽义务。即便是在这样的条件下，育才学校在陶行知的努力下却越办越有力量。

美国援华联合会赠送大批儿童读物给育才学校。陶行知与美国友人一起把图书分发给孩子们/资料图片

育才学校，除由陶行知任校长，方与严任校务部主任，马侣贤任总务部主任，王洞若任研究部主任，帅昌书任生活指导部主任外，还请来了当时堪称一流的专家、学者担任专业组的主任或教授。据不完全统计，先后来校任教的有——

音乐组：任光、贺绿汀、姜瑞芝、李凌、任虹、范继森等；

戏剧组：章泯、水华、舒强、沙裴、刘厚生；

绘画组：陈烟桥、张望、汪少峰、许士骐、丰子恺、天琦、叶浅予、华君武等；

文学组：艾青、力扬、魏东明、邹绿芷、陆维特、徐荇等；

社会组：孙铭勋、廖意林、苏永扬、屠公博等；

自然组：孙锡洪、陶宏等；

舞蹈组：戴爱莲、吴晓邦、盛婕等。

来校兼课或讲学的有：翦伯赞、田汉、何其芳、吴玉章、邓初民、周谷城、秦邦宪、萨空了、徐迟、姚雪垠、黎国荃、陆治等。

来校作过演讲的有：郭沫若、夏衍、曹靖华、刘白羽、周而复、周扬、邵荃麟、艾芜、戈宝权、沙汀、程今吾等。

真可谓人才济济，盛极一时，算得上是一个阵容超级豪华的红色班底。这些人当时或后来的名望、影响和贡献多为大家所熟悉，以致再作介绍便显得多余。

培养的人才

陶行知先生说过，教师的成功是创造出值得自己崇拜的人，先生最大的快乐，是创造出值得自己崇拜的学生。育才学校名师荟萃，因材施教，既学基础课程，又讲专业训练；既学书本知识，又注重社会和专业实践；同时还把学生健全的人格培养贯穿于教育的全过程。育才学校在合川办学7年，为国家培养了近500名各类人才。

他们中，有的在抗日战争期间便奔赴了前线，有的在解放战争期间便牺牲于战场与国民党监狱。他们中有不少于20人为新中国的成立献出了自己宝贵的生命，值得我们永远记住和怀念。

新中国成立后，育才学校学生遍布首都和全国各地。他们或为各级党政机关、文化教育机构的领导干部，或为音乐、美术、戏剧、舞蹈、文学、自然科学的专家学者，为建设新中国奉献了自己全部的聪明才智。这里略举几人。

陶行知与育才小学生在一起/资料图片

李鹏，1939年9月入育才学校社会科学组学习，杰出的无产阶级革命家、政治家，党和国家的卓越领导人，曾任国务院总理、全国人大常委会委员长。

陈贻鑫，1939年夏入育才学校音乐组学习，后任音乐组主任，著名音乐指挥家，中央音乐学院教授。

杜鸣心，1939年从保育院选拔到育才学校音乐组学习，作曲家、教育家，曾任中央音乐学院作曲系主任、博士生导师、中国音乐家协会常务理事。

杨秉荪，1939年入育才学校音乐组学习，著名小提琴演奏家，曾任中央乐团第一任小提琴首席、副团长兼社会音乐学院副院长。

伍必端，1939年入育才学校绘画组学习，著名美术家，曾任中央美术学院版画系主任、教授，曾获中国版画家协会颁发的鲁迅版画奖。

胡晓风，1944年入育才学校创办农村工作干部讲习班，中国陶研界的泰山北斗级人物，《陶行知全集》总编，曾任四川省委宣传部副部长兼高教局局长。

彭松，1944年入育才学校，师从舞蹈家戴爱莲，中国舞蹈教育家、理论家，中国现代民族舞蹈教育建设先驱，中国当代舞蹈史学重要奠基人。

叶宁，1943年入育才学校，师从舞蹈家戴爱莲，新中国第一代舞蹈理论家，舞蹈教育家，中国古典舞创始人。

话题："育才学校"是一个大家耳熟能详的校名。以"育才"命名的各式各类学校几乎遍布全国各地。"育才学校"代表的不仅是一种教育思想的革命，更是一种教育精神的传承。

第五十一期

走向成熟的陶行知教育思想（上）

合川，是陶行知先生一生中办学时间最长、经验最多、教育思想反映最集中和最成熟的地方，是他教育理论和实践集大成的地方。

育才学校，是陶行知先生用生命和智慧写成的一部书，一部中外教育史上独具特色魅力的巨著。他所推动的生活教育运动在这里达到了顶峰，取得了最高成就。

生活教育的理论是陶行知教育思想的主线和重要基石。主要包括生活即教育、社会即学校、教学做合一三个方面。

——生活即教育，就是以生活为中心的教育，反对传统教育和洋化教育等形形色色的旧教育，主张教育同实际生活相联系，不能让学生死读书、读

育才学校旧址/尹宏杰摄

育才小先生上门教农民子女读书/资料图片

死书。在陶行知看来，生活便是教育，"过什么生活便是受什么教育，过好的生活，便是受好的教育；过坏的生活，便是受坏的教育"，学生要在生活中受教育，教育要在种种生活中进行。

育才学校的教育完全不同于别的传统学校。可以说，凡有学校生活的场景和时刻，皆是课堂。

育才学校是个温暖的大家庭。在学校里，对男女老师不称老师，而喊大哥大姐。大哥大姐们不只讲课，更多的时间是与学生们接触和交流，指导课外阅读，帮助解决具体困难，正如社会组学生冯鸿甲所感慨的那样："穷孩求知凤凰山，生活学习艳阳天，哥姐贴心细抚育，最爱听讲换人间。"

学校发扬民主，学生自己推选自治会干部，选出的干部代表参加校务会议，与校长陶行知和其他行政领导一起参与讨论学校的重大决策事项。学校还在学生中推选经济考核员，共同审查学校的经费开支。学校实行民主集中制，开展批评与自我批评，建立每周一次生活检讨会制度。师生和同学间开诚布公，坦诚相待。

育才学校"卫生教育二十九事"规定：（1）凉开水漱口；（2）吃饭最多以三碗为限；（3）隔绝蝇蚊，尽可消灭之；（4）吃水果用高锰酸钾消毒；（5）针刺刀割，两分钟内用碘酒敷伤口；（6）预防疲劳之休息；（7）防备急剧之冷热变化；（8）离开咳嗽者五尺远；（9）各人用各人的手巾、脸盆、碗筷；

（10）用公筷分菜；……育才学校教育的很多方面，便是这样在生活过程中展开，在潜移默化中实现。

——社会即学校，就是要把整个社会都列入教育的范畴，改革学校教育脱离社会实际的弊端，将社会教育、家庭教育与学校教育有机联系起来，把学校办成促进社会进步、促进社会发展、改善人民生活的力量。

育才学校的教育方法，教学环境充分融入社会之中。在校内，育才学校的孩子们和教师们像一家人似的过着集体主义生活，在校外，他们曾广泛开展了小先生运动。各种识字班、歌咏班以及其他各式各样的学习班，在附近的家庭中、矿工中、村子中、学校中办了起来。矿工识字班，不但识字学文化，还开展文化娱乐活动，有时甚至把他们的家属请来一起参加育才学校的露天舞蹈表演。隐蔽的古圣寺因这批小先生的存在而成了一所社会大学校，从而变得格外热火朝天。

为使得课堂教育与课外教育、社会活动结合起来，育才学校还有计划地定期组织学生深入社会，接触实际，并规定每个星期一下午，有时加两个晚上，让学生分批去搞社会调查，开展群众工作，使学生养成与工农群众打成一片的感情和习惯。他们或去访贫问苦、或去送教上门、或去帮助治些小病小痛、或去开展宣传活动、或去帮忙干点农家杂务，很受农民的欢迎。这些活动，学生们叫走亲戚，实际是一种学习实践。回来后，都要写出调查报告，

孩子们一起跳集体舞/资料图片

今日合川育才学校课间活动/熊良伟摄

向全校及社会汇报。

——教学做合一，就是要"在做上教，在做上学"。以种田为例，要在田里做的，便须在田里学、在田里教。陶行知认为，"教学做合一"是生活法，也是教育法，它的含义是教的方法要根据学的方法来，学的方法要根据做的方法来，"事怎么做便怎么学，怎样学便怎样教。教而不做，不能算是教；学而不做，不能算是学"。由此他特别强调要亲自在"做"的活动中获得知识。

在做的方面，育才学校尤其注重劳动教育和少年研究生的培养探索。通过组织师生集体劳动，育才学校在第一个月里，就依地势开辟了一个操场和一个篮球场，修筑了一条被命名为五一劳动路的道路，开辟了文学组的普希金林，在球场北面修建了一座林间露天舞台。在学校右边的池塘，种满了荷花。学校周围的土地，用来做学生的劳动课场地，为学校食堂生产蔬菜。

不仅如此，每个学生还要轮值下厨房帮厨，帮着炊事员择菜、洗菜、淘米、烧火，所以育才学生不但学会了烧菜做饭，更重要的是体会了生产生活的不易。

育才学校发展到三百多名学生的规模时，全校清洁工也就只有温学海一个人。温学海并不是真正意义上的清洁工，他其实是育才学校的学生，一方面和大家一起上学，另一方面做一些清洁方面的日常工作，准确地说，他是学生兼校工。因此，育才学校的清洁都不能指望校工，必须自己打扫、自己管理。

1941年，陶行知提出在育才学校试行少年研究生制度。全校共推选出少年研究生27人。有个名叫朱振华的同学，从育才学校所在地古圣寺的残碑、寺僧的坟墓、账簿及年谱中研究出古圣寺建立的年代。朱振华不仅能考古历史，而且对研究苏德战争感兴趣，陶行知对他十分赏识，专门带他去重庆，介绍给军事专家认识，专家们帮忙分析，给他很多资料，朱振华竟然写出了20多万字的长篇分析，获得许多专家的赞誉。27个少年研究生共创作了4个剧本、27支歌曲、10余种研究报告、自制仪器30余件，高水平地展示了教学做合一的教育成果。

话题： 不论是作为学生，还是作为教师，抑或是作为家长，我们或许都为教育问题抓狂过，茫然不知所措过。学习、了解、认识陶行知的"生活教育"理论，或许就释怀了，或许就找到问题的根源了。什么是"教育"？不妨再来思考一遍。

走向成熟的陶行知教育思想（下）

创造教育是陶行知生活教育思想的重要内容。他认为创造是一个民族生生不息的活力，是一个民族的文化精髓。

所谓创造教育，即是培养民族活力的教育，是培养学生"独出心裁"能力的教育。

在育才学校期间，陶行知亲自制订了"创造年"计划，并开展了"创造月"活动，制定了"育才学校创造奖办法"。

在著名的《创造宣言》中，他号召敲碎儿童的地狱，主张实施创造的儿童教育，强调要从小培养学生的创造精神与创造能力。

他认为，手脑并用是创造教育的开始，手脑双全是创造教育的目的。为此，他还创作了一首《手脑相长歌》："人生两个宝，双手与大脑。用手不用脑，饭也吃不饱。用脑不用手，快要被打倒！手脑都会用，才算是开天辟地的大好佬。"

他在《创造的儿童教育》中，提出了儿童创造力"六大

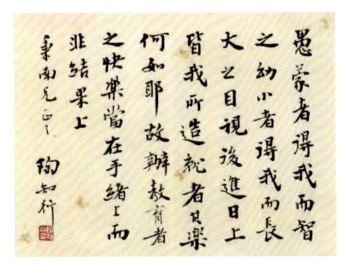

陶行知关于教育的题赠

解放"的主张：

（1）解放儿童的头脑，撕掉束缚儿童创造的迷信、成见、曲解、幻想的层层裹头布，让儿童去想、去思考；（2）解放儿童的双手，打破封建教育不让儿童动手和摧残儿童创造力的旧传统，给孩子以动手的机会；（3）解放儿童的眼睛，不要让儿童戴上封建的有色眼镜，使眼睛能看事实；（4）解放儿童的嘴，使儿童获得言论的自由和发问的自由；（5）解放儿童的空间，因为创造需要广博的基础，"只有解放了空间，才能扩大认识的眼界"；（6）解放儿童的时间，使儿童有时间从容地消化、思考所学知识，去接受自然和社会的宝贵知识，去积极进行创造。

早在育才学校创办之初，陶行知先生便指出，"处处是创造之地，天天是创造之时，人人是创造之人"，要不断积小创造为大创造。

为此，他在学校开展了四大集体创造活动。一是创造健康的堡垒。他提出了健康第一的口号，主张以健康教育代替医生，培养学生做小医生。二是创造学术之气候。他积极鼓励学生从事科学研究，并邀请名师加以辅导，使学校的学习风气非常浓厚，各种学术活动生动活泼、丰富多彩。他还在自然组创办的《小科学》墙报上发表过一首诗："学牛顿深思，学伽（利略）翁实做，播下科学种，结成智慧果。"三是创造艺术之环境。陶行知强调，我们所要的校容不是浪漫的盛装，而是内心的艺术感所求的朴素的表现。他要求育才学校的校容要井然有条，秩然有序，凛然有不可侵犯之威仪。四是创造生产之

自己动手做实验仪器/资料图片

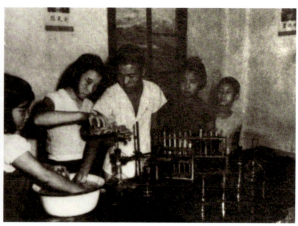

自然组学生做化学实验/资料图片

园地。为了渡过经济难关，育才师生一共开辟出了四个农场。他们以十年树木之手段，贯彻百年树人之大计，既开源又节流。按陶行知的话说，"现在进行着寸土运动，先使大家知道一寸黄土一寸金之义，而后用集体的力量使之尽其力。"

四大创造活动，从教育的根本上说，是在创造新型的人格。1943年，陶行知先生曾写下"千教万教，教人求真；千学万学，学做真人"的名句。《育才学校校歌》的末段便是"真即善，真即美，真善美合一。让我们歌颂真善美的祖国、真善美的世界、真善美的人生、真善美的创造"。

在育才学校成立3周年后，根据陶行知的提议，育才学校的学生每天都要问自己四个问题，这就是著名的《每天四问》：

第一问：我的身体有没有进步？

第二问：我的学习有没有进步？

第三问：我的工作有没有进步？

第四问：我的道德有没有进步？

育才学校的教育是有灵魂的教育，是充满了想象力和创造力的教育。陶行知在育才学校不仅提出了创造宣言、创造理论，还进行了一系列实践，在今天的世界教育史上，还没有人超越他。陶行知在育才学校所确定的创造精神，是生活教育的一次飞跃，是他教育思想和理论走向成熟的标志。

1944年4月，陶行知发表《创造的儿童教育》，提出民主教育，呼吁创设民主的环境，发挥人的创造力。

民主教育的本质是一种生活教育，是陶行知生活教育理论体系的一大特质。民主教育根本的是教人做主人，做自己的主人，做世界的主人。它是以民众为核心，以启发大众为目的，进而建设民主国家的一种教育模式。

1945年，陶行知曾对民主教育下过如此定义：民主教育一方面是教人争取民主，另一方面是教人发展民主。在反民主的时代或是民主不够的时代，民主教育的任务是教人争取民主。到了政治走上了民主之路，民主教育的任务是配合整个国家之创造计划，教人依靠民主的原则，发挥个人及集体的创造力，以为全民造幸福。

简言之，"民主教育"是关于民主的教育。它是充满民主气息的教育，是

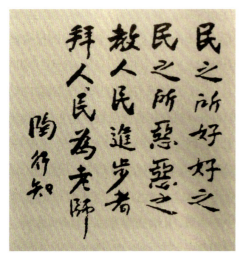

陶行知关于教育的题词

对学生进行民主精神的教育，是为民主社会培养公民的教育。

具体到学校的办学来讲，陶行知主张：民主教育需要通过民主的方式管理学校。一方面我们要用创造的生活来充实民主的内容，另一方面要用民主来解放大多数人的创造力，把创造力发挥到最高峰。这正是育才学校办学实践的写照和总结。

育才学校的办学实践，很好地把学生的主体性和教育的民主性和谐统一起来。他把教育的过程变成一种民主的生活方式，尊重学生的主体地位，使学生得以生动活泼、自由地发展，消除一切不平等地对待学生的现象，解放学生的主体性和创造性，为学生发挥主体作用创造了最好的教育条件和教育环境。更重要的是，在教育内容上渗透了民主意识，在教育过程中培养了学生的民主思想、民主精神。陶行知以民主的教育造就了一代新人。

1946年初，陶行知发表《小学教师与民主运动》一文，指出，搞民主教育不能没有先生，一流的先生首先要有真知灼见，其次要说真话、敢驳假话、不说谎话。为此，陶行知给大家推荐了两位最伟大的老师：一位是老百姓，还有一位就是我们教的小孩子。他指出，唯独肯拜人民与小孩子为老师的人，才能把自己造成民主的老师，也只有肯拜人民与小学生为师，那民主作风才能自然而然地获得。

1945年，陶行知加入中国民主同盟，同年当选为中国民主同盟中央常委兼教育委员会主任。

1946年1月，陶行知在重庆创办社会大学，推行民主教育。社会大学的宗旨是"人民创造大社会，社会变成大学堂"。他认为，社会大学，无论有形的无形的，要有一个共同的大学之道。孔子的大学之道是：在明明德，在亲民，在止于至善。现在时代不同了，要改几个字，成为大学之道：在明民德，在亲民，在止于人民之幸福。社会大学的创办，有力地推动了民主教育的开展。

此时的陶行知，一边积极开展民主教育，一边又积极投身民主运动。

1946年1月，重庆政治协商会议召开期间，陶行知、章乃器、胡厥文等发起成立"政治协商会议陪都各界协进会"。该会每天晚间集会，邀请政协代表到会演讲，听取各界意见。16日晚，第4次演讲会在沧白堂举行，到会群众千余人，但会议遭到国民党特务、暴徒的破坏，此后连续三日破坏活动更为严重，引起社会强烈反响。26日，陶行知主持记者招待会，揭露真相，谴责国民党特务和暴徒压制民主、破坏人民言论自由的暴行。这便是著名的"沧白堂事件"。

1946年2月，为庆祝政协会议成功，由政协陪都各界协进会等19个团体发起，在较场口广场举行集会。当参加大会的育才学校师生及其他群众团体进入会场时，特务头子刘野樵为争当大会主席，与大会司仪李公朴先生发生争执，预先埋伏在较场口周围的特务乘机大打出手，郭沫若、陶行知、李公朴、章乃器、马寅初等和新闻记者及劳协会会员60余人被打伤，造成震惊全国的"较场口血案"。面对国民党的丧心病狂，陶行知却对育才学校师生说：民主是打杀不死的，革命是有牺牲的，同学们，不要难过，我们还要坚持斗争。

1946年4月，陶行知回到上海，又立即投入"反独裁，争民主；反内战，争和平"的斗争。在生命最后的日子里，他还在工厂、学校、机关、广场发表演讲100余场。

1946年7月25日，伟大的人民教育家陶行知不幸逝世于上海，享年55岁。

8月16日，合川教育界在古圣寺举行追悼会，除了部分学校师生，合川的百姓也纷纷来到大会礼堂，悼念他们敬爱的陶夫子。

陶行知在合川的办学，是中国教育史上的不朽乐章。

话题：中国的教育正在走向现代化，走向世界，走向未来。在前进的道路上如何蹄疾步稳？相信陶行知开拓的"创造教育"已给了我们足够的历史自信。

第五十三期

合川教育史上的四大先生

读了周敦颐，读了张森楷，读了卢作孚，读了陶行知，深入下去，散发开来，就等于读了半部合川的办学史、教育史。

就合川而言，周敦颐、张森楷、卢作孚、陶行知堪称合川教育史上的四大先贤、四大宗师、四大教育家，他们从不同方面，以不同方式或是影响了合川长达千年的历史文脉，或是开启了近现代教育的崭新篇章，为合川的文化教育事业作出了巨大贡献。

把他们集合起来，给个什么称谓更好呢？

先说先贤。按照《文心雕龙》的解释，"先贤表谥，并有行状，状之大者也"，意指已故有才德而贤明睿智之人。

再说宗师。根据《现代汉语词典》的解释，宗师是"指在思想或学术上受人尊崇而可奉为模范的人"，是为众人所师法的人。

再说教育家。作为近代以来的概念，教育家一般是指通过亲力亲为的教育实践创造出重大教育业绩并产生重要影响的人。

几相比较，这些称谓，无论哪种，都不及"先生"二字来得亲近、大气，既可以俯身也可以仰望，是一个能与先贤、宗师、教育家画上等号的称谓。因此，我们还是把他们叫作"先生"吧！

实际上，周敦颐因号濂溪，故世称"濂溪先生"；张森楷因字式卿，后改石亲，学者多称"石亲先生"；卢作孚与梁漱溟、晏阳初并称"乡村建设三杰"，相互间亦互称先生；作为"人民教育家"的陶行知，毛泽东称他"陶行知先生"，宋庆龄称他"行知先生"。他们作为合川教育的开拓者、推动者、革故鼎新者、

濂溪先生（周敦颐）石亲先生（张森楷）行知先生（陶行知）作孚先生（卢作孚）

民智启迪者，是合川教育史上的"四大先生"。

有关"四大先生"的生平事迹、教育思想和教学实践，我们在前述各相关篇章中已读到过。这里，仅就相关的历史和人物关系再做一些补充，以便大家有一个更为全貌的认识。

周敦颐之于合州教育的影响

1056年，周敦颐签书合州通判。在此后的四年中，一方面，他深入开展儒学研究，为合州众多从学士子讲授圣学之要，并为张宗范所造之亭题名作说，初步形成了他的理学思想旨要；另一方面，他又十分注重办学兴教培育人才，以此推动巴渝地区文化学术发展。

当时，合州文化落后，读书人不多。为改变这一现状，周敦颐决定大办州学。他请张宗范主持学政，广招学生，并亲自为求学士子解疑释惑，同时他还遍请文人雅士前来讲学，活跃学术氛围。一时间，合州州学声名大振，合州学子习读诗书蔚然成风。由此，合州各县及相邻的其他州县学子也纷纷前来求学。据《蓬州志略》记载：每年前往周敦颐的合州住所求学者达数十起，每起都不下数人。

为纪念周敦颐对合州文化教育的贡献，1460年知州唐珣建有周子书院（亦称濂溪书院），1531年御史邱道隆建有合宗书院。合宗书院与周子书院一脉相承，在表纪念的同时，更尊周敦颐为合州学术之"宗"。1904年，"合宗书院"改"合州学堂"。1906年合州学堂改为合州中学堂，为合川中学前身。时至今日，周敦颐以下的合川教育史已传承延续近千年。虽然旧式教育与新式学堂有本质差别，但周敦颐作为合州教育的开宗之人，值得永远铭记。

张森楷与卢作孚的师生情分

张森楷从29岁回乡开始，曾有7年桑梓教育经历，后又办过四川民立实业中学堂，开了近代职业教育先河，他是新史学教育的奠基人，所撰《华夏史要》被后世学人称为"全国第一部中学历史教材"。他还组织过学生留学海外（日本）。1904年，清光绪颁布《奏定学堂章程》，在全国实行新学制。同年，张森楷出任合州学务总理，全权负责办理合州新学堂。在任期间，他对全州各类学堂的设置、分布、师资、教材都曾一一推动，成效卓著。在他的主持下，合州的新式学堂通计有高小10所、初小93所，盛极一时，领重庆府各州县之先。

陶行知纪念馆·古圣寺全景/刘勇摄

在张森楷的学生中，除了此前提到过的郭沫若外，卢作孚也是一个。

卢作孚在瑞山小学念书时，曾经听张森楷讲过课，虽不是张森楷的正式学生，但一直以私淑弟子自居，以张森楷为师为表。张森楷也对卢作孚的聪颖、刻苦非常赞赏，后来在主持《合川县志》编纂时曾邀请卢作孚担任过分纂。张森楷客死北京两年，是卢作孚亲自将灵柩运送回家乡并安葬于学士山。两位先生的情分为君子之交，惺惺相惜。

卢作孚与陶行知的同一梦想

卢作孚除自己兴办教育外，还特别支持陶行知的教育实践与探索。他对陶行知的教育思想十分推崇，并与之有很多相通的地方。在教育的问题上，两人最为一致的，就是主张和实践"教育救国"的理念，这是他们共同的梦想。

卢作孚在辛亥革命后就已初步形成了"教育救国"的理念。1916年，年仅23岁的他就明确提出："教育为救国不二之法门。"后来，他又陆续提出了"国中万事，希望若绝，寻求希望，必于教育事业""乡村第一重要的建设事业是教育"等一系列有关教育的思想和主张。

在教育救国理念的实践中，卢作孚与陶行知等乡村建设开拓者和平民教育家结下深厚情谊。即使在抗战期间，他们也坚持教育救国实践。正是在卢作孚的盛情邀请下，陶行知才来到重庆、来到合川生活、办学，一批平民教育家才会集北碚，从而使陶行知的难童学校得以开办，其他平民教育家的民众教育得以"奇迹般地生存下来"，不至于被抗战的炮火打断。也

少先队小队活动/李光辉摄

正是有了卢作孚民生公司等企业在经费方面的鼎力支持，育才学校才得以度过七年艰苦卓绝的办学时光而有辉煌成绩。

　　话题：先生者，为人师表也。于社会而言，先生是指路明灯，更是榜样力量。无论过去还是现在，社会都需要"先生"。愿我们在"四大先生"的召示和激励之下，人人都能争当"先生"，争做"教人民进步者，拜人民为老师"的模范，努力成为推进包括合川教育在内的社会主义现代化建设的领跑者、奋进者。

全民族抗战中的合川力量

七二二大轰炸／一元献机运动

抗战文化是合川历史文化的重要组成部分。无论是前述卢作孚组织宜昌大撤退、陶行知来合创办育才学校，还是本期开始讲述到的七二二大轰炸、一元献机运动等一系列历史实事，无不彰显着全民族抗战中的合川力量。

七二二大轰炸

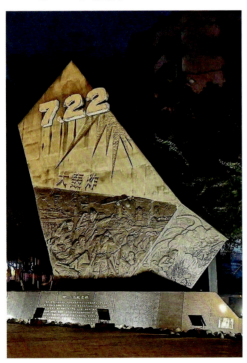

合川"7·22"大轰炸纪念碑／资料图片

1937年7月7日爆发的卢沟桥事变，揭开了中国全面抗击日本帝国主义侵略战争的序幕。11月，国民党军队在淞沪抗战中失利，南京陷入危机。1937年11月20日起，国民政府内迁，重庆成为战时首都。

由于日军未能从陆地攻入，便转而由空中入侵我方战时中枢，由此展开了对重庆无差别的战略轰炸，目的在于摧毁作为战时首都的重庆，打击中国政府和人民的抗战决心和意志。

重庆大轰炸，是日本军国主义对中国人民犯下的惨绝人寰的野蛮

罪行。从1938年2
月至1944年12月的
6年又10个月中，日
军对重庆进行轰炸
多达218次，出动飞
机9000多架次，投
弹11500多枚。轰
炸直接造成死难者

重庆大轰炸数据/资料图片

16376人、受伤者16453人，超过17600幢房屋被毁，城市大部分繁华地段被破坏。这是继德国、意大利在1937年4月对西班牙格尔尼卡平民实施轰炸之后，历史上又一大规模的侵略轰炸。

合川受到的日军大轰炸，是重庆大轰炸的一部分。在1940年5月至1941年8月的15个月内，日本侵略者先后9次对合川县城实施惨无人道的狂轰滥炸。其中，以1940年7月22日最为惨烈。

当天中午，日军连续出动3批重型轰炸机共108架次，对合川城区进行轮番轰炸，共投放炸弹500余枚，炸死居民700余人，伤2000多人，大火燃烧一天一夜，梓桥街、明月街、久长街化作灰烬瓦砾，柏树街、苏家街、大南街和嘉陵江沿岸街巷毁坏大半，江边木船被炸90余只，2000余户人家无处安身，县内机关大部分被毁，城区3/4成为焦土。

在整个日本侵略者对合川的持续轰炸中，日军共出动飞机241架次，投炸弹、燃烧弹949枚，直接造成伤亡3000多人，炸毁船只129艘（只），炸毁民房4300户、商业及公共建筑物408栋。县政府机关、法团单位，被迫迁往城外东岳庙等场所办公。县城绝大部分建筑物遭到毁灭性破坏，部分街道多次被夷为平地，民众生命财产损失极为惨重。据县政府报告估计，9次轰炸共造成各种物资损失须以亿元为单位计算，仅公共部分所受损失就相当于当时全县4年财政收入的总和。

一元献机运动

七二二大轰炸后，合川人民同仇敌忾的爱国热情急剧高涨。

这年，一个客居合川的神秘女子，在目睹日机轰炸的罪恶行径和合川人民越炸越勇的精神之后，遂萌生了发动每人献上一元钱购买飞机支援中国空军的想法，这就是后来"一元献机运动"的起始。该想法得到了时任合川县长袁雪崖的大力支持，随即成立了以县长为主任委员、该女子为指导长的合川各界筹献合川号飞机征募委员会。经该女子的奔走游说，献机运动得到了民众的广泛支持。

在短短的4个月里，共捐献飞机款45万元，购买战斗机3架，分别命名为合川一号、合川二号、合川三号，献给正在浴血奋战的中国空军。

这位神秘女子不是别人，正是有"民国侠女"之称的施剑翘。施剑翘原名施谷兰，安徽桐城人，出生于军阀家庭，其父施从滨为奉系第二军军长。施剑翘自幼深得父亲宠爱，深居闺阁，对古文诗词感兴趣，13岁时当家管事，18岁时毕业于天津师范学校。

1925年，其父在安徽固镇与直系军阀孙传芳的交锋中兵败被俘，后被孙传芳斩首，并将其首级悬挂于蚌埠火车站示众三日。按一般的交战之规，被俘后不应遭到杀戮，当此，年仅20岁的施剑翘便写下"被俘牺牲无公理，暴尸悬首灭人性。痛亲谁识儿心苦，誓报父仇不顾身"的诗句，立志为父报仇。

1935年，经过10年的辗转曲折，施剑翘在天津居士林刺杀孙传芳成功，后被捕入狱，1936年被特赦。其在特殊历史时期替父报仇之举凸显了其孝女、侠女之风，被世人称作"民国女侠"。

1939年，国民党中央陆军军官学校特训班进驻合川钓鱼城办班，其弟施则凡任特训班副主任，施剑翘与母亲便随弟来到合川。

自全民族抗战起，施剑翘组织募捐活动，积极办学，协助开展革命工作，为新中国的成立与建设作出了贡献。1957年她担任北京市政协特邀委员，1979年病逝于北京，享年74岁。

合川"一元献机运动"的极大成功，引起了中国航空建设协会的高度重视并向大后方各省大力推广。1941年6月，中国航空建设协会向所属各省市分会和各地政府致函，推广合川"一元献机运动"的经验做法，并号召全国同胞"手擎一元钱，向攻势空军建设的征途上大进军"。同时还颁布了《各地分会"一元献机运动"纲要》《"一元献机运动"实施大纲》《"一元献机运动"

一元献机运动捐献的飞机/资料图片

宣传大纲》等一系列文件及奖励办法，要求各县市成立劝募委员会，努力推行，以实现一人捐献一元之目标，用血与铁的反攻，以此来完成我们民族解放的历史使命。

"一元献机运动"迅速得到全国人民的热烈响应。各界群情激昂，爱国热情空前高涨，纷纷捐款捐物，所购战机源源不断地运到中国空军，为中国空军对日作战作出了巨大贡献，给当时正处在困境中的中国空军以极大的激励和鼓舞。

合川献机运动共进行了三次。除七二二大轰炸后捐献了3架飞机外，1942年秋，捐献滑翔机1架，折合法币3万元；1944年冬，四川省政府要求捐献飞机1架，折合法币20万元，合川人民积极踊跃，实际捐款金额达45万元。

话题：不有居者，谁守社稷？不有行者，谁扞（同"捍"）牧圉（mùyǔ，借指边境）？作为抗战后援地的合川，在这段似短却长的岁月里，是怎样书写着它参与全民族抗战的历史的？不妨多做阅读和了解。

第五十五期

国立第二中学 /
战时儿童保育会直属第三保育院

国立二中传奇

抗战期间，我国教育事业受到日本帝国主义侵略带来的严重破坏。为维持国家中等教育，延续文化根基，数十所"国立中学"先后在各地流亡师生中组建，其中按创办时间以数字序列命名的共22所。

主要办学地有河南淅川（一中），贵州铜仁（三中）、贵阳（十四中），陕西安康（二十二中）、汉中（七中）、山阳（二十一中），四川阆中（四中）、绵阳（六中）、长寿（十二中）、合江（十六中）、三台（十八中）、江津（九中、十七中）、荣昌（十五中），甘肃天水（五中、十中），湖南永绥（八中）、淑

国立二中旧址定林寺/罗明均摄

国立二中旧址定林寺/刘勇摄

浦（十一中）、芷江（二十中），江西吉安（十三中）、赣县（十九中）等多处。

在合川、北碚创办的这所是数字序列中的第二所，正式名称为"国立第二中学"，通常简称"国立二中"。

1937年冬至次年春，上海、南京相继沦陷，很多知名中学如江苏省立扬州中学、苏州中学、常州中学等师生背井离乡，辗转撤退到了武汉。后又分期分批内迁至重庆并转往北碚、合川。为安顿这些师生，当时的国民政府教育部派员前来组建国立四川临时中学。在合川官方和民间的大力支持下，学校于1938年正式行课，1939年改名为国立第二中学，分设高中、初中、女子和师范四部。其中，高中部在合川濮岩寺办学。

濮岩寺，位于今合川合阳城街道，始建于唐朝开元年间（713—741），距今已有1300年历史，原名庆林观，后改观为寺，名定林寺、定林禅院，因寺在濮岩山，明清以来，被称作濮岩寺。

原濮岩寺树木葱郁，浓荫蔽日。山岩上古柏满山，甚为壮观，相传为合州土著先民首领濮子墓之所在。山岩下流泉成湖，湖水清幽，每至月夜，波平浪静，月光朗照，月色空蒙，故明人定"濮湖夜月"为合州八景之一。濮岩寺后，沿山岩有长约一公里的摩崖石刻。其内容多为佛家造像、古贤题记，其创造年代早于大足石刻150年，有较高的历史文化和艺术价值。

由于濮岩寺文物古迹众多，历为合州城近郊游览胜地。近代以来，因各类办学的需要，濮岩寺又逐渐成为合川的教育之所。1907年，合州实业家张骏骧用濮岩寺庙宇办蚕桑传习所，利用侧殿作教室，并紧邻左侧殿建日本式蚕房。第二年，奉命改为初等农业学堂。1913年，初等农业学堂改为乙种农业学校。1921年又改为职业学校。1925年职业学校停办，改建合川国民师范学校。

1936年，适逢大旱，合川财税减收，学费不济，国民师范学校开始停办。在停办期间，正值国民政府教育部收纳江浙流亡来川师生，濮岩寺合川国民师范学校便成了国立二中高中部的办学场所。

国立二中校长周厚枢，字星北，扬州人。1920年国立南京高等师范数理化科毕业后，先后在美国路易斯安那州立大学、美国麻省理工学院学习，获化工硕士学位。1927年，年仅28岁时出任江苏省立扬州中学校长。曾任国立广东大学、河南中州大学、国立东南大学教授。

国立二中在合川办学长达8年之久，直至1946年7月迁往江苏常熟。据统计，国立二中存续期间，共培育各类英才5000余人，为抗日救国输送了大批骨干力量，为新中国培养了大量优秀人才。

从这里走出了14位共和国院士，他们是：数学家王元，建筑与城乡规划专家吴良镛，大气物理学家陶诗言，理论物理学家杨立铭，物理学家汤定元，

合川天顶汽车城/刘勇摄

战时儿童保育会直属第三保育院旧址/罗明均摄

计算机专家张效祥，工程力学专家徐皆苏，微波与光纤通信专家黄宏嘉，生物地层学家盛金章，昆虫学家尹文英，应用力学专家鲍亦兴，理论物理学家戴元本，大地测量学家宁津生，农田水利学家茆智。

全国人大常委会原副委员长李锡铭，国家教委原主任何东昌，中国民主促进会原副主席叶至善，"英语之父"许国璋，作家路翎，翻译家管震湖、张琨等一批政治家、教育家、文学家也从这里走出。

八年全民族抗战，八年办学，八年艰难前行，国立二中所走过的道路极不平坦，其历史虽然短暂，但在中国教育史、合川教育史上是空前的，书写了特殊的篇章。

1946年国立二中复员回江苏后，合川国民师范学校迁回濮岩寺校址。新中国成立后，合川国民师范学校改为合川师范学校。20世纪80年代中期，合川师范学校由重庆市直辖管理。2000年后为渝州大学分校，现为重庆工商大学派斯学院办学。濮岩寺被称作合川的文物圣地，更被称作合川的教育殿堂，国立二中则是它的光耀时刻。

战时儿童保育会直属第三保育院

日本帝国主义的对华侵略战争，造成我国许多儿童流离失所甚至成为失去父母的孤儿。为挽救民族后代，培育无家可归的难童健康成长，经中国共

赵君陶和保育院的孩子们/资料图片

产党联合各党派与各界知名人士发起组织了中国战时儿童保育会。该组织于1938年3月在武汉成立，是抗日民族统一战线下国共两党合作的产物。保育会由宋美龄任理事长，并推选出国共两党和无党派的社会知名爱国妇女56人任理事。全民族抗战8年来，保育会先后在全国建立了61所战时儿童保育院，收容保育了少年儿童3万多人。

1939年6月，受中共中央南方局领导人周恩来和邓颖超的派遣，赵君陶在今合川区土场镇周家祠堂旧址创办了战时儿童保育会直属第三保育院（简称第三保育院）。保育院分设幼儿和小学两部分。该保育院在土主场创办6年，收养了一批又一批从战区流亡到重庆、北碚、合川等地的难童和少年，为我党在国统区培养了不少的革命有生力量。1945年8月，毛泽东主席到重庆谈判，亲切接见了赵君陶。抗战胜利后，第三保育院与歌乐山保育院合并，搬离合川。

赵君陶（1902—1985），女，重庆酉阳人。1919年随全家迁到北京，在五哥赵世炎（中国共产党早期领导人之一）的引导下，追随时代前进的步伐，积极投身反帝反封建革命运动。1925年入上海大学社会系学习，1926年加入中国共产党，同年与无产阶级革命家，中共早期军事斗争领导人之一的李硕勋结婚。曾任湖北省妇女协会执行委员、宣传部长，共青团湖北省委员会委员，中共中央妇委会秘书。

1939年初，赵君陶来到重庆合川，在创办并担任第三保育院院长期间，对保育院收容的5～10岁难童，精心教育；对中共南方局和地方党组织来院隐蔽或工作的地下党员认真保护和关照，直到抗战胜利。她和院里的同事共抚养了800多名因战争而流离失所、在死亡线上挣扎的年岁不齐的儿童，使他们恢复了健康，受到良好教育，完成了学业，走向了社会。

1946年后，她在延安大学、中共中央教育研究室工作。1949年出席第一次全国妇女代表大会。新中国成立后，任化学工业部教育司副司长、北京化工学院副院长，先后担任第四、第五届全国政协委员。其子李鹏曾任国务院总理和全国人大常委会委员长。

赵君陶终身为革命、为无产阶级的教育事业作出重大贡献。著有《赵君陶教育思想理论文集》。

话题：合川是个书写传奇的地方。国立二中的传奇说来也是合川的传奇。合川人民在极为艰难的条件下，接纳、养育着国立二中的师生们，为他们提供安全的庇护所，使他们有张平静的书桌。这一切，全在于为国家为民族孕育希望。对国立二中五千流亡学子是如此，对保育院的八百难童更是如此。

豫丰和记纱厂 / 晒网沱抗战盐仓

战争是全局性的人力、物力、财力的消耗。面对日本帝国主义的疯狂侵略，中国人民团结一心、众志成城，真正做到了前方抗敌打仗、后方生产支援。在这一过程中，合川在棉纱的生产和食盐的储运上值得特别提及。

豫丰和记纱厂合川支厂

豫丰和记纱厂，肇始于1919年上海民族实业家穆藕初在河南郑州创办的豫丰纱厂。

穆藕初，原名穆湘玥，字藕初，江苏吴县人，1876年出生在上海浦东一个以种棉为主业的家庭。自幼耳濡目染，对棉业情有独钟，14岁进棉花行做学徒。1909年6月赴美留学。5年的留学生活使他形成了"棉业为我国最大之实业"的认识，产生了"发展棉纺，实业兴国"的宏大抱负。至1922年，穆氏旗下的4家纱厂共有纱锭12万多枚，占当时全国纱锭总数的近

原重棉四厂职工家属区一角/周正文摄

20％。时人将他和张謇、聂云台、荣宗敬并列为中国棉纱四大巨子，社会各界敬称他为中国"棉纱大王"。

豫丰和记纱厂合川支厂遗址/刘勇摄

1934年3月，豫丰纱厂由天津中国银行接管，成为官僚资本企业，改称豫丰和记纱厂。

抗日战争全面爆发后，豫丰和记纱厂屡遭日军飞机轰炸，受损惨重。

1938年2月19日，国民政府经济部决定：为保存其实力，维护军需民用，将豫丰和记纱厂内迁重庆。

紧接着，厂方宣布停工迁厂，技术人员、保全修理工随同前往重庆，纱纺女工就地遣散。同时，开始拆机装箱，拆下各种机器设备8000余吨，大小机箱11.7万件。先取道平汉铁路到武汉，在汉口雇船300艘逆长江而上，前往重庆。

搬迁途中被日军飞机炸毁的船只多达百余艘（只）。经过长达1年多的艰难搬迁，1939年到达重庆，同年4月在重庆土湾选定厂址，开始建设。

1940年5月27日，在今重庆沙坪坝的豫丰和记纱厂及附近街道、码头被炸，伤亡100多人。这前后豫丰和记纱厂共遭到日军多达13次的狂轰滥炸，以致无法进行正常生产。

同年9月，豫丰和记纱厂顺嘉陵江而上，在合川东津沱购地600亩，修建厂房，这是重庆厂区面积的2倍多。

东津沱为嘉陵江纳涪江之后流向重庆的第一个回水湾区，背靠白塔坪（古称东山），与钓鱼城隔江相望，有水运之便，虽然为日军轰炸目标之一，但是远离重庆和合川城区，地处东山之下，嘉陵江之滨，相对比较安全。

1941年5月，豫丰和记纱厂合川支厂建成投产，时有纱机15000锭，职工2497人。到1943年，纱机增至29700锭，职工增至2659人，由于厂内使用的是当时英国出厂的世界最先进的纺织机器，年产棉纱多达14263件，注册商标为"红飞艇"。有史评价，该厂对抗战时期大后方的穿衣问题贡献甚巨。

抗战时期，随着河南"豫丰"等13家大型棉纺厂的迁渝，加之本地原有的500多家手工作坊，重庆成为抗战时中国的主要纺织基地，撑起了大后方的大半边天。

合川支厂的建设还成就了合川重棉四厂的一段辉煌，这是后话。

晒网沱抗战盐仓遗存

盐税，历史上一直便是国家大宗收入来源之一。民国时期，重庆是川盐集散重镇。1916年，四川盐业使署迁驻重庆，使重庆一度成为川盐的施政中心。

1935年，重庆盐务管理分局正式设立，该分局管辖着川东各地的盐仓及涪陵、万县等盐务机构，综管产、运、销、税、缉五大要政。

1936年，重庆盐务管理分局决定拨款并监造包括合川在内的长江中段各大盐仓。

七七事变后，日本先后控制长芦盐场等华北产盐基地，进而完全占领大

晒网沱盐仓遗址/刘勇摄

陆海岸线，中国的海盐基地几乎完全丧失，近海的内地盐场亦被占领。于是，中国盐业急剧萎缩，仅依赖于内地的四川盐产和西北盐产，产量不到平时的30％，而以重庆为中心的后方人口却占了全国人口的半数以上，2亿～3亿人。随着战争的破坏和冲击，内地盐业的生产、运输、销售以及税收诸多环节遭受破坏，军民生活面临严重困难。

1938年，国民政府盐务总局设在重庆。此后的整个抗战期间，重庆都是全国盐务的指挥中心，管辖着盐业这一重要战略资源，并推动形成了以长江为骨干，嘉陵江、沱江、乌江等为支脉的储存运输体系。

合川晒网沱盐仓位于合川城区嘉陵江、涪江交汇处的南岸，1940年建成并由合川官仓办公处负责管理使用，是当时长江中段八大盐仓之一，为抗战时期的战略转运官仓，在整个嘉陵江流域发挥着重要作用。该盐仓占地6300平方米，建筑面积3840平方米，为砖、石、木混合结构。库房分隔四栋，最大储藏量高达7650吨。另有办公、保管室，有小石墙与仓库区分隔。盐仓距江边百余米，有专用公路，盐运方便。

食盐是一种易回潮的晶体，合川临江空气湿度大，为防止食盐受潮，建造者先用宽厚40厘米、长1米的条石，按照"横竖"排列式垒造起基座，为防潮气进入，每块条石间都用糯米加石灰的"混凝土"黏合。基座周围布满了排水沟，基座内再用石灰与炭渣填满，然后在上面铺上小青砖，在小青砖上搭上木板架，离地面30厘米左右，然后将盐袋放在木板上。此外，每个盐仓内还有烟囱之类的排风口，以让盐仓保持空气流通。

该盐仓保存完整，用材工艺罕见，历史印记明显，是不可多得的城市遗产中的工业遗产。

话题：豫丰和记纱厂的搬迁史、晒网沱盐仓的建设史，见证了中华民族灾难深重的屈辱历史和不甘做亡国奴的抗争精神，每每读到，都让人感慨不已。值得欣慰的是，两处遗存均在，也都分别列入了市级、区级文保单位。不妨做个志愿者，参加到抗战遗址文物的保护行列中来吧。

第五十七期

抗战兵源和粮食贡献

在抗战最为困难和吃紧的时期，身处大后方的合川人民不仅以极大的同情和包容心接纳着来自沦陷区的学校、医院、工厂、军政机构及流亡人员，而且还以满腔的爱国热情和为国牺牲的英勇精神，直接送兵、送粮、送工上战场，倾其所有为挽救民族危亡默默奉献着。

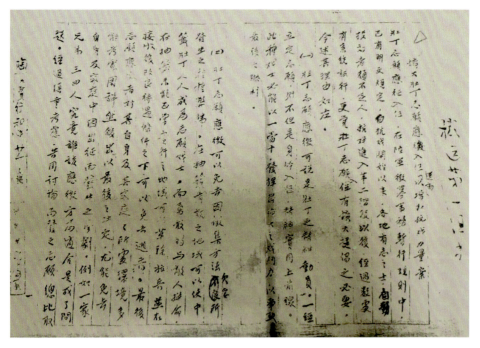

陶行知等向国民参政会提交的《扩大壮丁志愿应征入伍运动以增加抗战力量案》提案（影印件）/合川区档案馆提供

抗战兵源的动员

据统计，从1937年到1945年的八年全民族抗战中，合川共征兵丁83886人，为四川各县最多之一。其中，1937年、1938年、1944年 三年，因战事紧急，征兵人数更是分别达到25963人、15000人、14980人。这些兵丁几乎还没有开展多少军事训练，便直接投入各战区战场。如果

民生公司轮船送川军出川抗战/卢作孚纪念馆供图

从1931年"九一八"算起，全县出征抗日的兵丁，堪称"十万合川儿郎"。作为合川子弟，他们不论身处何方，处于什么兵种岗位都带着家仇国恨与日本侵略者直接展开殊死斗争，是中华民族血肉长城的组成部分。

抗战粮食的征借

全民族抗战时期，后方缺粮，首都缺粮，前线更是缺粮。而一旦粮食供应不上，势必引发不可收拾的混乱局面。合川历为产粮大县，所以承担的粮食征借量特别大。

所谓粮食征借，是指农民将规定数量的粮食借给政府，政府付给粮食库券，从第5年起开始偿还。在当时缺粮的情况下，名为借，实为征，遇到需求大的时候，还要加征加派。从1943年的情况看，合川派借任务是100735石；次年增至122361石，另加借26851石；第三年派借更高达149152石。此种情况直到抗战结束才逐步减少，不再征借。

粮食运输的组织——抢运军粮的"几何计划"

合川对抗战军粮的贡献不仅在于粮食本身的贡献，还在于对粮食运输和

统筹方法的贡献。

1940年7月30日，合川人卢作孚被国民政府任命为全国粮食管理局局长，全力解决大后方日益严重的粮食危机。

经过一个多月的调查，卢作孚发现造成粮食供应不上的根本原因，既不是由于灾荒引起大面积的粮食减产，也不是农村各地普遍缺粮严重，而是奸商囤积居奇，农民家里的粮食没能有效地集中起来，再加之广大农村地区交通不便、粮食运输不畅，无法集中到城市和输往前线。

为此，他提出了一个抢运军粮的"几何计划"。所谓"几何计划"，其智慧有三：一是绕过奸商的囤积居奇，直接向农民购粮，有效解决粮食的来源问题；二是由国民政府电令各县乡设立军粮采购站，把农民家里的粮食以最快速度汇集起来，解决粮食的集中问题；三是用人力将粮食运送到公路或水路边一些特定的装运点，再用汽车、板车、船只，将粮食运往城市和前线，解决粮食的运输问题。这样，就将千头万绪的粮食组织和运输问题变得简单明了、富有效率。

根据这一计划，卢作孚亲力亲为，亲自选择最合理的粮食集中点和运输线，接着便组织人力、物力运输分散在各地农村的粮食。先是通过广大农民用肩挑、背扛，将上百万石的稻米从无数偏远农村运到公路线或航运线上指定的点位和区域，再是通过车辆、船只将这些点位和区域的粮食集中运送出去。就这样，短短几个月时间，充足的粮食便源源不断地运往各政府粮仓或临时转运点，再根据需求运往各抗日战场前线，如当时最重要的湖南战场前线。

"几何计划"抢运军粮的行动，"其在战时的意义，至少与宜昌大撤退的奇迹相等"，这是合川人的贡献，更是合川人民基于历史创造的贡献。

话题：艰苦卓绝的八年全民族抗战，再一次加深了我们对合川以巴文化为特质的既强悍又精敏、既进取又包容、既英雄又平民的民众性格的理解。全民族抗战，抗出了人民的力量，抗出了人民的胜利，更抗出了我们在中国共产党领导下的历史自信和文化自信。

shiyiduhechuan

伟大事业的时代先驱

第五十八期

何绍先 / 唐木森

何绍先（在合川从事党的工作的第一个共产党员）

1921年7月中国共产党的成立，是历史上开天辟地的大事变。这一大事变，犹如擎起的一把熊熊火炬，给近代饱受战乱、灾难深重的中国人民送来了光明和希望。

随着国共合作的建立和大革命高潮的兴起，深处内地的合川，也开始有了中共党员的活动，并建立了早期的地方党组织。

在合川，从事党的工作的第一个中共党员是何绍先，创建的第一个地方党组织是他与石天柱、杨思盛、罗奚若组成的4人党小组。

何绍先，重庆垫江人，其父何元灿是前清举人，教书为业。何绍先兄弟4人，他排行老二。

关于何绍先的资料信息能收集掌握的并不多，只知他后来毕业于成都高等师范学校，参加过顺（庆）泸（州）起义，曾任国民革命军暂编第十五军秘书长。该军于1927年5月，根据武汉国民政府的决定，由来自顺庆（今南充）、泸州、合川等地的起义部队15000人整编而成，军长刘伯承，副军长黄慕颜。

1926年6月，受中共重庆地方执行委员会书记杨闇公的派遣，何绍先来到合川开展党的工作，公开身份是驻合川的四川江防军第二区司令黄慕颜的秘书。

按照重庆地委及杨闇公指示，何绍先的任务是积极联系从外地回合川的共产党员，共同从事革命活动。不久，在北平世界语专科学校读书入党的石天柱与在上海大学读书入党的杨思盛回到合川，先后与何绍先接上关系。随后，何绍先、石天柱、杨思盛3人又发展小学教员罗奚若入党，组成了4人党小组，成立了合川最早的党组织，主要任务是推动部队的起义工作。

1926年12月，何绍先随黄慕颜部离开合川，开赴顺庆举行顺泸起义。

何绍先之弟何超腾，也曾于1929年7月，受党组织指派打入驻合川的国民党第二十八军第三师军官教育团做体育教官。1930年春，何超腾在合川创办了天健体育专门学校，并任校长。何绍先、何北征、黄恒骝等共产党员和进步人士先后到校工作和任教，有意识地向学生灌输革命理论，为革命培养新生力量。同年6月，中共四川省军委决定在合川组织武装暴动，建立川北游击根据地。党组织派人打入驻扎合川的陈师农部，联络军官教育团的积极分子发动兵变，何超腾秘密串联，并拿出学校部分经费支持暴动，后因事泄未遂，受嫌疑，离合川到涪陵、垫江等地开展革命活动。1934年7月，何超腾在万县（今万州）被捕，英勇就义，时年33岁。

唐木森（"虽万死而不辞，独正气而永存"的共产党人，革命烈士）

唐木森，字前杰，号用三，1899年生，合川县渭溪乡（今合川区双槐镇）龙狮村唐家湾人。

1916年，唐木森考入合川中学校。时值新文化运动兴起，在进步思潮的影响下，他与同学石天柱、华绍衡等组织"合川青年社"，积极从事反帝反封

唐木森故居/资料图片

唐木森

建及抵制日货的宣传活动。1921年，他考入国立北京农业专门学校（后改为国立北京农业大学），又与在京的石天柱、华绍衡、徐大昌、黄肇纪等合川籍同学继续进行革命活动。他们不仅恢复成立了"合川青年社"（不久更名"旅京合川青年社"），还先后出版了刊物《合川青年》和《合川潮》，并向上海、广东、南京、成都、重庆及巴黎等地的合川县旅外同学寄发。

1923年，因家庭经济来源中断，唐木森回乡任复兴小学教务主任，兼国文、英文教师。他为学生组织读书会，领导他们阅读《新青年》《向导》等革命刊物，并利用节假日开展宣传活动。一批有志青年如蒙文凤、王富俊、罗从纪、李衡阳、孟基昌、何若著等，在他的影响下参加了革命。

1926年，唐木森冲破家庭阻挠，经多方努力，重回北京学习，加入中国共产党。3月18日，积极参加中国共产党领导的北京大中学生和工人市民联合举行的反帝示威大游行，遭到北洋军阀段祺瑞政府的疯狂镇压，死伤200余人。同年秋，受中共北方区委委派，前去广州黄埔军校学习。

1927年，蒋介石在上海发动四一二反革命政变，大肆捕杀共产党人。中旬，军警包围军校，占据武器库，解除学生武装，逮捕学生数百人。唐木森被捕，囚于广州南石头监狱的惩戒场。虽经百般严刑拷问，都坚贞不屈，始终未暴露党的机密。后以"图谋暴乱首犯罪"被杀害，年仅28岁。临刑前，他以《别矣，合青兄》为题，写了告别诗。诗中有"不到明天，我的血流已停，我虽万死而不辞，独正气而永存"！足见其对革命的忠诚。

话题：不忘来时路，方可守初心。作为中国共产党成立以来的标志性文化形态，合川的红色文化从新民主主义革命时期延续至今，是合川最可宝贵的精神财富。合川红色文化的形成，最初是以发生在合川区域内的具体的革命活动为载体。对此，你所了解的革命活动和革命人物还有哪些，不妨一起来回溯，一起来追忆。

第五十九期

刘愿庵 / 秦友石

刘愿庵（"绝没有退出共产党可言"的马列信仰者，革命烈士）

1926年，合川地方党组织的成立，为我党打开合川革命局面提供了根本的组织保证。这一年，在中国共产党的组织领导下，先后开展了以合川火柴厂工人罢工为代表的工人运动，以狮滩农民抗粮抗捐、反抗地主压迫斗争为代表的合川农民运动，以及其他反帝爱国运动。这一系列运动，使合川人民群众革命情绪高涨，从而拉开了合川国民大革命运动高潮的序幕。刘愿庵、秦友石是这一时期最重要的党史人物。

刘愿庵，原名刘孝友，1895年出生，陕西咸阳天阁村（今属咸阳市秦都区）人。

1911年，辛亥革命爆发后，自动弃学，只身赴南京参加学生军。次年学生军解散，刘愿庵溯江而上，到四川嘉定（今乐山），在电报局找了一份勘测

刘愿庵

葛家岩古寨/刘勇摄

长途电话线路的差事。1919年到万县，在驻军卢锡卿部任参谋，不久又转入川军杨春芳部任秘书。1922年秋，杨春芳委任其为丰都县知事。上任后，他清理冤狱，释放无辜；体恤民情，废除苛捐杂税；对欺压民众的团总、贪官，该撤的撤、该罚的罚，深受丰都民众爱戴，却遭到豪绅和驻军嫉恨，被迫离开丰都。离开时，丰都民众自愿捐款，为他建造德政碑。

1923年初，他参加了恽代英在成都建立的学行励进会。不久，与恽代英一起又创建蓉社，开始接受马克思主义，立志"以谋求中国人民及全世界被压迫者的解放为终身事业"。1924年到宜宾，与郑佑之等在宜宾建立读书会、通俗讲习所，研究、传播马克思主义。

1925年上海五卅惨案消息传到川南，他被推为叙州五卅惨案外交后援会负责人之一，领导民众开展反帝爱国和声援上海工人的斗争。同年11月，加入中国共产主义青年团，不久转为中共党员。

1926年9月，受中共重庆地方执行委员会派遣，到合川组建党组织。主要是做陈书农部的兵运工作，其公开身份是驻合川的国民革命军第二十八军第三师政治部宣传科长。在合川期间，他将军队和地方上的党员组成混合党小组，并任组长。从此，合川有了正式的中共党组织。

1927年春夏，蒋介石、汪精卫先后叛变革命，成都的国民党右派明令军警逮捕刘愿庵等共产党员。在极端危险的局势下，他接任中共成都特支书记，继续领导成都革命力量同国民党新军阀做斗争。8月12日，中共四川省临时委员会在重庆建立。9月7日，刘愿庵由成都赴重庆，被选为省临委委员、常委，任秘书长兼宣传部部长。1928年2月，中共四川省临委在巴县（今重庆市巴南区）召开第一次扩大会议，正式成立中共四川省委。他被选为省委委员、常委，还被推选为出席中共六大的代表。3月，省委书记傅烈被捕，刘愿庵代理省委书记，领导全川人民的革命斗争。6月，到莫斯科出席中共六大，当选为中共六届中央候补委员。

1930年5月5日上午，刘愿庵在重庆浩池街39号裕发祥酱园主持召开中共四川省委常委会议。因内奸告密，会议开始不久，军警即包围了酱园，他不幸被捕。

四川军阀刘湘，早知刘愿庵才华横溢，在我党身居要职。刘愿庵被捕后，刘湘亲自游说并动用了刘愿庵的早年朋友和亲戚，劝他脱离共产党，并许以"厅长""院长"等高官厚禄"劝"诱其退出共产党，都遭到拒绝。5月6日，二十一军军事法庭开庭。在法庭上，刘愿庵慷慨陈词："我信仰马列主义。……至于生死之事，我早已置之度外，绝没有什么退出共产党可言！"

1930年5月7日，刘愿庵和他的战友邹进贤、程攸生一起，高呼"中国共产党万岁"走向刑场，英勇牺牲，时年35岁。

秦友石（誓把工农来武装的农民暴动领导者，革命烈士）

秦友石，1901年生于合川县狮滩场（今合川区狮滩镇）一个封建地主家庭。

少年时代，秦友石看到社会贫困落后、腐败不堪，特别是在1915年袁世凯与日本签订丧权辱国的"二十一条"后，对北洋政府非常愤恨，激发了爱国热忱，立下救国救民的宏愿，积极寻找革命真理。1919年，五四运动爆发，秦友石正在合川中学读书。受革命思潮的洗礼，他与同学唐木森、杨思盛等在城区积极开展新文化运动的宣传，宣传马克思主义。1920年，全家迁往成都。到成都后，考入成都储才中学就读。在校期间，广交进步同学，阅读革命书刊，并与去北京学习的合川同学联系，参与革命宣传活动。

1924年，秦友石从成都储才中学毕业后回到合川，在狮滩创办小学，在农民及青年教师、学生中宣传反帝反封建新思想。

他利用课堂，讲授新教材，宣传新文化，灌输新思想，教唱《国际歌》《打倒列强》，教学生访贫问苦、认识社会。同时，向社会宣传三民主义、十月革命、打

狮滩革命纪念碑（位于合川区狮滩镇文化公园内）

倒军阀、打倒地主恶霸、反对旧礼教。

1926年夏，他加入中国共产党。入党后，他工作更加积极，利用亲戚朋友婚、丧、庆、祭的机会，送马克思、列宁、孙中山像作礼品，借机进行革命宣传。节假日、逢场天或办庙会、唱戏的期间，手拿铃铛、话筒，身背标语传单，向群众做宣传。主要讲外受帝国主义的侵略和压迫，内受军阀、贪官、污吏、劣绅、土豪的鱼肉。主张积极实现联俄、联共、扶助农工三大政策，打倒帝国主义，坚持拥护北伐等等。由于他热情洋溢、能言善辩，又用了很多农村喜闻乐见的山歌、顺口溜等，深得人心，宣传声势越搞越大，引起了地主豪绅的震恐，纷纷骂他是疯子，叫他"秦疯儿"。

同年11月，秦友石在狮滩组织成立农会，制定章程，农会会员发展到500多人。同时，他与邓德辉、邓福全、袁昌用、秦槐等分别在大沔乡（今小沔镇）码头、鸡公坝、灵凤寺、普贤庵等地办起农民夜校，发动群众，壮大农会组织。后来，农会会员发展到4000多人，还在狮滩场成立了农协区分部。

1930年8月，为配合当时合川城区内组织的士兵暴动，狮滩地区农协会决定发动狮滩农民暴动。秦友石、秦槐（秦友石之弟，1926年入党，曾任中共狮滩区委书记。1926年参加泸顺起义，1930年参加狮滩农民暴动、士兵暴动，是年牺牲，年仅23岁）等组织400名农会会员组成四川工农红军第七路军合武纵队合川支队狮滩大队，兵分两路，攻打国民党合川联防团团总王止敬与国民党区长李君博两家住宅葛家岩，以及大地主李秉奎的庄园长生寨。两路人马均因天气突变，大雨倾盆，联络失败，队伍被迫撤回，暴动失败。

9月1日，秦友石被抽调到合川县城参加士兵暴动。兵暴失败，他从合川脱险后改名陈浩然，化装转移到重庆两路口居住，继续从事革命工作。不久被捕，12月底被刘湘秘密杀害于巴县监狱，时年29岁。

话题：革命是需要有革命精神的。你所理解的革命精神是什么？不妨说说。

蒋云裳 / 周吉可

蒋云裳（中共合川县委首任书记，革命烈士）

随着革命形势的发展，合川县域党组织的建立被提上重要议事日程。从筹建到正式成立，蒋云裳都起到了至关重要的作用。

蒋云裳，原名蒋光汉，1907年出生于合川白沙场（今属合川区涞滩镇）。1925年蒋云裳就读于吴玉章等创办的中法大学，并在该校加入中国共产党。入党后，于1926年去到上海参加革命活动，曾两次被捕，经营救获释。1927年返回合川，协助中共四川省临委委员刘成辉在合川开展工作，在合川城区及狮滩、大沔、小沔与秦友石、周绍海等同志一道积极开展党的活动。

1928年2月，上级党组织安排喻凌翔来合川接替刘成辉，与蒋云裳一起筹建合川党的组织。春末，喻凌翔调离合川，蒋云裳接替其工作，继续筹建合川县域党的组织。1928年4月，中共合川县委正式成立，蒋云裳任中共合川县委首任书记，负责领导合川、武胜等地区的工作。在任职期间，他积极开展农民运动，组建农会，建立农民武装，发动"春荒"暴动。在起义暴动

蒋云裳的老家白沙场/资料图片

过程中，率合川游击队员冉正清、黄淑华、张才轩、王树堂等10余人驰援孙之瑞领导的武胜暴动，这次暴动终因力量悬殊而失败。为便于革命、保全家眷，蒋云裳将新婚怀孕的妻子送到原石龙乡龙楼村安顿，于1929年春末转移长寿，以教书为掩护继续从事革命活动。

1930年初，蒋云裳再次去到上海。此时的上海党组织正加紧组织城市起义，蒋云裳积极参加，但在练兵中负伤住进上海广慈医院，后因党组织遭到破坏，查出名单上有他的名字，他在医院被捕，被反动当局以"反革命罪"判有期徒刑7年。1935年5月，蒋云裳身患重病，反动当局认为他是一个"放出去也活不了多久的废人"，将其提前释放。由于未找到组织，蒋云裳流落街头，病死于上海蒙古路，时年29岁。

周吉可（从合川走出的红军高级将领，革命烈士）

据统计，从重庆一共走出过十大红军高级将领。他们是：刘伯承（开州）、聂荣臻（江津）、杨尚昆（潼南）、万涛（黔江）、王良（綦江）、汤慕禹（巴南）、周吉可（合川）、杨克明（长寿）、刘安恭（永川）、唐赤英（大足）。

合川之于周吉可，是乡关，是故土，更是革命征程的起点。

周吉可，原名周先哲，又名周祯、周际可，1906年生于今合川太和镇亭子村一个书香家庭，其父周鼎铭为晚清秀才。周吉可幼年丧父，自幼就读私塾，后入合川翘秀小学完成高小学业。1923年春，考入铜梁县立初中读新学，

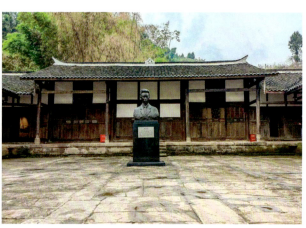

周吉可像/周吉可家属提供　　　　周吉可故居（今合川区太和镇亭子村）

1924年秋转回合川县立初中继续学习。受五四运动的思想影响，周吉可带头参加了革命进步组织"读书会"，积极发展成员，自订《新青年》《晨报副刊》《学生杂志》等进步书刊，并学习革命理论，向同学介绍列宁生平，宣传"俄国十月革命"。

1926年夏，周吉可毕业，升入成都志诚法政专门学校。1927年在成都加入中国共产党，从此投身于革命。1928年夏，他受党组织的安排，告别老母、妻子和尚在婴幼时期的两个女儿，以到上海读大学为掩护，继续从事革命活动，使用别名周际可。

在上海进行革命斗争时期，周吉可先后奔走于沪西和沪东北一带，利用国民党左派创办的大陆大学和公开的社会团体——中国济难会的合法地位发起组织党的地下外围组织，积极开展反抗国民党法西斯统治的宣传和游行示威活动，千方百计地营救被捕同志，秘密建立中共党组织，介绍革命青年加入中国共产党。此外，周吉可还接受党交给的特殊任务，在上海四马路振华宾馆，招收红军宣传员31名，由党组织送往苏区。

周吉可生活简朴，性格内向，冷静理智，对人对事要求严格。他不抽烟不喝酒、不下棋不聊天，最感兴趣的就是读书。一有空就阅读马列主义理论书籍，以充实提高自己的革命修养和理论水平，他常说："没有革命的理论，就没有革命的实践。"在潘梓年的直接领导下，周吉可很快便成长为上海沪西地区党组织负责人之一。

1930年3月15日，周吉可在给家人的最后一封信中写道："我有我伟大的事业"，"决于日内同友人赴北京，再转道满洲，俟机途经日本到欧洲，再为深造……""请你们原谅，我以后是很少与家庭写信的，现在总是不能回家，有信无信都请不必对我挂念"。信中所言出国深造，实为一个托词，借以安慰家人，不曾想，从此便与家人永别。

1930年5月，受中共中央委派，周吉可奉命与周恒、谭正文、肖源、杨先池等去红五军工作，他们在滕代远、何长工的率领下来到鄂东南。6月，周吉可奉命协助陈奇、柯乃康（柯庆施）工作，将阳新、广济、赣西北、大冶地区的革命武装合编为红八军第四、第五纵队。7月，党中央为发动武汉暴动，命陈奇、柯乃康、周吉可、黄刚、陈西、李溪石、杨振林组成行动委员会，统一指挥第四、第五纵队。他们率部北渡长江，进入黄梅县考田镇地区，扩大了革命武装，拓宽了游击区，打开了蕲春、黄梅、广济地区局面，经中共中央批准，于10月16日成立红十五军，蔡申熙任军长，陈奇任政委，周吉可任政治部主任。

1930年10月下旬，红十五军挥师北上，次年1月在河南商城与红一军会师，两军合并为中国工农红军第四军。11月7日，红四军与红二十五军合并，扩编为中国工农红军第四方面军。

在红军艰苦卓绝的斗争岁月里，周吉可凭着他的勇敢与智慧，曾在一夜之间率部队突进到七八十里外的敌占区打点粮草；在双桥战役中活捉敌军师长岳维峻，并通过做岳的工作，对岳晓以大义，让其设法供给红军战士每人一件棉军衣，让红军将士安全过冬，全军为之振奋；在麻城战役中曾缴获敌军4门野炮，但炮无准心，无法使用，他通过教育俘虏，终于让俘虏在水井中找出准心，将死炮变成活炮。

1932年，周吉可任红四方面军政治部秘书长。当时，张国焘推行王明路线，在军中发动"反右""肃反"，进行残酷斗争，他明辨是非，积极抵制。是年秋，周吉可在黄安战斗中身负重伤，但听闻红二十五军军长蔡申熙牺牲时，在悲愤中他不顾一切回到工作岗位继续战斗。他为编好红四方面军的《战场日报》，常常白天帮助根据地地方工作，夜间编报通宵达旦。周吉可随军转战于鄂、豫、陕、川边境，最后到达四川通江、南江、巴中地区，参与和组织了川陕革命根据地的创建和与国民党反动派的历次反"围剿"斗争。

红十五军成立纪念碑/杨莲提供

红十五军军部旧址/杨莲提供

红十五军成立时所用军旗（周吉可通讯员胡特
亲手缝制）/展陈资料图片

　　1935年3月，周吉可随红四方面军渡过嘉陵江后开始长征。6月，随红四方面军政治部参加了与中央红军在懋功胜利会师后的相关活动。8月下旬，周吉可随右路军前敌总指挥部政治部和中共中央机关，从毛儿盖出发，第一次穿越草地。同年秋，不幸牺牲于川西，年仅29岁。

　　话题：周吉可家书里的一句"我有我伟大的事业"，让人倍感理想的光芒、信仰的力量。革命先烈为了理想和信念慷慨赴死，靠的就是信仰。我们当如何从红色基因中汲取强大的信仰力量呢？

第六十一期

周极明 / 王璞

周极明像/周传慧提供

周极明（以笔为枪、血花齐洒的青年音乐家，革命烈士）

周极明，字杰奇，化名朱杰民，1918年10月生，今合川区钓鱼城街道黑岩社区人。

1934年秋，周极明考入川东师范后期（相当于现在的高中）第21班（年级）博物组（班）学习。他和李忠慎等同学带头抵制用德国黄色咔叽布制作校服，坚持用民生公司的三峡布制作校服，并组织学生成立布衣协会。1935年初，因闹学潮被开除的李成之、王方名相继来到同班就读，很快与周极明等思想进步学生一起秘密成立众志学会，成为学生中的政治团体。周极明具有深厚的音乐功底，而且充满激情，具有很强的组织能力。他组织歌咏队，训练合唱，教唱爱国歌曲，多次举办演唱会，演唱《大路歌》《开路先锋》《抗敌歌》，震撼着人们的心灵。

1935年冬，一二·九运动爆发，他成为重庆市学生救国联合会成员，参与组织了30多个中等学校以上的学生，成立100多个宣传队，进行大规模的示威游行。他一方面翻印歌曲，训练宣传指挥人员；另一方面联络艺专学生，组织宣传队伍。他还搭乘民生公司的轮船，沿嘉陵江、长江，上自北碚、合川，下至长寿、涪陵，开展大规模的抗日救亡宣传活动。

1937年夏，经李成之介绍周极明加入中国共产党。1937年7月7日，抗日战争全面爆发。延安陕北公学公开面向全国招生，周极明与其他革命青年一起相约报考，共同奔赴延安。

1938年3月，周极明等人到达延安。经组织分配，他到陕北公学学习。7月，转入鲁迅艺术学院，成为音乐系第二期学生。他的热忱、率直和天生的男高音深得音乐系主任著名音乐家吕骥的赞赏。毕业分配工作时，因他表现出很强的组织性、原则性及较高的组织能力和业务工作能力，组织决定派他到晋东南去独当一面工作。这样，周极明等50余名艺术人才奔赴晋东南前线，到北方局工作。1939年1月，周极明等人进入晋东南抗日根据地，到达武乡故县。

1940年1月，晋东南鲁迅艺术学校在武乡县成立，隶属八路军总政治部领导，李伯钊任校长，周极明任音乐系主任。

在极其艰苦的战争岁月里，周极明创作了大量的抗日歌曲。1941年6月20日，中华全国音乐界抗战协会晋东南分会成立，他负责音协工作，创办会刊《战号》，编印《太行歌声》歌曲集，创作《新妇女》《我们要武装》《团结战斗》《持久战进行曲》等许多作品。虽然大部分已经失传，但是在吕骥所保存下来的一本小册子上，就登载了他8首歌曲，足见其创作精力之旺盛。

1941年7月，鲁艺随八路军总部迁辽县麻田镇。1942年初，日本华北方面军大举进攻晋东南，对八路军前方总部所在地麻田实行所谓"铁环合击"。

周极明牺牲地/资料图片

鲁艺奉命化整为零,大部分师生转移,少部分有战斗经验的师生分散到各区,参加民兵的游击活动,掩护群众,牵制敌人,其中,周极明带领的小组则留守麻田上口村。上口村是日军进攻麻田八路军总部的必经之地。

1942年2月21日傍晚,一队日军兵分三路,绕过警戒部队,对上口村发动突然袭击,包围了村子。周极明闻声而动,带领工作队及民兵,端着枪,挺上刺刀,冲了出去。村子里火光冲天,日军见人就杀,数十名群众倒在日寇的枪口之下。他率领民兵,左冲右突,利用熟悉的地形,找到敌人的薄弱环节,杀出一条血路,掩护着群众冲出村去。

当手榴弹扔光、子弹打完,其他干部战士相继牺牲,而群众还没完全脱离虎口时,他大呼一声,跃出阵地,挺上刺刀,与日军展开白刃战。围上来与他格斗的日军有20多人,他却毫无惧色,奋勇拼杀。当最后一个群众从山坡上消失时,他被日寇刺中头部,壮烈牺牲,年仅24岁。

他的牺牲,换来了400多名群众的安全转移。此役,干部群众牺牲达130余人,可谓血流成渠。战斗结束后,当地群众用最好的大红棺木装殓他的遗体,找了一块最好的风水宝地(一块土质肥沃的土地),把他单独安葬,坟旁有一棵大花椒树为标记。

1942年3月,《新华日报》发表《艺术家的国殇》,追悼烈士之死,文中写道,"朱杰民,我们的青年音乐家……他在敌人面前忘记了逃避,拿着刺刀对拼着二十几个敌人,毫不吝惜地流尽了他最后一滴血"。7月6日,延安鲁艺举行抗战以来殉难校友追悼大会,朱德总司令亲自题写挽联:"从军杀敌,以笔为枪,正义宣传,参与政治战;为国牺牲,血花齐洒,英雄楷模,是为艺术光。"周恩来在重庆获悉周极明的英勇事迹后,也亲笔向周极明的父亲发挽函表达慰问。

王璞(纵马冲锋正此时的川东临委书记,革命烈士)

王璞,湖南湘潭人,1917年出生于一个中农兼营小商业家庭。兄弟姊妹7人,大革命时期,有4人参加革命。湘潭县塾师训练班毕业后,王璞曾任当地民众学校教师、国民小学校长。任教期间,他鼓励学生学习科学文化知识,团结进步青年,自学革命理论。

　　1938年，加入中国共产党，任韶山区委委员、书记。半年中，新建党支部4个，发展党员60余人，多次举办党训班。其意气风发的革命斗志，正如他的诗歌所表达的那样：磨光宝剑莫踯躅，自有通身似血珠。顺乎人间除黑暗，翻身世道扫崎岖。伤心不算英雄汉，为己何为大丈夫？冲冠一怒为天下，纵马冲锋正此时。

　　1940年夏，由于国民党掀起反共高潮和日寇的进攻，衡阳局势恶化，王璞不得不离别妻女，再次转移，他只身由桂林到贵阳再到重庆。1942年至1947年，他在重庆百子巷105号做党的联络工作，改名王慕斋，以富商的身份，日夜奔走于川东的南充、合川、大竹、达县、广安等地。1947年10月，中共上海局决定，组织农村武装，筹备川东大起义，成立中共川东特别区临时工作委员会（简称中共川东临委），王璞任书记。11月，王璞兼任中共川东临委上川东地工委书记，全力组织发动武装起义。

　　1948年4月，《挺进报》事件发生，原中共重庆市工委负责人刘国定、冉益智叛变革命，川东临委党组织遭到破坏，仅存书记王璞和秘书长肖泽宽。7月4日，王璞在岳池县罗渡乡召开会议，决定立即发动上川东华蓥山周围岳池、广安、武胜、渠县、合川等县的联合大起义，成立西南民主联军川东纵队。

　　1948年8月10日、12日、17日、21日，西南民主联军川东纵队先后在广安代市、观音阁，武胜三溪和岳池伏龙发起武装起义，均未成功。8月21日晚，王璞连夜来到合川金子沱召开紧急会议。会议决定陈伯纯为西南民主联军川东纵队第四支队司令员，王璞兼政委，随即通告群众："本军已经起义，誓为打倒蒋介石匪帮，彻底解放国民奋斗到底。"

　　8月25日，金子沱武装起义爆

金子沱武装起义纪念碑/资料图片

木瓜寨后寨门，起义队伍从这里撤走/资料图片

发。起义队伍先是攻下武胜县真静乡，后是攻下合川县金子乡。26日，王璞、陈伯纯率领起义队伍1000余人开赴岳池金城山，打退武胜县警察中队。28日，占领武胜县石盘乡。30日，进驻岳池县黄花岭。31日，击溃南充县警察队及岳池自卫队的进攻，击毙警察局长林廷极。9月2日，起义部队抵达预定休整地点岳池县回龙乡三元寨。当晚，王璞组织召开会议，决定将各部统一编制为西南民主联军川东游击纵队。

9月3日，国民党政府内政部第二警察总队加上南充、岳池、武胜、广安等县自卫队3000多人，向起义军合围"清剿"。经过一天顽强战斗，为保存实力，王璞将队伍分成前后两队，于当晚脱离包围，安全转移。

9月7日，起义队伍到达岳池县与武胜县交界的木瓜寨，又被国民党"清剿"部队包围。打退敌人追兵后，王璞召集会议，研究行动部署时，因一名战士擦枪走火被射中腹部，不幸牺牲。王璞牺牲后，纵队指导员及战士十分悲痛，拼死护其遗体突围，但终因寡不敌众，突围中其遗体为清缴敌军夺得，后被惨无人道地割下其头颅，挂在石盘乡上场口的杨槐树上示众。群众悲痛万分，三天后悄悄地将他的遗体就近掩埋。这年，王璞31岁。

话题： 一位是合川走出的艺术家，一位是来到合川的革命家，他们为我们诠释了怎样的革命英雄主义和革命乐观主义精神呢？

刘文学 / 蒋诚

刘文学（新中国第一位少年英雄，革命烈士）

新中国成立后，广大劳动人民翻身做主人，迸发出了前所未有的社会主义革命和建设热情，表现出了无比的英雄气概和高昂的精神状态。

刘文学之墓/吴庆丽摄

这一时期，为保卫新生的人民政权，合川儿女踊跃参军报国，在事关新中国生存的抗美援朝战场，打败了美帝国主义，赢得了保家卫国的伟大胜利；为捍卫社会主义革命成果，合川儿女坚决听党话、跟党走，与各种敌对行为做斗争，集中体现了共产主义、集体主义和爱国主义的精神风貌。蒋诚、刘文学是这一时期的杰出代表。

这里首先来回顾一下我们大家都较为熟知的少年英雄刘文学的事迹。

1945年2月，刘文学出生于四川省合川县渠嘉乡（今重庆市合川区云门街道）一个贫苦农民家庭。在旧社会，一家老小过着饥寒交迫的日子，受尽了地主的欺负和压榨。在那人间地狱般的漫漫长夜里，父亲和姐弟先后饿死，一家五口仅存母子二人熬过了严冬，迎来了解放。

1951年下半年，合川土地改革运动开始，刘文学一家第一次分得土地，生活逐渐改善。1952年9月，他有机会进入双江小学学习。然而，入学刚半年，因家中缺乏劳动力，他不得不辍学回家。年仅8岁的他便挑起了生活的重担，与母亲一起从事农业劳动。直到1956年9月农业合作化运动开始，土地和农业生产集中到农村集体，刘文学才再有机会入学。这时，他已经11周岁了，因此特别珍惜来之不易的学习机会。在学校，他不仅学习成绩出色，还热爱劳动、热爱集体、爱护公共财物，表现出了良好的思想道德品行和素养。很快他便在1957年秋光荣加入了中国少年先锋队，不久还成了全校唯一的中队长。

1959年11月的一天晚上，刘文学在参加完集体劳动回家的路上，经过一处名叫堰塘土地的地方，发现有人在集体辣椒地里偷摘辣椒。于是，便前去制止和干预。偷椒之人，不是别人，正是本村过去的地主王荣学。王荣学是当地出了名的坏分子，解放前作恶多端、欺压善良，解放后依然好吃懒做、抗拒改造。

当时，王荣学已偷满一个背包的辣椒，正要离开，碰巧被路过的刘文学发现。

刘文学看了看面前的辣椒，马上抓住王荣学，说要向生产队长报告。王荣学拿出一块钱递给刘文学，说："小兄弟，把这钱给你，你放我走吧。"正直的刘文学并没搭理和纵容他，而是要求他一起到大队部去。

王荣学一边口气服软地答应自己去大队部，一边又趁刘文学不备，想转身逃跑。刘文学眼疾手快地一把抱住了他，并高声大喊："来人啊，快来人啊，王荣学偷队里的辣椒！"这时，吓得要死、怕得要命的王荣学却怎么也挣脱不了刘文学死死拽住他的手。刘文学继续呼喊着："来人啊，快来人啊，王荣学偷辣椒！"见偷盗行为将被彻底暴露的王荣学，突然起了歹心，想除掉刘文学尽快脱身。于是，他转过身来，伸出罪恶的双手，凶残地卡住了刘文学的脖子……

最后，经过拼命地反抗和殊死地搏斗，刘文学终因年幼力薄，被王荣学活活掐死，牺牲时年仅14岁。

为保护集体财产英勇牺牲的刘文学受到群众的怀念，他公而忘私的崇高精神感染了一代又一代人。2009年9月14日，他被评为新中国成立以来感动中国人物。直到今天，合川区的群众还传唱着《歌唱刘文学》的歌谣，以纪念这位新中国的少年英雄。

蒋诚（抗美援朝精神的合川缩影，战斗英勇、道德模范）

蒋诚，1928年生于今重庆市合川区隆兴镇。由于父母早亡，尚未成年的蒋诚很早便担起了家庭的重担，既要下地干活，又要照顾弟妹生活。也正是这样的艰苦环境，锻炼了蒋诚不怕吃苦、甘于奉献的精神。

上甘岭战役一等功臣蒋诚

1949年12月，在解放大西南的隆隆炮声中，蒋诚参加了中国人民解放军。1951年1月，他所在的部队编入中国人民志愿军第十二军，3月由长甸河口入朝作战。由于表现积极、勇敢，时年23岁的蒋诚被提拔为了机炮连副班长。

从1951年4月至11月，其所在的十二军先后参与第五次战役、金城防御作战等大小战斗400余次，并重创了土耳其旅。这一系列的战斗不仅打出了气势，还打出了自信。不过，战争是激烈而残酷的，此时，一个更加严峻的考验也逐渐出现在蒋诚和他的战友面前。

1952年11月8日，迎来了蒋诚永生难忘的上甘岭战役。那时，负责第一阶段战斗的十五军四十五师，已在半个月的血战中拼光了5600余人。蒋诚和他的战友，就是在如此残酷的战况下冲上火线的。蒋诚驻守的是537.7高地，这是敌人进攻的重点。也就是在这场残酷的血战中，蒋诚立下了奇功。他以重机枪歼敌400余名、击毁敌重机枪一挺，并奇迹般地打落敌人飞机一架。战斗中，他身负重伤，右腹部被打穿，肠子流了出来，他把肠子塞进肚子又继续战斗。

上甘岭战役结束后，凭着累累战功，蒋诚被中国人民志愿军司令部、政治部授予一等功，并直接升任所在机炮连一排副排长。

1954年，朝鲜战争结束，回国后的他跟随部队前往浙江驻扎，在部队建设中又因他勇于吃苦耐劳、刻苦钻研技术，对工作极端负责而荣立三等功。

1955年，蒋诚复员退伍回乡。在蒋诚退伍的行李中只有便衣一套、鞋袜各一双、毛巾一条、肥皂一块、布票16尺。

作为有功在身的退役军人，蒋诚深知军功可以给他带来优厚的待遇，但

蒋诚立功奖状

上级签发的蒋诚立功受奖说明/合川区委宣传部供图

蒋诚《革命军人立功喜报》

蒋诚同志先进事迹报告会现场／刘亚春摄

他却深藏功名，不愿给国家添麻烦，甚至连向家人都从未提及过他立一等功的事。

直到1988年，原合川师范学校校长王爵英在编修《合川县志》时，才在县档案馆发现一份因邮寄地址有误而未被送达的有关他的《革命军人立功喜报》。至此，蒋诚作为战斗英雄、一等功臣的事迹，才得以在36年后为大家所知晓。

退伍返乡后的蒋诚，就是这样将战场功勋深藏心底，在家乡当起了一名普通农民。

1983年冬，当地决定修建乡村公路，蒋诚主动请缨牵头修路，且不领任何报酬。这条乡道修到一半时出现资金困难，蒋诚悄悄以个人名义向信用社贷款2400元，补贴修路工程款。直到1991年，蒋诚的儿子偶然得知此事，才筹集资金帮父亲还清债务，用实际行动支持父亲的义举。乡道最终修通了，蒋诚个人虽身负债务，却始终无怨无悔。他是深藏功名的助人模范。

20世纪90年代末，国家号召退耕还林，蒋诚带头在自家田地里种上柏树、柚子树等，发挥引领示范作用。2014年，村里引进油橄榄种植，需要农民流转土地，蒋诚带头将自家土地流转出去，还主动协助村干部做群众的思想工作，帮助村民解决种植中的实际困难。如今，油橄榄种植已成为当地群众脱贫致富的龙头产业，他是当地发展产业的开路先锋。

因其先进事迹，他于2019年荣登"中国好人榜"，2020年荣获"重庆市最美退役军人"称号，2022年获评第八届全国道德模范。

2023年1月5日，蒋诚同志因病去世，享年94岁。特向老英雄致敬，谨此悼念。

话题：抗美援朝精神是中国共产党红色精神谱系中的重要组成部分。作为抗美援朝的老兵，蒋诚所代表的是抗美援朝精神的合川缩影。纵观蒋诚的传奇人生，战斗英雄、道德模范、中国好人，他身上体现了一种什么样的家国情怀和奋斗精神，值得我们深入思考。

shierduhechuan

等你发现的慢游之旅

第六十三期

秘境探微（上）

　　合川有很多山水人文秘境。之所以说它们是秘境，原因就在于它们很少出镜，少为人知，少为人见。如果你有时间，不妨带上你的行囊和你的摄影镜头，多去发现，多去体验，多去记录。

秘境之一：五百里水上画廊

　　合川处处皆江，处处皆景。全区仅三江干流就有239.73公里，包含小安溪（临渡河）在内的"三江一河"通航里程达255公里，与四川、重庆两个省

嘉渠交汇/刘勇摄

市的6个邻近区县有水路相通，涉及全区2/3以上的乡镇，是合川自然、历史、人文与别处不尽相同的地方。不过，于今天而言，有船行三江经历的人

尖山牌坊／李永光摄

可谓少之又少。选一处水域，放舟一游，载歌而行，相信你定有不一样的旅行感受。

在合川境内，沿嘉陵江、涪江、渠江共有42道弯，弯弯相连，曲折流淌，妩媚多姿。那凹沉的沱湾，凸起的半岛，平躺的岸滩堪称大自然鬼斧神工的秀场。特别是在春暖花开的季节，来一次邂逅，定能让你目不暇接。

三江奔流而来，在合川呈扇形分布。开阔之处，河床宽广，水色连天，青山绿水，浅吟低唱，舟行于此，但见自然景观与古集镇、古村落、古栈道、古码头等人文景观融为一体，相映成趣。狭窄处，两岸对峙，天际一线，船行其中，仰天崖壁连绵不断，让人时常忘记了船行的速度，只有头顶的白云和水边的礁石成为你视觉的流线和耳畔的回响。

在草街航电枢纽大坝建成前，三江多急流险滩。

据统计，嘉陵江合川段有险滩41个，几乎每2公里便有一个，为三江的平均水平。自上而下是：管家渡、斗笠口、金钟碛、沙湾、西牛子、老官墩、米口子、母猪石、紫金滩、竹林阔、龙会桥、老鸹浩、肖门、石门、茅草石、澈水滩、鸡翅拐、石牛庵、方矶石、石鸭子、包家浩、瓦窑滩、渠河咀、杨柳碛、鹞子岩、花滩子、三佛滩、黑龙滩、毛钱滩、千金滩、张公滩、卷耳子、猪圈门、蔡家滩、大照镜、小照镜、盐坎子、回龙滩、巨梁、虬门、铁炉滩。

龙游寺古牌坊/袁万林 摄

涪江合川段有险滩32个，被称作：剐骨滩、筲箕滩、鲤鱼石、鹞子岩、蓼叶滩、蓑衣滩、二郎滩、鱼箭滩、牛家沟、横梁子、牌坊滩、吴家滩、兜溪河、布袋口、花佛岩、泉溪口、磨盘滩、黄家坝、八字峣、饶钵石、锚链口、肖家滩、青竹碥、座金滩、漕坝滩、螃蟹岬、白鹤滩、野土地、贯耳子、芦家湾、立石子、乌木滩。

渠江合川段有险滩27个，它们是：枣梨滩、青杠坪、张弓滩、码头溪、堰堆、流溪河、蜂子岩、蛇尾滩、变龙滩、倒牵牛、大涞滩、小涞滩、月博子、十二门、横梁子、狗洞子、滚滩、渠滩、二郎滩、朗滩、金滩、石潺、丈八滩、门坎子、鸡拐子、玉滩子、鸡心子。

光是读完这100个形象生动的滩名，我想你已按捺不住挑战的欲望了。虽然这些险滩已沉寂在水中，不再喧嚣激昂了，但它们所处的连绵丘峦、岸边滩坝依旧风光无限。

三江一河把合川地域分割成了5部分，因而历史上合川的渡口也特别多。据史志记载，1946年全区有渡口101个，堪称"百渡之城"。南津渡、东渡、云门渡、官渡、赵家渡等都是当时日渡千人，甚至上万人的有名渡口，在特殊的季节和时段常常通宵摆渡，一片繁忙景象。

过去，这些景致状况都是我们先民生产生活中的日常，今天它却成了我们科考、探秘、摄影、漂流爱好者的天堂。三江画廊与其说是秘境，还不如说是雄胜、奇观。

秘境之二：梵音消散的山野古寺

天下名山僧占多。在合川，一些落寞得无人问津的古寺所在，恰恰是重要的山川形胜所在。山以寺名、寺以山名的地方，往往藏有很多小的秘境。除了前面所提及的一些名山庙宇外，还有以下一些山野古寺值得探访。

凤翔寺，即今天的板桥寺。坐落于合川铜溪镇板桥村一半山腰上，整个建筑随山势逐层抬升，呈复四合院布局。纵轴线上，依次为天王殿、大雄宝殿和观音殿，左右设有配殿及厢（禅）房，殿房间有回廊相接，总占地面积4500平方米，建筑面积1700平方米。该寺是重庆地区时代较早、保存完整的古代木结构建筑之一，为重庆市文物保护单位。寺院前为一段陡崖，放眼望

去，田畴沃野，十分开阔壮观。

据史料记载，凤翔寺始建于唐贞元三年（787），因建寺于凤山之上，故有此名。寺庙曾历经多次重建、扩建、培修，以致后来改名为板桥寺。在重庆地区潮湿多雨的情况下，作为木质结构的明代建筑能保存至今，实属罕见。更令人称奇的是，在大殿背后，有一长方形天井。天井之中生长着两株巨大的凤尾铁和两株高大的桂花树。这是寺里最古老的植物，也是凤翔寺（板桥寺）历史沧桑的见证。

龙游寺，位于合川铜溪镇境内，距合川城区5公里。历史上，曾列"合州四大古刹"之首。始建于南宋淳熙年间（1174—1189），清康熙年间（1662—1722）达到鼎盛，其规模宏大，在巴蜀乃至全国均不多见。殿宇纵横交错，主体呈十字布局。由南向北有文昌殿、接引殿、菩提殿、观音殿、地藏王殿；由东向西有天王殿、毗卢殿、大雄殿、古佛殿和金碧辉煌的藏经楼，整个寺庙占地50余亩，建筑面积达2万平方米。不过，这一切均因各种原因目前已不复存在。

龙游寺所在之地为龙游山。该山海拔433米，为一桌状山丘，山顶地势平坦，四周绝壁环绕，所处山脉从巴岳山逶迤而来，山势矫如天龙之游，故称龙游山。龙游山下，有成片的绿树、田园、村庄，涪江如玉带一般萦绕而过。立于山上，可近观兰渝、遂渝两条铁路并驾齐驱，列车往来穿梭，可远眺高楼林立的合川城区和架在涪江、嘉陵江上的五座大桥，十分震撼。因此，龙游山又被时下的摄影爱好者称为"合川之眼"。

石泉庵，位于合川城区虎头山麓，为明末朝廷命官黄应蛟在明亡后，削发为僧，在原有一座废庙上所建立。黄应蛟被称为白云和尚，是石泉庵的开山祖师。

石泉庵绿竹成荫，以环境天然、幽雅绝尘而著称。它依山而筑，庵旁楠竹林石隙中有一泓山泉流出，泉水出口处镌刻"石泉"二字，石泉庵由此得名。当时在巴渝的文人，如书法家祝允明、文徵明、龚有融、彭世仪等，都曾慕名前往，并留下了珍贵的墨迹。

从建筑的整体布局上看，石泉庵在合州的寺庙建筑中独具特色。除依山而筑外，为防兵匪之乱，它以垣墙环护，俨然一座城堡。庵内牛王殿、佛爷殿、观音殿及配殿，均为硬山式石柱木梁架建筑，殿壁以成型的石料接合而成，高大坚固。就连殿中的佛像，亦是雕凿在石壁上的浮雕造像。

今存于合川文管所的合州清代半浮雕五百阿罗汉石刻，即为石泉庵观音殿左右厢壁之原物。这些阿罗汉石刻，每躯高约25厘米，座下皆有尊号。佛像造型优美，雕凿精细，有镏金者、重彩涂身者，色彩绚丽，神态逼真，不失为我国清代石刻艺术的精品。

石泉庵内丘壑起伏、林木葱茏，原有石泉、七星石、云集洞、荷花池，以及错落有致的亭台水榭等景观。此景致镶嵌于嘉陵江和虎头山景致之中，可谓雄中藏奇、秀中藏幽。

净果寺，位于有"枇杷之乡"美誉的古楼镇金阁村，距合川城区25公里，系合州历史上的"四大古刹"之一。其地理所处为龙多山东向余脉——灵应山。

该寺始建于北宋雍熙二年（985），之后相继于南宋乾道五年（1169），明永乐二年（1404）、正统八年（1443），清乾隆五十三年（1788）和光绪二十三年（1897）进行过扩建和培修。规模最大时，"殿凡五层，上为玉皇楼，中为大雄殿，由两廊直下，左大悲阁，右轮藏台，次则天王殿，再次则忠义宫，而土地祠其最下也"。

整个寺院呈四合院布局，主体建筑坐北朝南，占地面积4000余平方米（现存3000多平方米），系抬梁式或穿逗式木结构建筑，较好地保存了宋代建筑的风貌形态和明代建筑的总体构架。

令人遗憾的是，寺院前的大山门、照壁、通道、忠义宫及土地祠等在20世纪60年代初被拆毁，目前仅存大殿五重及厢房等建筑。

作为重庆直辖后第一批"重庆市级文物保护单位"，净果寺不仅是一处具有较高学术研究价值的宗教建筑遗存，还是一个值得凭吊的征粮剿匪战斗遗址。

1950年2月14日，原合川县第五区古楼征粮工作队一行9人，在队长苏廷山的带领下，从区委所在地利泽场出发，前往净果寺发动群众，开展征粮剿匪工作。殊不知，当他们一行刚刚到达净果寺时，却身陷陈瑾怀、李隆光等一众土匪预先设下的埋伏。战斗中，第二野战军军政大学学员胡卫民、孙冠武、张光烈及青训班学员黄亚东4人当场牺牲。为掩护队长苏廷山及另外1名同志突围，"二野军大"学员马千驹、庹世裔、陈少娃3人因寡不敌众被俘，后被土匪秘密杀害，壮烈牺牲。

净果寺本是佛门清修之地，却成了土匪们负隅顽抗的杀戮之所，我们不得不说革命的斗争是多么尖锐复杂，革命的胜利是多么来之不易。今天，当我们走进净果寺，追忆这些为巩固新生人民政权、开展清匪剿霸而牺牲的先烈们，不由自主地会感念他们，要说，也只有他们才是这世间真正的永远的"活菩萨"。

话题：个性、小众、私人订制将是未来旅行发展的一种趋势。你所知道的合川秘境还有哪些可以出镜，不妨推荐、讨论。

第六十四期

秘境探微（下）

秘境之三：珠落玉盘的人工湖泊群

水利是农业的命脉。合川地处丘陵地区，20世纪50年代以来，全区共兴修水库139座，总库容达2.5亿立方米，形成了一个庞大的人工湖泊（水库）群。这些水库大多处在环境优美、生态良好的山谷之中，主要为农田灌溉、生活用水、防洪保障、水力发电等服务。

由于水库的兴建，因水而生的湿地系统得以重新构建，逐渐成为一个个小的水生态秘境。如果你喜欢垂钓、野营、荡舟、游憩，水库绝对是你理想的去处。

龙井沟水库/罗明均摄

　　除作为水利风景区的双龙湖和白鹤湖，合川的很多人工小水库都有自己的不同特点值得去一探究竟。这里重点介绍一下河水湾、龙井沟、拱桥三个水库。

　　河水湾水库，位于钱塘镇广贤村，属嘉陵江水系支流，是一座以灌溉为主，兼有生态养殖、防洪综合利用效益的小（二）型水库，库容近100万立方米。库区内山明水紫、绿树成荫，湖岸宛转，环境清幽，一年四季和风朗月，自然景致巧夺天工，乡土气息浓郁厚重，是一幅秀美无比的乡村画卷。

　　龙井沟水库，位于合川区隆兴镇永兴村，是一座兼具防洪灌溉和养殖于一体的小（一）型水库。水库湖面0.25平方公里，库岸线长16公里。库内岛湾曲折回环，植被茂盛，生态原始，水质清澈，距隆兴镇2.5公里，下游5公里处为太和场镇，是一处露营、戏水、观天的自然山水秘境。

　　拱桥水库，位于合川区云门街道凤林村，距合川城区15公里。水库集雨面积1.97平方公里，总库容106.4万立方米，是一座以灌溉为主，兼具防洪综合利用效益的小（一）型水利工程。水库岸线20公里，库内沟壑纵横，林木茂盛，空气清新，四周环山，满目翠绿，身处其中自有一番惬意。

　　从1953年到1983年的30年间，合川人民以农业互助合作的方式，发扬战天斗地的精神，在那个物质匮乏、科技落后的年代里，硬是靠着成千上万名

青草坝萝卜收获/吴庆丽摄

古楼枇杷/辛刚摄

钱塘血橙/李文静摄

群众的肩挑手抬，修出上百座水库，创造了新的人间奇迹。这些水库若以现在的价值计算，早已是上百亿元的资产了。更重要的是，它积极地促进了合川的生态环境建设和农业的可持续发展。水库群的秘境出镜，更是"自力更生、艰苦创业、团结协作、无私奉献"的红旗渠精神的出镜。

秘境之四：静待花开的世外桃源

合川的山形地貌复杂多变，世外桃源般的幽静之处很多。它们或藏于山林之中，或居于峡谷之上，或隐于平坝深处，或濒临大河岸边，自然、富足，有一方独属于自己的洞天世界。

古楼摇金村。距合川城区25公里，邻近嘉陵江，又有南溪河穿流而过，其地势山水相间、约有起伏。村域内森林覆盖率64%，有香樟林1000余亩成为天然氧吧，经济作物主要有桃树、李树、枇杷树、樱桃树、果桑、柚子、柑橘、梨树、桂花树、摇钱树等，其中，枇杷种植超过4000亩，柑橘种植超过2500亩，是一个以花果为特色的美丽乡村。

古楼镇被誉为中国枇杷之乡，大规模种植枇杷已有近40年历史，全镇种植面积4万多亩。摇金村是古楼枇杷之乡的核心区，每年四五月枇杷熟了的时候，那黄色的果实在绿色的果树中繁星点点，星罗棋布，十分震撼。

双凤"保合三村"（双凤镇原保合乡所属江北村、保合村、黄池村）。三村地处华蓥山腹地，为两山槽谷地带。其地质构造属川东华蓥山—方斗山弧形褶皱带，丘陵及喀斯特地貌，绵延众丘，拔势突兀，与华蓥山脉遥相呼应。沟谷平坦、面积大，有嘉陵江支流苦竹溪穿行其间，800多亩的留香湖和大小不一的众多池塘，成为独具特色的水文景观。山村人家沿两山山麓散居而布，与地势契合；田园沿谷底溪流两岸顺势展开，大可与陶渊明笔下的桃花源相媲美。

保合三村现有成片桃园、李园面积2.1万亩，茶园面积3000亩，加之山林植被和水间鱼类丰富，又有奇山异石、花卉苗木、地下温泉，被誉为最具华蓥山风情的美丽村庄。

渭沱七星村。地处涪江北岸，距合川城区25公里，属丘陵地形，沿江有宽窄不一、曲折连片的河滩平坝，是具有涪水风情、原乡特色的江畔村庄。

村域内自然资源丰富，景色宜人，拥有金牛山、七星中坝、水运码头等农耕文明景致。七星村在邓家坝、中坝、七星坝、龙井片区创建有农业部蔬菜标准园，蔬菜种植面积3300余亩，占全村耕地面积的90％，是名副其实的菜篮子。七星村还与西南大学合川基地所在的渭沱六角村相邻，共同形成一条河滨绿色产业带。

太和亭子村。紧邻太和场镇，距合川城区28公里。该村面积近10平方公里，域内种有黄桃10000余亩，有现代家庭农场、特色种养殖农场42家，是一个典型的因产业而风景而文化而旅游的"一村一品"特色乡村。

渭沱镇七星村/华长远摄

双凤镇江北村李花/廖国伟摄

春色满园/李永光摄

亭子村种植黄桃已有37年历史，不仅种桃售桃，还办会办节，每年3月到4月桃花满枝时节和5月到8月桃子成熟时节，都会吸引广大游客前来赏花采果。逐渐地，亭子村已成为人们心中那个"在那桃花盛开的地方"。

话题：最近合川一处山水秘境因露营爱好者的发现而出镜爆棚，备受游客的青睐。这就是位于钱塘镇的米口村。米口村地处嘉陵江环绕的米口子半岛，这里有沙滩1000亩、草地500亩、森林800亩，整个岸阶滩坝延展2公里，是开展露营、野炊、游泳嬉水的天然去处。发现合川游览合川，什么时候开始都不晚，欢迎你。

第六十五期

历史寻踪

　　历史文化遗迹的寻访是一件很有趣的事，也可以看作是历史文化旅游的一种特别形式。合川历史文化厚重，是巴蜀文化重要的发祥地，有2330多年的建置历史，发生过震惊中外的重大历史事件，以江河运输为纽带的对外交流也从未断过，因此有很多可以寻踪的历史文化之旅值得期待。

"巴子五都"寻访

　　自夏商之际开始，巴人从湖北长阳钟离山逐渐向西迁移，进入长江三峡。根据这一西迁的线路图，巴人由长江而上，然后溯嘉陵江，先后在五个地方建有都城，被称为"巴子五都"。这五都所在地分别是今重庆丰都、涪陵、渝中、合川和四川的阆中。将这五个城市做个联系，对它们自巴国而下的历史

历史之城与现代之城的对话/吴庆丽摄

文化、风土人情做些比较分析和研究，或许能刨出一些带源头性质的东西，进而产生意外的收获。

丰都（古之平都），地处长江上游、重庆地理中心。先秦时期，属巴国，是巴国向重庆迁都重要的一站。公元90年汉和帝时，置平都县，是为丰都建县之始。境内有国家级风景名胜区丰都名山，有中国最大摩崖石刻造像鬼王石刻。

巴子五都示意图/资料图片

涪陵（古之枳城），居重庆市及三峡库区腹地，境内长江横贯东西77公里，乌江纵卧南北33公里，扼长江、乌江交汇要冲，历来有川东南门户之称。春秋中后期至战国中期为巴国属地，曾为巴国国都，是巴先王陵所在地。

渝中（古之江都），地处长江、嘉陵江交汇地带，由于两江环抱，形似半岛，又名渝中半岛，是重庆市政治、经济、文化以及商贸中心。渝中是重庆的母城，3000年的江州城、800年的重庆府、100年的解放碑，积淀了厚重的人文底蕴，孕育了重庆的根和源。公元前1027年，周武王灭殷，后有巴国，今渝中属巴国江州地域，并较长时间为巴国国都所在。

阆中（今古同名），地处四川盆地北缘，嘉陵江中上游，有巴蜀要冲之美誉。境内拥有中国四大保存最完整的古城之一的阆中古城。春秋时，巴国分裂，充国脱离巴国而自立，辖有阆中之地。战国时，巴国灭充国，在公元前330年左右迁都阆中。

合川作为曾经的巴国国都，将巴子五都贯通起来加以回溯，其历史文化的源头脉络便要厚重和清楚得多。

"合州六县"实考

历史上合州一度领有6县：石镜、新明、汉初、赤水、铜梁、巴川。

石镜县，主要在今合川城区及其附近，合州治城所在。西魏恭帝二年置石镜县，因邑内有青石如镜可照，故以为名。宋乾德三年（965·），改为石照县。1243年，为抵御蒙古军进攻，合州府及石照县衙转移至钓鱼城山上。1276年之后，尽管钓鱼城被围而"不通王命"，但钓鱼城山上的石照县衙却没因南宋王朝的灭亡而停止办公，因此钓鱼城山上的石照县衙被称为"南宋王朝最后一个县政府"。

新明县，主要在今广安岳池县境内。唐武德三年（620），分合州石镜县置新民县，后因避唐太宗李世民讳更为新明县，隶属合州。宋开宝三年（970）属广安军。1283年，新明县并入岳池县，至此新明县废。其最初治所在今岳池罗渡，唐圣历三年（700）移至今岳池裕民镇新民罗汉井，宋开宝六年（973）移单溪口（今岳池赛龙丹溪口）。

汉初县，主要在今广安武胜县境内。其县治在今四川武胜县烈面镇汉初村。南朝齐时（479—502），分垫江县北部之地设汉初县，属东宕渠獠郡。西魏恭帝三年（556），改属合州青居郡。隋开皇三年（583），合川改涪州，汉初县并青居郡属涪州。大业三年（607）涪州改涪陵郡，汉初县属涪陵郡。唐武德元年（618），涪陵郡又改为合州，汉初县属合州。

巴川县，主要在今重庆铜梁区旧县镇等地，唐开元二十三年（735）割石镜县之南、铜梁县之东地，置巴川县，辖7乡11里，属合州。治所在今铜梁区旧县镇，因地处巴川故有其名。元初废县，并入铜梁县。

铜梁县，主要在今重庆铜梁区，建置于唐武周长安三年（703），合州刺史陈靖意以大足川侨户辐辏，奏准割石镜县地置铜梁县，治所在奴仑山列宿坝，隶属合州。唐玄宗开元三年（715）

县治移涪江南岸武金坑。唐玄宗开元十六年（728），县治又向东南移于东流溪坝。其后，铜梁域地变化较大，在历史上曾有铜梁、巴川、安居三县建置。

赤水县，汉垫江县（今合川区）地，隋开皇八年（588），分石镜县西部之地置县。北宋熙宁四年（1071）废，七年（1074）复置，治所在今合川区西北60里处的万寿场（原赤水乡），元至元二十年（1283）并入石照县。

历史上的合州六县，其行政区划分分合合，拆拆并并，已很难说清各自的所属边界。但共同的山川气候、文化历史、风土人情却始终把这一地区的人民紧紧联系在一起，一同创造、一同发展、一同推动着社会的文明进步。

随着成渝双城经济圈发展战略的实施，特别是广安市全域纳入重庆都市

雄关印象/合川区文化旅游委供图

圈发展规划，属于四川省的广安市已成为全国唯一全域纳入跨省都市圈同城化发展的地级市。至此，历史上的合州六县地域已全面融入重庆都市圈，下一步将在健全同城化合作机制、共建轨道上的都市圈、协同构建现代化产业体系、推进公共服务同城同标、共同推动城乡融合发展等方面突破发力，一同奔向现代化国家中心城市的美好未来。

"四川八柱" 之旅

宋蒙（元）战争时期，四川战区构筑的山城防御体系，是历史上仅次于长城防御体系的重要军事设施。过去，这里是硝烟四起的战场，今天却是人们探访的历史遗迹。关于山城防御体系，一共有20座利用山川地势建构而成的城塞，其中八座至关重要，被称为"四川八柱"或"蜀中八柱"。

金堂云顶城，位于今成都市金堂县淮口镇云顶山上，它东临沱江金堂峡，是南宋四川制置使司抗蒙山城之一。南宋成都府路和潼川府路的治所曾一度迁移到城中。南宋军民在此坚守长达15年，现为四川省文物保护单位。

剑阁苦竹城，又称苦竹隘、苦竹寨，位于今剑阁县剑门关镇的小剑山上。据史志记载，苦竹城是剑门关以西的第二道关隘，四际断岩，前临巨壑，孤门控据，地势险要，一夫可守。苦竹城地处川北崇山峻岭，是将由陕西进攻四川的蒙军堵在川外的北部城寨。苦竹城数次被攻陷，又数次被南宋军队夺回，前后经历了长达16年的拉锯战，是四川省级文物保护单位。

梦幻城市/熊邦文摄

苍溪大获城，位于四川广元苍溪县大获山上。大获山海拔600余米，有东河围绕，山峰雄峙于江边，江左、山南与阆中接壤。1243—1262年，大获城成为利州、阆州、金州、苍溪县的治所，大获城军民在此抗击蒙古军19年。

蓬安运山城，即燕山寨，位于今南充蓬安县境内一座危崖耸立的桌状孤山上，是宋末嘉陵江沿线抗击蒙军入侵的重要堡垒之一。运山城地处利州（广元）、阆中、巴州（巴中）南下的要冲，余玠曾将蓬州署以及蓬池县、朗池县、相如县署全部迁往运山城。据史载，蒙军围困运山城15年之久而不可得。

南充青居城，位于四川南充市高坪区青居镇烟山。1249年，余玠在青居山上沿悬崖凭依山势，用条石砌城墙，历3年竣工，迁顺庆府于此，成为蜀中八柱之一。因城筑于淳祐年间，故有淳祐城之称。青居山上苍松翠柏，常年烟云环绕，有"青居烟树"之称，为昔时南充八景之一。

通江得汉城，又名安辑寨，位于今巴中市通江县永安镇得汉城村山上。得汉城形如乌龟，有大通江环山而流。因其扼秦蜀咽喉，为历代兵家必争之地。得汉城为三层台地环绕，每层台地都是一圈天然城墙，它三面环水，四周绝壁如刃；城内土壤肥沃，水源充足，可长期耕战而不至于困死山上。得汉城军民艰苦卓绝地在此坚守了24年。

奉节白帝城，位于重庆市奉节县白帝镇，地处瞿塘峡口长江北岸的白帝山上，东望夔门，南与白盐山隔江相望，西临奉节县城，北倚鸡公山，扼居长江三峡西端入口。白帝城之名早已为大家所熟知，而关于南宋抗蒙战争中的白帝城则是一个城连城、城中城、城外城的防御建构，具有强烈的军事堡垒特征。

合川钓鱼城作为四川山城防御体系的"蜀口雄胜""全蜀关键"，可以从以"四川八柱"为支撑的整个山城防御体系中得到验证。走入实地，开启一次历史寻踪之旅，有挑战，更有收获，不妨一试。

话题： 如果你对以上历史寻踪还不尽兴的话，还可以来一次重走"400里阳关大道"或是重访22所"国立中学"之类的探行。在穿越历史的同时，相信你同我一样，很想建议各地政府，通过跨区域合作，利用历史遗迹建设一些主题性的文化公园，好比长城国家文化公园、长江国家文化公园那般，举各地政府之力，以更好地传承中华文明之光。

非遗传承

合川有各级各类非物质文化遗产70项，其中列入重庆市级的有18项：龙舟竞渡、合川坐堂歌、三江号子、七子鼓、双槐善书、架香童子舞、合川峡砚制作技艺、纸扎艺术、巴蜀民间泥塑、合川根雕、合川桃片制作技艺、鸡肉抄手制作技艺、青草坝萝卜卷制作技艺、伍舒芳膏药制作技艺、李海粥王制作技艺、"民利权"酯香型酱油酿造技艺、"念记"合川肉片制作技艺。这些文化遗产是合川人民世代相传的传统文化表现形式，是合川历史文化成就的重要标志。

合川桃片/熊中玉摄

踩高跷/左清摄

龙舟竞渡

龙舟竞渡，又称赛龙舟、划龙船，是中国民间传统水上体育娱乐项目，已流传两千多年，多是在喜庆节日举行，是多人集体划桨竞赛。据史书记载，赛龙舟是为了纪念爱国诗人屈原而兴起的。因此，它不仅是一种体育娱乐活动，更体现了人们心中的爱国主义和集体主义精神。

20世纪80年代的合川龙舟赛/罗明均摄

20世纪90年代的龙舟赛/罗明均摄

合川的龙舟竞渡，因"湖广填四川"而传入，自明代以来一直流传至今，保有"楚人遗风"。整个龙舟竞渡习俗活动包括农历四月开始的参赛准备、四月十五的祭奠龙王和请龙下水、五月初的游拜码头、端午节的龙舟竞渡、赛后的收龙沉船等过程。

古时，合川的龙舟竞渡有"游江""招魂""竞渡""回舟"四个程序，后经发展，"招魂"程序被删减。主要以龙舟游江及抢江（竞渡）为赛事，并配有整套的锣鼓和唱腔。龙舟竞渡时，"船头站着踩头师，领头唱，众水手随声附和，声声激昂洪亮"，极具观赏性和感染力。

近年来，龙舟竞渡已成为合川每年一度的钓鱼城旅游文化节的固定项目，特别是随着中华龙舟大赛在合川的数度举行，合川已是闻名全国的龙舟之乡。

三江号子

合川境内，三江交汇、山峦重叠、水网纵横，自古交通不便，货物流通、客运往来皆需木船载客运货。由于木船缺乏动力，全靠众多船工的推桡拉纤方能有效行驶。

为统一劳动的步伐和节奏，宋代以前，通常由艄公以击鼓为号的方式指挥船行。宋以后则逐渐兴起了号子。南宋词人杨万里曾记述过他所听到的一首船夫号子："张哥哥，李哥哥，大家着力一起拖。一休休，二休休，月子弯弯照几州"，并称这首歌"其声凄婉，一唱众和"。从这一记述中可以看出，这时的号子形式已成形，产生了专门领唱号子的船工——号子头。

三江号子传承演示/合川区文化旅游委供图

三江号子起源于船工们的劳作和生活，号子头根据河床宽窄、水位深浅、流速大小、滩险程度的不同，编创出了一些不同节奏、不同音调、不同情绪的号子，以对应不同的劳动操作。在过险滩急流时，所喊号子雄浑高亢、短促有力，使大家精力集中，用力猛拉猛划。在水流平缓之处，则又唱出轻柔婉转，节奏缓慢的号子，用以缓和过滩的紧张情绪，消除疲劳。

三江号子从特点上分，有"涪江的号子，嘉陵江的纤子，渠江的桡子"。从上水与下水上分，上水号子有立桡号子、上纤号子、缓水号子、抓抓号子、榨榨号子、踏脚斑鸠、踢脚斑鸠、二流水号子、数板号子、交接号子、打标汇桡、滩头号子、收纤号子、拖浅号子、岩弯号子等，下水号子有起桡号子、幺二三号子、交夹号子、过滩号子、报路号子、数板号子、抓抓号子、进档号子等。从曲牌上分，有民歌调、有川剧声腔、有车灯、金钱板等曲艺调等。从所唱的内容上看，有历史故事、民间传说、沿江风物、民俗趣闻、戏曲唱段、批判恶势力、颂扬行善积德等。此外，还有触景生情，随口编唱，见啥说啥、唱啥的即兴发挥。

20世纪80年代初，四川峨眉电影制片厂选景合川涪江拍摄故事片《漩涡里的歌》，将划龙船与船工号子摄入影片。该片在全国放映后，深受广大群众喜爱和欢迎，致使三江船工号子闻名全国。

新中国成立后，随着陆路交通的蓬勃发展和机动轮船的使用，曾经在险滩与急流中抗争的纤夫和三江号子逐渐淡出，几乎成了人们的回忆。

童子拜观音

"童子拜观音"，又称架香童子舞。主要由民间祭祀和祈祷仪式演化而来，在重庆合川地区流传已有300多年的历史。其舞蹈语意在于朝山拜佛时，祈求风调雨顺、国泰民安、五谷丰登、六畜兴旺、人和家兴。

架香童子舞由13岁以下小女孩8~10人组成表演。她们从6~7岁就开始接受会首的训练。舞蹈主要由"拜门神""朝正殿""谢神"三部分组成，共计108合。每合有一套动作、不断变幻，交替进行，同时又有108个"破阵"内容。舞蹈音乐有"唱赞""架香锣鼓"，由川剧打击乐和唱腔两部分组成。架香童子舞道具有香架、香盘、香烛等。该舞蹈的基本特征是庄严、肃穆、文静、虔诚，具有艺术观赏性和浓郁的巴渝民俗文化特征。

20世纪80年代初期，经政府重点收集整理，架香童子舞编入了《中国民族民间舞蹈大全集成》，是重庆市非物质文化遗产保护名录重点推荐项目。

中外文化交流/袁万林摄

双槐善书

善书，民间俗称劝世文、劝书文、劝善文。作为民间文学，善书的表现形式主要并不是一种案头文学，而是一种说唱艺术，它由唐代寺院的"俗讲"发展而来，被称为"宝卷"。合川出现类似"宝卷"这种曲艺形式大约在清乾隆年间（1736—1795），由北方传来。

宝卷曲艺形式发展为善书曲艺形式，根本的在于内容的变化，即由过去官家劝谕宣讲的教化类说词转换成了民众喜闻乐见的积善行德内容。比如，孝敬父母、和睦家庭、友善邻里的家庭美德和多行善事、不做恶事的社会公德等。

新中国成立后，各地善书渐趋消亡，在西南唯有合川双槐镇一带的黄氏艺人继承和发展至今，故称"双槐善书"。

双槐善书的唱词有三字句、四字句、五字句、六字句、七字句不等，语言通俗易懂，上下句式结构一致，词韵平仄并不十分严格，但要做到一韵到底。其表演通常与车灯、舞狮、莲箫、快板相结合，所唱腔调有山歌腔、民歌腔、哀思腔、佛歌腔等10余种，所应场景有庙会、节庆、寿筵、婚礼、丧葬等。其传授方式主要是师徒或亲族的口传心授，再辅以书画册页。唱词戏文灵活多变，可编辑整理，可即兴创作。

嘉陵峡砚

嘉陵峡砚，又称合川峡砚，因取材于嘉陵江小三峡（沥鼻峡）一带的峡石而得名。该石材砂粒细腻，富含氧化铝，是制作砚台的上好材料。合川峡砚传统制作工艺流程大致可分为开采、选材、构思、制图、雕刻、打磨、上蜡、抛光、配盒等10余种。常用雕刻手法有浮雕、圆雕、平刻三大类型。产品规格各异，图案古朴，盒式大方，具有石质细腻，易于发墨，不损笔锋，储墨不腐的特点。据史料记载，峡砚在明英宗天顺时（1457—1464）就十分有名，吏部尚书李实曾题诗称赞，"峡畔房屋僻，巧工凿石盘。启笔云龙舞，运笔虎榜悬。石腻堪如玉，工艺圣手传。贵似翰家客，四宝居一员"。近代知名人士及书画家如冯玉祥、于右任、谢无量等亦有题诗赞颂。

合川峡砚曾与端砚、歙砚齐名，被誉为巴渝三大名砚之首，被列入巴渝

峡砚雕刻/刘安宁摄

十二品，是当年上海四宝斋、徽州老胡开文和汉口邹紫光阁等大文具店的上品，其产品远销日本及东南亚地区。合川峡砚曾荣获四川省旅游产品优质奖、重庆市优质产品等称号。其中，"百龙戏龟"峡砚被中南海收藏。2007年，合川峡砚制作技艺被重庆市人民政府公布为第一批重庆市非物质文化遗产代表性项目。

话题：合川非物质文化遗产是合川人民勤劳、智慧、创造的结晶。在社会飞速发展的今天，很多遗产正以不可忽视的速度衰落，潜伏着灭绝的危险，特别是传承人青黄不接，导致"人亡艺绝"的现象十分突出。如何做好非物质文化遗产的传承和发展工作，你有什么意见和建议？

美食玩味

食在中国，味在四川。四川，古为巴蜀，今分川渝。川渝所食川菜，既是中国汉族传统的四大菜系之一，也是今之中国风行的八大菜系之一。

川菜向来取材广泛，调味多变，菜式多样，以善用麻辣著称，其别具一格的烹调方法和浓郁的地方风味享誉世界。

川菜派系初步形成于近代，有上河帮、下河帮、大河帮、小河帮、自内帮之分。上河帮指岷江流域成都、乐山一带；下河帮指川江下游重庆、达州、万州一带；大河帮指长江上游泸州、宜宾一带；小河帮指嘉陵江和川北地区南充、绵阳一带；自内帮则指自贡、内江一带。其对应的川菜地理版图就是川西、川东、川南、川北和川中。

川菜之所以以河为帮划分派别，原因在于河流交通在过去是食材运输、人员往来、技术交流、风俗影响的主要渠道。

合川地处三江交汇之地，是川东下河帮菜、川北小河帮菜的汇聚地，同时还深受上河帮菜和自内帮菜的影响。嘉陵江、渠江、涪江把各地美食风味便利地带到了合川，汇集成了合川既融合又独立的美食风味。

合川菜

合川菜，主要特点在于味型多样，复合味特征明显。辣椒、胡椒、花椒、豆瓣酱等是主要调味品，不同的配比配出了麻辣、酸辣、椒麻、蒜泥、红油、糖醋、鱼香等多种味型，堪称"一菜一格""百菜百味"，是川菜重要代表性地域之一。其烹调方法，有炒、煎、干烧、炸、熏、炝、炖、焖、烩、贴、

合川江湖菜烧鸡公/合川区商务委供图

合川米粉、羊杂汤、肥肠汤/合川区商务委供图

爆等一二十种之多。

合川菜在口味上特别讲究色、香、味三全，以味的多、广、厚著称。历来有"七滋"（甜、酸、麻、辣、苦、香、咸）、八味（干烧、酸、辣、鱼香、干煸、怪味、椒麻、红油）之说。

合川菜通常由城市筵席菜、农村八大碗、大众便餐菜、百姓家常菜和各式火锅组成，有着一个较为完整的风味体系。

关于城市筵席菜，多采用传统肉菜加山珍、河鲜，再配上时令鲜蔬构成，比较讲究菜肴的工艺性和菜名的寓意性。其菜，辣味较少，清鲜居多。

关于农村八大碗，又称三蒸九扣，是最具合川乡土气息的农家筵席。主要体现就地取材、荤素搭配、汤菜并重的特点，其菜以咸香本味为特色，重肥美，讲实惠。"三"和"九"都是表示多的意思，所谓三蒸讲究的是一个

"蒸"字，通常指蒸烧白、蒸肘子、蒸丸子；所谓九扣，讲究的是一个"扣"字，指的是扣碗菜数量多，其烹制方法以清蒸烧烩为主。

关于大众便餐菜，其菜式多种多样，以小煎小炒为主，也有烧、爆、蒸、拌，以及腌卤、豆花之类的菜肴。其味道有麻辣有咸香，其最大特点在于佐餐下饭、经济实惠。

关于百姓家常菜，大多取材方便，操作简单，用味灵活，具有浓郁的合川地方特色和民间家庭风味。近年来，一些独家私房菜因其风味独特，已走上了饭店的餐桌，为大众所喜爱和接受。

关于各式火锅，既是川菜的重要构成，更是合川菜的重要构成。合川红汤火锅，讲的不仅是口味的麻和辣，更重要的是诸般味道的调和，具有辣而不燥、麻而不烈，进口醇浓、回味鲜香，刺激过瘾而又不伤肠胃的特点。

合川是全国最大的火锅食材生产加工地，所产毛肚、鸭肠、黄喉、午餐肉等火锅食材及各式底料行销南北各地，是重庆火锅风味重要的传播者、推广者。

除以上一般构成外，在我看来，最能彰显合川地域性特征的菜式菜品还有：

合川"风味小吃"

这是合川饮食文化中不可或缺的重要角色，既可以作宴席的点缀，又可

皮蛋豆花、鸡肉抄手/合川区商务委供图

合川生态鱼/合川区文化旅游委供图

以作为早餐、便餐的主要食物。其地标性小吃主要有合川桃片、合川肉片、羊肉粉、盐梅子、烧椒面、肉汤圆、鸡肉抄手、糖油果子、红糖糍粑、红苕凉粉、涞滩阴米、怪味花生、桐叶麦粑、黄荆凉粉、盐水胡豆、狮滩豆干等。

合川"三江鱼鲜"

合川临水，嘉陵江、涪江、渠江的味道随风而来。三江鱼获，丰腴多肉，质地细嫩，鱼皮肥美，有弹性，多胶质，最关键的在于它鲜味隆重、营养丰富。其地标性菜品主要有黄焖鲫鱼、泡椒青波、干烧岩鲤、清蒸边鱼、原味河虾、三江跳水鱼、临江黄蜡丁、宋氏酸菜鱼、油酥麻麻鱼等。

合川"江湖菜品"

合川人民自古多创造，其饮食也一样。被称作江湖菜的川菜，相对于正宗川菜而言，具有土、粗、杂、新的特征。因其有特色、有新意、有风味、不墨守成规，较好地迎合和满足了人们觅新猎奇的消费心理。合川是重庆江湖菜的贡献者。其地标性菜品主要有鸡豆花、尖椒兔、粉蒸兔、紫阳鸡、头刀菜、蘸酱肉、羊酥肉、大刀猪肝、鼎罐肥肠、黄酒蒸鸡、樱桃羊肉、泡椒烧白、桃片炒盐排、江城口水鸡、鱼城姜爆鸭、黄鳝烧鸡肾、回锅肉炒鳝片、大头菜炖排骨等。

合川肉片/合川区文化旅游委供图

　　话题：美食这件事，不是耍嘴皮子能耍出来的，也不是耍笔杆子能耍出来的。食材调料是大自然的馈赠，味道食法却是人类的创造，这创造由于历史、地域、出产的不同，呈现出不同的特色和风格。合川美食怎么样？还得你来亲自品尝。

shisanduhechuan

吾土吾民的匠心印记

黎广修和他的五百罗汉雕塑

"知者创物，巧者述之守之，世谓之工。百工之事，皆圣人之作也。"这是《考工记》中的一段著述。在古代，所谓"百工"，一般泛指手工业者，包括金、石、土、木、竹、漆、纺织等众多行业的所有匠人们，他们大多以专业匠户的形式从事生产制造。在他们当中，诸如《庄子》里的梓庆、庖丁、轮扁，《孟子》里的"公输子"（鲁班），欧阳修笔下的卖油翁等，都是我们所熟知的专技者、手艺人、大师傅。

合川人民勤劳、智慧、富于创造。在长期的劳动实践中涌现出了无数的能工巧匠，幻化出了无数的世间奇技。这期要介绍的是黎广修和他的五百罗汉塑像。

传说黎广修依其本人而塑的筇竹寺第49号罗汉/资料图片

黎广修，字德生，1815年出生于今合川区云门街道，自幼随父学习塑像。成年后，能诗善画，精于泥塑，为当时合州有名的民间泥塑匠人。

清道光末年、咸丰初年，也就是1850至1851年，已出道多年并小有名气的黎广修，应妙胜禅师邀请，与陕西帮、川西帮的民间匠人一道，为四川新都宝光寺塑造罗汉群像。

罗汉，本名阿罗汉，是梵文Arhat的音译，原意是指修行佛教的人能达到的最高境界，后来演化为泛指修得"阿罗汉果"位的人。

五百罗汉的传说在佛经中十分常见。印度古代惯用"五百""八万四千"等来形容众多的意思，和中国古人用"三""六""九"来表示多数很相像。

罗汉崇奉在我国由来已久，其数量也由少变多。随着"十六罗汉""十八罗汉"的崇奉，五百罗汉像也在五代时期见于绘画和雕塑，不久便有许多寺庙设有五百罗汉堂以为供奉。

五百罗汉，一般指释迦牟尼佛去世后参加第一次佛经结集的五百比丘（佛教指受过具足戒的男性出家人），以大弟子迦叶和阿难为首。至于五百比丘的其他人，除知名的十大弟子外，一般都没有名号记载。不过，在我国流传的五百罗汉却个个都有名号，这是宋人的附会。

时至今日，现存的五百罗汉堂主要有北京碧云寺、成都宝光寺、甘肃莲华寺、苏州西园寺、昆明筇竹寺、西山华亭寺、武汉归元寺等处。其中，莲华寺五百罗汉为石刻像，成都宝光寺、昆明筇竹寺及西山华亭寺的五百罗汉均为彩色泥塑。

宝光寺的罗汉像高约1.5米，形象雄伟，保存良好，是清咸丰元年（1851）

筇竹寺一角/资料图片

前后，依照常州天宁寺石板线刻的原貌而塑的。

当时，妙胜禅师共请了三批匠师：一批是"陕西帮"，所塑罗汉头部肥大，肌肉丰满，造型奇特；一批是"川西帮"；另一批是"川东帮"，这两帮风格相近，塑的罗汉头部适中，表情自然，更多地体现了现实生活中的人物性格。

宝光寺共塑菩萨、罗汉以及历代祖师557尊，其形态各不相同，可谓千姿百态、妙趣横生，是我国南北两大流派的民间塑师分工合作、各显神通的产物，达到了当时雕塑艺术的高峰。作为川东帮塑师的首席，黎广修经此一战，声名大震，成为四川雕塑名家代表。

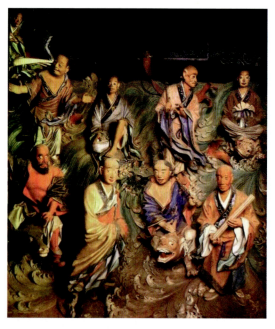

筇竹寺海陆空冥世界中的罗汉形象/资料图片

色彩斑斓的筇竹寺罗汉塑像/资料图片

清光绪九年至十六年（1883—1890），年逾古稀的黎广修应梦佛长老之请带领徒弟多人，向南而行，远赴昆明，为筇竹寺塑造五百罗汉。

据说，在此期间，他为收集人物形象，积累素材，特地在筇竹寺山麓的黑林铺一家茶舍，整天坐着观察、揣摩各种不同身份的茶客，并把他们的音容笑貌及时捏成小样。因此，他塑成的五百罗汉，完全摆脱了一般佛教泥塑千人一面的形状，朴实生动，神态逼真，其喜怒哀乐的神情、不同性格的特征，都被刻画得惟妙惟肖。

据有关专家评价，黎广修塑造的罗汉在艺术上有三大突破：一是摆脱了正襟危坐的呆板形象，个个飞灵神动，呼之欲活；二是神的成分少了，人的成分多了，完美地将现实生活与佛教故事相融合，充满了生活情趣；三是塑造了一个海陆空冥和吉禽瑞兽的别样世界，极大地丰富了罗汉的艺术形象。

更值得一提的是，筇竹寺五百罗汉身上的颜料，都是黎广修师徒独门调制而成，色彩既协调和谐又清新自然，且经久不变质不褪色。

昆明筇竹寺的五百罗汉泥塑，被誉为"东方雕塑艺术宝库中的一颗灿烂的明珠"，中央美术学院曾逐一摄影并加以鉴定研究。这是黎广修艺术生涯中的最高成就，充分展现了他的才华、机智和风韵。

在筇竹寺设计创作中，黎广修不仅用他所塑造的500罗汉作品，表达了他的价值观念、情感态度和审美追求，还用他留在寺中的"一联""一画"为我们做了注释。

这联，便是他为筇竹寺所撰书的一副楹联："大道无私，玄机妙悟传灯录；仙缘有份，胜地同登选佛场。"正是基于这种人佛平等的思想，黎广修才能致广大而尽精微，独具匠心地创作出了该寺佛堂之中令人叹为观止的五百罗汉塑像。

这画，便是他绘给梦佛长老的一幅壁画。画中群山逶迤，江水滔滔，天地山川间，一人静静伫立凝望……不难看出，黎广修是在以自己作比，画他对云南热土的难舍留恋和对合州家乡的回望归思。也正因为有了这样一份炽热的情感，他的所有匠心匠艺才会化为一尊尊绝世的艺术创造。

黎广修在筇竹寺五百罗汉塑像上取得的辉煌艺术成就，使他成为云南百位历史名人之一，人们给予他崇高的赞誉，并为他树碑立传，以示永远的纪念。

话题：时代发展，需要大国工匠；迈向新征程，需要大力弘扬工匠精神。我们要在择一行、爱一行中培育"匠心"；要在钻一行、精一行中塑造"匠艺"；要在干一行、优一行中实践"匠行"。正所谓"有匪（通'斐'）君子，如切如磋，如琢如磨"是也。

余复光和他的同德福桃片

提起合川桃片，在我们的记忆中，可以说是无人不知、无人不晓。作为糖果糕点类小吃，它是合川传统特产之一。

该小吃始创于19世纪末（另有记述，始创于1840年），是合川糖果糕点师们众多创造中最为特别的一款，用糯米、桃仁、白糖、蜜玫瑰等原料秘制而成。由于其在产品配方和原料选择方面的独特性，形成了它特有的风味和品质。

据《合川县志》记载，清光绪二十一年（1895），合川县城"祥云斋"糖果铺开始生产一种名为"甜桃片"的点心，引起食客的关注，成为市场抢手的"茶食"，被看作是合川桃片的正式问世。

之后的1897年，同城的"同国福"糕饼铺创立，在生产各种蜜饯、糖果的同时，对祥云斋试制的桃片进行了研究和改进，进而生产出了一款在口感上更加甜肥、软糯、香酥，在外观上更加洁白、离片、轻薄的新的桃片，得到买家的一致好评，一时间名声大噪，并由此定义了后来的合川桃片。

1898年，史学家、教育家张森楷把合川同国福桃片、易正茂盐梅，带至成都、北平等地送与师友、官员，因其味道鲜美，不同凡响，广受好评。由此而始，合州桃片渐渐远近闻名。

不过，这时的桃片与今天我们吃到的桃片还是有一定的区别。不用问，现在的桃片比那时的桃片更为好吃。有关它的改进提高和迭代升级，需要提到的一个人就是余复光，可以说他是桃片生产100多年来最为重要的开拓者。

余复光（1897—1947），字训廉，合川县合阳镇人。出身商业家庭，兄弟5人，余复光居长，曾肄业于合川中学堂。1913年，入同德福糕饼铺（即此前的"同国福"）当学徒，因为人勤奋诚实，为店主所信赖，由学徒提升为营业员。不久他父亲因所经营的棉花行破产倒闭而气绝身亡，以致家业顿衰。所幸同德福店主蒋盛文与余复光之父既系世交，又系合伙股东，念及余家之难，遂提升余复光为商号管理人。后来，蒋盛文又以为其夫妇养老送终为条件，将商号全部出顶，给了余复光经营。

八珍/谢婧摄

桃片传统制作技艺中的手工切片/资料图片

余复光接手经营同德福商号时，合川的糖果业正处于一个大发展时期。一方面，商号林立，竞相开店；另一方面，产品雷同，互相模仿。

很快，在合川糖果业这一江湖中，商家的竞争就达到了白热化的程度。同业的竞争者有汪裕茹的什芳斋，王祥云的祥云斋，何燮春的燮春裕，钟宜谦的同德富，周东平的允升衡，罗同森的同森福，胡敬之的大华富，周维乐的同源福等八大家。

在同业中本不占优势的同德福，面对同行的竞争，一直处于下风，尤其是与之比邻而居的同森福，无论资金、业务、人力、商号数量都大大盖过了同德福。这时的同德福商号，位于柏树街，以制蜜饯为主，兼制桃片，有职工七八人。

为赢得更大的发展，年轻有为的余复光开始思考如何突围。在他看来，合川位于重要交通口岸，商业发达，糖果业仍然大有发展前途。同业虽多，但商品能具有特色而占据市场者却少，因而决定以提高商品质量为经营原则，以桃片生产为中心，用今天的话来说，就是走差异化发展道路，注重产品的特色和品牌。

合川桃片博物馆/资料图片

为此，他在桃片的开发和生产上铆足了劲、下足了功夫：

一是优选取料。桃片的主料是糯米、白糖、桃仁、麻油。于是他改一般的普通糯米为著名产区的上等糯米，改本地土糖为英国太古公司白糖、台湾白糖或内江白糖，改一般桃仁为陕西良种桃仁。

二是加添香料。经反复试制，他开始在桃片辅料中加入富含天然活性酶和果酸的蜜玫瑰，借以融味、增香、促生津。

三是开发新品。在原有甜味桃片基础上，他通过加入陕西椒面、本地井盐等，烘制出了椒盐咸甜麻味桃片，以满足不同口味的顾客需求。

四是严格标准。他对原料筛选、磨粉、回润、回炒、发糖、炖糕、切片各工序均提出了严格的要求。如炖糕必须质地均匀，配料合度，平整绵实，无杂质，无异味；切片必须不黏结，不毛面，六两重的糕块切片严格控制在260~280片之间。

经此改进提升后，同德福桃片的质量、口感都大大提高了。所产甜桃片洁白如玉、片薄如纸、绵软利片，卷裹不断，入口香甜，酥软化渣。所产椒盐桃片，入口酥脆，别具风味。比之同行产品，无论色香味均高出一筹。

由于产品质地优、销售好、需求旺，产量也大增，遂由原来日产100公斤增至300公斤，旺季更是增至750公斤。紧接着，余复光又在苏家街、小南街及小巷子设了三处分号，职工也增加至50余人。

1920年，同德福桃片参加四川省成都花会物品展，首获优质奖。1925年，参加四川省第五次劝业会，又获特等金奖。

桃片连续获奖，同德福声誉广播，生意兴隆，盈利翻番，资金日益雄厚。1922年至1930年，余复光和他的同德福商号红极一时，原来与之竞争的八大桃片糖果商号，多停业转产或倒闭，一时间，同德福桃片几乎成了合川桃片的代名词。

　　1942年，随着日军轰炸渐渐稀疏停歇，合川市场在经历了一个萧条时期之后逐渐恢复繁荣，同业竞争又趋激烈。

　　此时，有石尊贤、石尊荣兄弟在小南街及申明亭两处经营的三民斋桃片铺开始成为同德福的劲敌。"三民斋"开设于1932年，其对桃片生产的贡献在于它首次采用麻油搅糖，并将桃片形制由窄改宽，并使之厚薄均匀，外形统一，独具特色。三民斋这时的实力在于它有一批技术过硬的技师，又有获得过1936年四川省物展会二等奖的声誉基础。

　　这又激起了余复光的创新创造动力。他在分析了当时市场行情后，及时予以应对。在制作技术上，他采用新的工艺，改发糖为搅糖；在油脂使用上，他改麻油为优质化猪油；在产品结构上，他以桃片生产为中心，增加了桃片系列产品，如玫瑰片、云片、芝麻片、水晶糕、桃酥糕等。此外，他还根据市场需求发展了其他糕点产品、蜜饯产品、干脯肉食品、冷饮产品等，弥补了桃片的不足。在生产中，他又尽量使副产品得到充分利用，降低生产成本，因而在同业竞争中始终处于优势地位。

　　合川桃片制作工艺融合了合川糕点师们百年的心血和智慧，经历了历史的选择与检验，从选料要求、搭配比例、加工技术、制作形制、后期处理以及存储运输都具有地域文化独特性和独到之处。故而该制作工艺于2007年5月经重庆市人民政府批准，入选第一批市级非物质文化遗产。在重庆中国三峡博物馆"清代一条街"中还专设有合川桃片老字号"同德福"店铺场景，借以呈现手工制作桃片的技艺。

　　话题：伴随着现代物流业的不断发展，作为中国国家地理标志产品的合川桃片，不仅走向了全国，更是问候了世界，成为四海宾朋食盒中的宠儿。在我看来，合川桃片不仅是一道风味独特的开心小吃，更是一个忙碌的快乐信使，它传递的永远是合川人民对美好生活的向往和期待。

邓肃谦和他的存心堂良药

　　1931年西医传入合川之前，合川人民发生伤病，全赖中医中药治疗。据《合川县志》记载，解放前夕，合川县城有执业中医百余人，享有盛名的不下30人。有中药铺数十家，大的药房近10家。本期要重点介绍的"匠心印记"，是邓肃谦掌柜的存心堂药房。

　　存心堂药房始创于清同治年间（1862—1874），长期以中药咀片、膏丹丸散制作和小批量药材批发为业务，在同业中处于中下地位。

　　存心堂药房的取名，源自行业的诚信名句"修合无人见，存心有天知"，意思是说，在无人监督的情况下，做事不要违背良心，不要见利忘义，因为你所做的一切，上天都是知道的。

　　配制药剂，古语谓之"修合"。修合一词，最早出自北宋年间，是一个有关中药采制过程的术语。修，指对未加工药材的炮制；合，指对药材的取舍、搭配、组合。

　　存心，是指怀着某种念头。这里强调的是"制药如做人"的道理：制药人在制药过程中内心要坚守"取其地，采其时，遵其古，炮其繁"的训条，不得有任何偷工减料、掺杂使假的行为，否则则违背良心，为上天所不容。

　　邓肃谦（1906—1961），合川县城人，中学文化程度，在继承父业、经营存心堂药房前，曾在卢作孚的民生公司从事过会计工作，为人耿直讲诚信，工作敬业能负责，思维严谨而灵活，具有较强的经营头脑。

　　为散发那些缭绕着治愈气息的氤氲药香，为传承两代人辛苦努力换来的家业，1932年，年仅26岁的邓肃谦开始接父亲的班，做起了存心堂药房的掌柜。

邓肃谦执业后，锐意振兴，力图发展。他首先采用古方制造"育灵多"药酒。由于药酒简单实用，有较好的保健作用，价格又不贵，因而很快便打开了销路。接着他又依据成方，精工制造了"存心油""存心油膏""华建丹""太乙拔毒膏""痧疫救急水"等，时称"存心堂八大良药"。这些药品由于采之有方，原料及工艺认真讲究，有一定疗效，在市场上颇受欢迎。

为将"八大良药"经营得更好，存心堂专门招收青年职工，施以训练，作为业务骨干，组织他们学习"永安堂"推销"万金油"的办法，通过张贴广告、散发传单、开展活动进行宣传。

关于永安堂，想必大家都有所了解，它是著名华侨企业家、报业家、慈善家胡文虎在广州的产业。1908年，胡文虎在南洋继承父亲的中药铺，后来将其发展为制药企业。他将父亲创制的"玉树神散"改良成为既可以外涂又能内服且携带方便的"虎标万金油"，成为畅销东南亚与中国的"家居旅行必备良药"。

民国时期中药铺/资料图片

20世纪30年代初，胡文虎回到广州设立分厂，并在珠江边建起永安堂大楼，作为在祖国生产与经销万金油的场所。其大楼气势恢宏、雄浑简练，楼顶设有大钟，远近可见，是20世纪广州最高的大钟楼，也是民国时仅次于爱群大厦的广州第二高楼。

邓肃谦想要学习的正是胡文虎，存心堂想要对标的正是永安堂。

为扩大网点，邓肃谦先后在北碚、云门镇及城内饼子街设分店，在重庆设分号。

1941年后，为进一步扩大社会影响，沟通经营信息，积累资

铁药碾子/资料图片

金，完善管理组织，邓肃谦开始向贫苦群众免费施粥施药，并出资办《存心堂药报》，每月一期；办《民舆公报》，每月3~4期。他还在北门外办了一所"存心小学"，招收四班小学生。与此同时，他还以略高于市场利率的优惠条件和日夜服务的办法，吸收社会资金。

正是经过此番一系列努力，以"八大良药"为主打的存心堂药品行销省内外，常有20多个外销组活动于各地市场，药房职工达到100余人，其社会信誉和经营势头盛极一世。此时的邓肃谦也雄心勃勃，准备在城外建"存心大楼"、建新厂房、建职工宿舍及南洋草堂别墅等。

只可惜，这一切还没来得及付诸实施，形势却发生了突变，邓肃谦的存心堂开始陷入一场严重的危机之中。

1945年抗战胜利后，国统区物价飞涨，外省籍存款户因复员回迁纷纷取出存款，加之邓肃谦无政治背景，派出的推销组所销药品多为当地地方势力所掠夺，再加之药房规模过大，以致收不抵支，逐渐走向破产。

由于邓肃谦的诚信和药品的质量有保证，破产后，他又重新出面，取得多方支持，通过缩小规模，继续经营存心堂药房一段时间，直至新中国成立后接受对私商的改造。

话题： 传承千年的中草药因其显著的疗效而令受益者称奇。孙思邈龙山采药、张仲景坐堂行医等被看作医者仁心，因而被百姓奉为神明。在现实生活中，那些拥有绝技在身，能够创造治病救人奇迹的郎中、药房无疑是为生命把关的门神。如何振兴中医、振兴中药，你可有话说？

第七十一期

吴晓雷和他的吴派"京汉调"

川剧，俗称川戏，是流行于今四川和重庆及贵州、云南部分地区的传统剧种。2006年5月20日，一个寓意美好的日子，川剧经国务院批准列入第一批国家级非物质文化遗产名录。

关于川剧的起源，考诸历史可谓语焉不详、多有歧义，但形成于清代却是一般的共识。众所周知，明末清初，因"湖广填四川"带来大量移民涌入，各地会馆先后建立，致使多种外省声腔剧种相继流播蜀地。它们在长期的演出磨合中，与四川方言土语、民风民俗、民间音乐、说唱曲艺融合，逐渐形成了具有四川特色的声腔艺术，从而催生了一种全新的剧种——川剧。

川剧由昆腔、高腔、胡琴、弹戏、灯调五种声腔组成。清乾隆年间（1736—1795），由于这五种声腔艺术经常同台演出，天长日久逐渐形成了共同的风格，清末时统称"川戏"，后改称川剧。

根据有关资料和口碑，川剧于清道光年间（1821—1850）传入合川。当时，合州大河坝（今合川区太和镇）仁、义、礼三堂袍哥推荐管事"徐狗耳朵"（本名不详）为首，创办高腔戏班"燕春班"，常年活跃在川东北

川剧人生/唐瑞斌摄

一带，后又到重庆机房街阳春舞台演出，时人称赞："看了燕春班，死了也心甘。"民国2年（1913）燕春班在合川县城禹王宫（湖广会馆）演出，成为合川县城的"坐地园子"（用今天的话说就是"驻演"）。

民国时期，合川县城有专业剧场10余个，专业班社除燕春班，还有英华永乐社、新光明剧社、扶来社、洪兴社、洪泰班等，最火爆时城区有4个剧场同时演出，可谓盛况空前。在乡镇，则有利胜班、游达山班、白菊花班等20多个班社，进行巡回流动演出。

此间，因川剧演出市场的繁荣兴盛，全县还先后创办了春城班、怀宁科社、三益科社、民益科社、群乐科社、永宁科社等10余个川剧科班，培养了一批又一批的川剧人才，这也为新中国成立后合川地方戏剧事业的发展打下了基础，厚植了土壤。

在合川众多的川剧人才中，有一个叫吴晓雷的人是本期要特别介绍的"角儿"。

吴晓雷（右一）与家人合照

吴晓雷和又字科班的部分学生

吴晓雷（1894—1960），今合川区肖家镇人。本姓乔，因被抱养改名吴隐山。12岁入怀宁科社（俗名晓字科班）学戏，专攻净角。由于其师刘怀绪长于诗文音律、能弹会唱，加之带徒的严苛要求，为他打下了较好的文学基础和音乐基础。少时，以演《檄文诏》初露头角；及长，戏路渐广，对各色脸戏均有造诣；后来，融汇多种地方剧种精华，成为一代川剧花脸大师，人称"唱腔大王"。

20世纪30年代，吴晓雷对川剧胡琴唱腔艺术进行创造革新，形成了独树一帜的"吴派"

吴晓雷在《五台会兄》中饰杨五郎影像画面/资料图片

唱腔，声震四座，成都报纸称他"唱腔奇特，前无古人"。到之后的40年代，吴晓雷的唱腔艺术达到了炉火纯青的境界，居川剧花脸之首。

　　他嗓音浑厚、唱腔优美，博采众家之长，能戏多，戏路广，在合川、重庆、成都、贵阳都备受群众欢迎。民间有句顺口溜赞誉他：头顶《濮阳》身《背鞭》，脚下踩着《五台山》，走拢要唱《铡美案》，《抬铡进宫》唱不完。《火烧濮阳》《背鞭驾风》《五台会兄》《铡美案》《抬铡进宫》等都是他常年演出的代表剧目。

　　京剧花脸有"十净九裘"（十个学花脸九个宗裘派）之说，而川剧花脸几乎无一不学吴晓雷。吴晓雷先后在合川群林科社、重庆又新科社、贵阳兴字科班等教授学徒，培养川剧艺人。在吴晓雷几十年的艺术生涯中，他直接教授过的学生数以百计，遍及成渝黔滇各地。在他的学生中，后来十分有名的就有金震雷、蔡如雷、静环等多人。

　　重庆解放后，吴晓雷入西南川剧院，后又入重庆市川剧院并担任院领导。1952年10月，他与陈然合作的《五台会兄》一剧，作为川剧优秀表演剧目，参加了中央人民政府文化部在北京举行的第一届全国戏曲观摩演出大会，荣获二等奖，其个人获演员二等奖，此戏后来被摄入电影《川剧集锦》。

　　吴晓雷在川剧艺术方面的突出成就有二：一是唱腔艺术。他将京剧、汉剧、滇剧、汉中二黄等其他地方戏曲中的声腔和乐曲，有选择地融会贯通于川剧之中，创造出了川剧唱腔艺术中崭新的吴派"京汉调"。

　　二是表演艺术。在舞台上，吴晓雷塑造了众多的艺术形象，表演可谓技艺精湛。其最富特色且脍炙人口的是他所出演的包公戏。在戏中，他从形体、步履、眉眼、动作、声腔等多方面塑造出了一个庄严正直、刚正不阿、疾恶如仇的包公形象，被广大观众誉为"活包公"。

　　吴晓雷个人撰有《谈川剧净角练声和练腔》载《川剧艺术研究》，另有《吴晓雷舞台艺术》一书出版发行。因其德艺双馨、成绩卓然，被国家有关部门正式授予"川剧艺术家"的荣誉称号。

　　话题：川剧在合川曾有过辉煌灿烂的一页，是合川传统文化精粹的重要组成部分。"一曲笙歌，有典谟，有训诰，文中子著意看来，莫谓戏无益；满堂面目，曰喜怒，曰哀惧，尔小生传神做出，总要人称奇。"这里借1946年5月25日《合川日报》所载的一副集三字经的楹联向所有为合川戏剧作出过贡献的人们致敬！

　　2024年便是吴晓雷130周年诞辰，大家不妨走进梨园，看一出川剧折子戏，在浓浓的乡音乡情中感受它的独特魅力，我想这或许就是对大师最好的纪念。

第七十二期

逯旭初和他的"五匹齐"评书艺术

评书，又称说书、讲书，是一种传统的民间语言艺术。因大多使用方言讲说，故事通俗易懂、语言形象生动，为人民群众所喜闻乐见。

四川评书，从明开始，形成于清。在有清一代，民间说书已全面融入并影响着人们的市井生活。以茶馆闻名全国的四川城乡，书场与之相得益彰，可以说，有多少茶馆便有多少书场。正如清代成都人邢锦生所描述的那样："萧条市井上灯初，取次停门顾客疏。生意数他茶馆好，满堂人听说评书。"

四川评书的主要演出场所——川渝老茶馆/资料图片

四川评书的特点在于它的泼辣豪爽、大开大阖。其在发展过程中，逐渐形成了"清棚"和"擂棚"两种评书说法。"清棚"讲究引经据典，以文说为主，重在形象刻画、批讲评论。"擂棚"讲究身段架势，以武表为主，重在绘声绘色、模拟形容。

2011年5月23日，经国务院批准，四川评书入选第三批国家级非物质文化遗产名录。

据谢伯淳《合川戏剧史话》，合川出现"四川评书"的时间可以追溯到明末清初（1628—1645），只不过在很长的时间里，说书者多为外地流散艺人。直到民国时期，合川才在评书领域开始全面发力，出现了周明德、郭子泉、杜少林、李登贵、童梓楠、逯旭初、粟远平、胡云程、王汉勤、刘洪益、刘德轩等一众说书人。他们中，成绩最高、影响最大的当数逯旭初。

逯旭初（1909—1984），今合川区合阳城街道人，曾读私塾6年，自幼爱听评书，早年在卢作孚领导的江巴璧合特组峡防局工作。1938年，逯旭初拜川东著名评书艺人郭子泉为师，开始了他的学书说书生涯。

郭子泉乃合川本土较早一批说书艺人之一，是"清棚"评书的代表性书家。他的评书书目多、内容丰富，既有"墨书"（带文本的），又有"条书"（口头流传的）。其创作的长篇口头说部《王三槐反达州》为传世之作。其说书特点在于：清新言表、娓娓道来、妙语连珠、深入细致，擅长人物的模拟形容和内心描述。

1939年，受郭子泉授艺和传承的影响，初入行的逯旭初，先是用"清棚""细条"技巧开启他的初期评书演艺，通过注重细节描述和人物刻画，把世态人情说得淋漓尽致，使人亦悲亦喜。

后来，在表演的实践过程中，他感到清棚、细条对有些场景和人物，如英雄风貌、群众形象和战

评书所用道具/资料图片

评书大师逯旭初(前排左一)、张国栋、程梓贤、徐勋合照于1961年/资料图片

争场面难以表达，便转而向川剧表演艺术学习，以川剧的穿戴打扮、刀马战场、身法指爪以及人物对话等表演手法为借鉴，练成评书术语所称的"五匹齐"技术。

"五匹齐"，最早是川剧表演中的行话，后被其他艺种引用作为自己的术语。旧时穿的长衫，基本由五块布料组成，这五块布料称为五匹，只有五匹齐方能成就一件长衫。这里是个比喻，具体到演艺技术来说，就是要求演员在声腔上要昆、高、胡、弹、灯都能唱，在行当上要生、旦、净、末、丑都能演。总之，要具有能文能武、能老能少、能大能小、能正能反、能男能女的饰演能力。

据《合川县志》记载，从民国29年（1940）起，逯旭初先后在合川观音阁、小南街、申明亭、柏树街以及北碚等处茶馆说书10余部，如《玉狮带》《小封神》《宝剑金钗》《卧虎藏龙》《王三槐反达州》等。其演出既有清棚风格，又有擂棚声势，既能把平常小事用细语轻声、巧妙比喻说得来顺理成章、娓娓动听，又能对典型场景和人物，用烘托衬垫，绘声绘色加醒木效果的方法，说得紧张生动、扣人心弦。

合川解放后，过去不受待见的下九流评书艺术开始受到人民政府的重视。逯旭初本人则先后被推选为合川县第二、第三、第四届人民代表大会代表。在党的"百花齐放，百家争鸣"的文艺方针指引下，逯旭初迎来了他艺术生命的高光时刻。

一方面，他对旧有评书内容进行了删减改动，全面剔除其封建糟粕，让经典真正成为经典；另一方面，他从体验社会生活着手，向话剧电影学习，研究现实主义表现手法，由说旧书转说新书。这之后，他先后推出了《铁道游击队》《半夜鸡叫》《红色保险箱》《绿色的镜头》等多部反映革命题材的评书。

1963年，逯旭初加入重庆市曲艺团，此后即长驻重庆。随着演出范围的扩大、交流机会的增多，其技艺日臻完善，遂成为一代评书大师。

逯旭初的评书风格融"清""擂"两棚于一炉，"五匹"俱齐，自成一派。其特点是娓娓动听、细致入微、气势不凡、自带张力，同时又充满了十足的人情味，达到了"说尽人情便是仙"的境界。其语言生动简练、通俗诙谐而有韵味，实属巴渝大地难得的语言巨匠和市井百姓所崇拜的娱乐偶像。

话题：在合川历史上，值得读取和书写的人物很多，有人提到应写写胡世赏、邹智，有人提到应写写杜奉符、石青云，还有人提到应写写陈伯纯、左绍英，等等。不过，"合川政协君"最希望看到的是，大家能一起来读、一起来写、一起来分享，这才是真正的力量。本读要介绍的人物就到此，挂一漏万之处还望读友们海涵。

后　记

本书系由"合川政协君"微信公众号此前发布的《期待有你，跟我一起读合川》系列文章整理、汇编而成。

通过十三读七十二期的浏览，我们算是对合川有了一个大致的了解，开启了一段难忘的历史时空之旅。

一路走来，需要感谢的人很多。

首先要感谢的是那些记录和研究合川历史的史家、学者。"非识无以断其义，非才无以善其文，非学无以练其事。"是他们用自己的才、学、识让我们得以了解合川的前世今生。他们既书史，又书义，更书人心，为合川记录和阐述了一地之始末、一事之缘由、一朝之得失，令人感佩。

《跟我一起读合川》参考引用的著述很多，除《明万历合州志》《清康熙合州志》《清乾隆合州志》《清光绪合州志》《民国新修合川县志》《合川县志》等资料外，更是引用了近年来新一代史学编撰和研究者的著述。它们是：

王爵英《合州·钓鱼城》（四川人民出版社，2001）；

池开智《合川历史文化纲要》（重庆出版社，2009）；

池开智《合川·钓鱼城——一座震撼古今的城塞》（重庆出版社，2009）；

杨成术《百年合川》（重庆出版社，2013）；

杨成术、陈莉《抗战中的育才学校》（重庆出版社，2017）；

池开智《钓鱼城历史与展示研究文集》（重庆出版社，2018）；

罗高利《卢作孚的中国梦》（重庆出版社，2018）；

李桂杨《张森楷评传》（重庆出版社，2019）。

　　此外，还参考了池开智《名人与合州——历代合川山水诗选注》（合川市政协文史资料委员会编印，2001）、吴涛《巴渝历史名镇》（重庆出版社，2004）、刘智《龙多山碑刻》（重庆出版社，2012）、黄理《涞滩石刻》（重庆出版社，2012）、《张森楷纪念文集》（政协重庆市合川区委员会编选，2015）、胡中华《合川非物质文化遗产概览》（重庆出版社，2016）等书籍。

　　有关知识背景、资料比对，还读取了百度等各类网络媒体发表、编辑的文章、词条，特别向那些不知其名的编撰者致敬，这里就不一一注明。

　　其次要感谢的是那些为本书提供摄影、绘画、书法、插图作品的艺术家们。艺术是人类伟大的灵魂，是一颗飞出的彗星。一张图讲述的往往就是一段故事、一则历史。《跟我一起读合川》在前期发布中利用图片量多达500余幅，可谓文中有图、图中有文，这都要归功于每帧图片的创作者、提供者，他们是天地大美的捕拍者，是四时律吕的描摹者，更是时代变迁的见证者。

　　这里向合川区摄影家协会、合川区美术馆、合川区融媒体中心，以及各有关部门单位、镇街的友情支持表示衷心感谢！

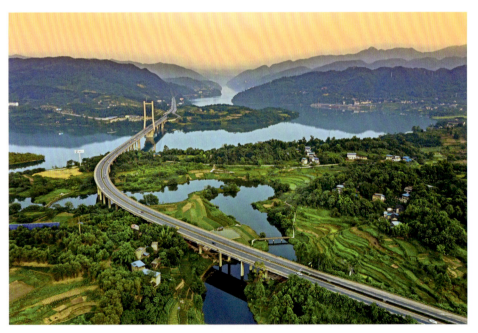

长龙飞跨嘉陵江/贺景涛摄

还要感谢的是广大的读者朋友们。《跟我一起读合川》到目前为止，全网点击量已过千万。"合川政协君"微信公众号的关注者也由最初的十余人，到百余人，再到现在的千多人。《合川发布》单期的阅读量更是多次破万。每发一期都有读者转发、收藏，甚至帮忙制作成语音版、漫画版，不少单位还将其指定为干部职工的必读材料，一些学校还将文字内容提供给学生作为创作、讲述、表演的素材。看到合川上下这份对故土的赤胆忠心和好学上进的精神主动，真是应了刘向那句"少而好学，如日出之阳；壮而好学，如日出之光；老而好学，如炳烛之明"的蓬勃景象。这是大家的情感共鸣，更是合川文脉的岁月留香。

最后要特别感谢的是中共合川区委书记郑立伟同志、合川历史专家池开智同志。他们是本书编撰的提议者和推动者，也是书稿形成后的第一读者。其深厚的学养和独特的视角让我受益良多。在他们身上，我感受到了一种异乎寻常的"学人精神"。学人与常人不同的地方，是思想，是情怀，是对吾土吾民命运的关切。

值此成书之际，真诚地感谢所有需要感谢的人，包括提到的和没提到的每一位。

叶 华

2023年12月

图书在版编目（ＣＩＰ）数据

跟我一起读合川 / 叶华编著. -- 北京 : 中国文史
出版社, 2024.1
　　ISBN 978-7-5205-4402-3

　　Ⅰ. ①跟… Ⅱ. ①叶… Ⅲ. ①地方文化－文化史－合
川区－文集 Ⅳ. ①K297.193-53

中国国家版本馆CIP数据核字（2023）第196914号

责任编辑：王文运
特约编辑：黄雪峰　　　　　装帧设计：尚俊文化

出版发行：中国文史出版社
社　　址：北京市海淀区西八里庄路69号　　邮　编：100142
电　　话：010-81136606　81136602　81136603（发行部）
传　　真：010-81136655
印　　装：北京地大彩印有限公司
经　　销：全国新华书店
开　　本：710mm×1000mm　1/16
字　　数：383千字
印　　张：25
版　　次：2024年1月北京第1版
印　　次：2024年1月第1次印刷
定　　价：98.00元